U0949034

上外法律评论

SISU LAW REVIEW

（2019年卷·总第5卷）

王　静　主　　编
张海斌　执行主编

编委会成员

目录

论高校学生申诉权法律性质及法律适用

王 静* 焦井泉**

法治建设在促进国家治理体系以及治理能力向现代化迈进的进程中，是国家和历史的必然选择。[1] 国家如此，治校亦如此。在大力倡导学校治理体系建设的今天，法治建设对于学校有效管理、学生权益维护乃至全社会树立法治观念都具有举足轻重的作用。贯彻落实党的十八届四中全会精神，高校应牢固树立依法办学、依法治校的理念，完善学校内部治理体系结构，建立健全国家层面、地方层面、学校内部三级法律法规的有机构架，新时期对于高校治理体系的建设发展提出了新要求。[2]

在法理层面，早在2012年，教育部就颁布了《全面推进依法治校实施纲要》，该文件明确阐述了全面推进依法治校的重要性与紧迫性，明确提出健全科学决策、民主管理机制，完善学校治理结构，推进学生自主管理，尊重和保护学生权利。同时该文件明确对学生进行处分，应做到事实清楚、定性准确、依据充分、程序正当，并注重教育效果；在作出不利处分前，应当给予学生陈述与申辩的机会，积极教育挽救。彼时学生申诉权概念还不完善，但可看出已初具雏形，上述文件规定是对学生在处分上给予的特殊保护，符合学生相

* 王静，上海外国语大学党委副书记、教授，法学博士，研究方向为思想政治教育、心理学、国际问题研究。

** 焦井泉，上海交通大学教师，法律硕士，研究方向为行政法、思想政治教育。

〔1〕 参见应松年：《加快法治建设促进国家治理体系和治理能力现代化》，载《中国法学》2014年第6期。

〔2〕 参见黄进：《全面推进依法治国与高校办学治校》，载《中国高等教育》2014年第22期。

对弱势的现实情况,有助于学生申诉权和其他权益的保障。2016 年 1 月 7 日,教育部正式印发《依法治教实施纲要(2016～2020 年)》,其中特别强调健全完善学校的学生申诉制度,吸纳师生代表公平、公正调处纠纷、化解矛盾;健全组织保障和落实机制,建立学校法律服务和支持体系。该实施纲要是对《全面推进依法治校实施纲要》的延续发展,进一步强调了落实依法治校的相关制度,在制度层面、落实层面进一步完善了对学生申诉权的保障。

与此同时,《教育法》《高等教育法》也纷纷颁布实施,《教育法》第 43 条第 4 款明确规定,对学校给予的处分不服,学生可以向有关部门提出申诉;《高等教育法》第 53 条亦明确规定,"高等学校学生的合法权益,受法律保护"。上述两部法律从法律层面对学生的权益、特别是申诉权给予了明确的规定和保护,因此,明确学生申诉权及其相关制度、出台有实践价值的专门规定、建立一套完整完善的学生申诉体系的重要性不言而喻。2017 年 9 月 1 日起,《普通高等学校学生管理规定》(教育部第 41 号令)正式施行,原《普通高等学校学生管理规定》(教育部第 21 号令)废止。本次修改、新增、删减总计逾 50 处,逾 40 条有明显修改,修改力度之大属罕见,特别是新增了第六章,对学生申诉进行专章规定,可见学生申诉权的保障已经上升到制度层面,并亟待规范、落实。

在实践层面,通过中国裁判文书网,对 2017 年至今涉及高校学生申诉权的 37 份判决书进行归纳、梳理,发现学生申诉权的范围、程序、管辖、法律适用等均存在一定的冲突和争议:其中有 6 件案例涉及高校学生申诉权的范围争议,既包括对于申诉主体的争议也包括对于申诉事由的争议;有 30 件案例涉及高校或教育主管部门对于学生申诉的处理程序问题;有 4 件案例涉及管辖权、法律适用层面问题。此外,笔者通过梳理教育部、上海市教育委员会以及上海市部分高校新制定的有关学生申诉处理的规定,将其中比较重要的几项争议罗列比较,发现除学生申诉权的范围、程序、法律适用之外,各行政主体对高校的学生申诉处理委员会的定位、人员构成、是否存在回避等规定也存在一定冲突与争议,可见学生申诉权的范围、程序、法律适用问题具备研究价值。学生申诉权在方针政策、法律规定、行政法规等各个层面均具有十分重要的意义,且在实践中不同的高校、教育行政主管部门及各地人民法院对于学生申诉权的范围、程序、管辖、法律适用等均存在一定的冲突和争议,因此对上述问题加以明确有利于更好地保障高校学生行使申诉权、维护自身合法权益,学生权益的保障也将为推动依法行政、依法治校、依法治国赋能助力。[1]

一、学生申诉权法律性质界定

按公认的一般理论,学界与实务界将申诉权分为诉讼意义上的申诉权和非诉讼意义上的申诉权。前者是指在诉讼活动中,当事人认为已发生法律效力的裁判有错误时,依法向司法机关提出申诉,请求重新处理的权利;后者则是指当事人不选择通过诉讼程序,而是直接向非司法机关(如行政单位的上级机关)提出申诉的权利。[2] 因此,通过以上介绍和分析,结合笔者整理的司法判决书,高校学生在进行申诉时,既可以通过司法途径进行权益维护,又可以通过向学校的申诉委员会、学校上级教育主管机关等部门进行申诉。因此,在此界定标准下,通过理论与实践的双重验证,学生申诉权具备诉讼与非诉讼的双重意义。

在诉讼与非诉讼的双重意义之下,高校学生申诉权似乎已无争议地具有了诉讼与非诉讼层面的双重属性,似乎已没有讨论其究竟是诉讼意义上的权利还是非诉讼意义上权利的价值。然而,我们在研究高校学生申诉权时,不应只将定性标准局限在是否能诉诸法庭或是否能向上级机关复议申诉之上,而是应该回归到这项权利存在本身的意义,换言之,究竟哪一种性质定位更加符合权利设置的初衷,更有利于此项权利的实现和保障。

(一)诉讼权意义的学生申诉权

诉讼权意义的申诉权,是指当事人、被害人及其家属或者知道案件情况

〔1〕 参见黄进:《全面推进依法治国与高校办学治校》,载《中国高等教育》2014年第22期。
〔2〕 参见范履冰、阮李全:《论学生申诉权》,载《高等教育研究》2006年第4期。

的其他公民,当其认为人民法院已经发生法律效力的判决或裁定有错误,拥有向人民法院或者人民检察院提出要求依法处理、予以纠正的权利。[1] 通过对收集的司法案例、各高校针对学生申诉的相关规定文件的研究,结果显示,学生有权对学校的相关行政性质的处理行为、处分行为向人民法院提起诉讼,人民法院会按照行政法规和其他法规,主要从行政行为的程序正当性、行为合法性等方面作出判决。在于某某诉北京大学撤销博士学位案的二审判决书中,人民法院首先充分肯定于某某对于北京大学撤销其博士学位行为享有当然的诉讼权,但在判决书中法官同样认为学术评价属于高校内部治理的事项,只要高校在行使其对学术评价的权力时程序正当、法律依据充分,其余实体事项(如获得博士学位到底需要怎样的标准这样的问题)均不在人民法院的管辖范围之内,人民法院也应充分发挥司法的谦抑性,在行政程序合法性这一层面加以认定。[2]

基于上述论证,高校学生申诉权似乎可以找到诉讼权意义上的依托,即高校学生有权向人民法院提起诉讼,请求人民法院对学校或其他教育行政机关作出的对学生不利的行政处分、决定依法作出裁判。然而,通过研究司法实例,我们不难发现,各地的人民法院通常会选择尊重高校自主管理的权限,尤其表现为司法机关对高校、科研院所对于学生的学术评价持高度尊重的态度;[3] 而且,人民法院在作出裁判时,主要行使形式审查权限,若高校在对学生的处理过程中程序正当,一般情况下人民法院会认定高校的行政处理决定合法有效、驳回学生的诉讼、致使学生败诉。一方面,这充分体现了司法的谦抑性,体现了人民法院对于高校在学术自治方面的尊重,有利于高校自治体系的完善和形成,促进学术建设和发展;但另一方面,我们也应认识到,在司法谦抑性的背后,也在一定程度上表现出司法对于高校内部建设的管理存在

---

[1] 参见胡建淼主编:《行政强制》,法律出版社 2002 年版,第 32 页。

[2] 参见《北京大学与于某某二审行政判决书》,案号(2017)京 01 行终 277 号,载 http://wenshu.court.gov.cn/content/content? DocID=41036ed4-a4f3-432d-9689-a82b0126f818&KeyWord=于某某,最后访问日期:2018 年 3 月 21 日。

[3] 参见袁兵喜:《我国行政申诉制度的构建及完善》,载《河北法学》2010 年第 10 期。

很大程度的局限和无力,而这种现状的存在则不利于学生运用司法途径维护自身权益,阻碍学生对学校的相关行政处分、决定行使申诉权。

因此,基于上述的分析和论证,高校学生申诉权虽具备诉讼意义上的申诉权,但此意义上的申诉权对于维护高校学生的权益不具备很强的实际意义。通过对司法实例的实证研究,高校学生很难通过司法诉讼途径行使申诉权,即便是可以诉讼,但由于受到司法谦抑性之影响,其诉讼后的效果也不尽如人意,结果是不但没有实现申诉的目的,还影响了申诉的进度。因此,我们认为,高校学生申诉权不应简单地归类为司法诉讼意义上的权利。

(二)非诉讼意义的学生申诉权

学生申诉权在非诉讼意义层面是指学生在接受学校教育过程中,认为学校对其作出的有关学籍、入学资格等的不利决定或处分不合理,或其正当权益受到学校或教职工侵害,依法向学校或上级教育行政机关提出申诉,要求重新处理的权利。[1] 在这个层面上,高校学生的申诉权更多地被认定为一项行政复议权。根据行政法的相关规定,我国高校在学籍认定、颁发学位等方面属行政机关授权单位,即高校在作出这些事项的决定行为时,其更多地扮演了行政机关的角色,也可理解为高校得到教育行政机关授权、代位行使行政权力。因此,学生向高校作出决定的部门申请复议、向高校学生申诉委员会提出申诉在逻辑关系上很通顺,在法律关系上具有合理性。

通过对司法判决书的整理发现,几乎每一件案例在处理的过程中均会涉及"是否已经经过学校内部申诉处理委员会等相关机构的认定和处理",以及人民法院对于高校"学生申诉处理委员会的处理过程及方式是否符合规范、是否在程序上存在瑕疵"的认定和判断,因此,我们可以发现司法实践将高校内部对学生申诉的行政处理过程摆在了一个相当的高度之上,承接上文,这仍然体现了司法对于高校内部治理体系的尊重和司法的谦抑性;另外,本研究通过对部分高校的实地调研以及对相关负责老师的访谈,也深刻体会

---

〔1〕 参见贺日开:《高校学生申诉处理委员会的合理定性与制度重构》,载《法学》2006年第9期。

到学生申诉权行使得当加之学校申诉处理得当,很大程度上会在学校内部层面解决大部分的争议,有利于学生行使申诉权、维护自身合法权益,更快更高效地将争议解决,这样的处理方式也更加符合高校的利益诉求,避免频繁涉诉,将更多的精力投入人才培养的工作之中。

认定非诉讼意义上的学生申诉权,是为了更好地实现此项权利设立之目的,即在学校层面解决学生因对于学校相关处理处分决定不满而提起的申诉和异议,不仅有利于纠正学校的错误决定、尽快尽早地提供对于学生被侵犯的权利的救济,加强高校依法行政的能力、提升高校对于程序正当的重视程度,也有利于充分发挥学生申诉处理委员会的职责和作用,切实在程序设计上保障学生的合法权益。

通过以上的介绍,我们不难得出这样的结论:若以诉讼和非诉讼为划分高校学生申诉权性质的两个角度,非诉讼意义上的学生申诉权显然更值得推广和借鉴,其不仅有利于学生维护自身权益,也会在处理程序上更加高效,同时也更符合高校的利益诉求。因此,将高校学生申诉权定位为非诉讼意义上的申诉权,使其在高校内部行政管理层面发挥效用较为妥当。

从法源上讲,《宪法》第 41 条对公民申诉权有如下规定:“对于公民的申诉、控告或者检举,有关国家机关必须查清事实,负责处理。任何人不得压制和打击报复”,该规定成为我国有关申诉权或申诉制度的宪法依据或立法基础。这样的理念不仅存在于我国的宪法规定之中,在各个国家的宪法或相关规定中也均有体现。

英国 1688 年《权利法案》第 5 条规定:向国王请愿,乃臣民之权利,一切对此项请愿之判罪或控告皆为非法。[1] 由于英国《权利法案》的颁布时间为 1688 年,因此其文字表述具有比较鲜明的时代特点,而国王则成为被请愿之主体。英国《权利法案》的影响比较深远,即使在几百年后的今天,仍然在英国乃至全球范围内拥有强大的影响力。相比于英国《权利法案》的相关规

---

〔1〕《权利法案》(Bill of Rights)第 5 条原文为:By raising and keeping a standing army within this kingdom in time of peace without consent of Parliament, and quartering soldiers contrary to law。

定,美国宪法对于正当程序的规定则更加具有法学色彩和代表性,即著名的美国宪法第十四修正案“正当程序原则”。《美国联邦宪法》第十四修正案规定:未经正当的法律程序,不得剥夺任何人的生命、自由和财产。可见,美国宪法已经将正当程序原则充分运用至宪法、刑法、民法、行政法、经济法等多个法学领域。[1]

正当程序原则不仅深刻影响英美法系国家,在大陆法系国家也具有很高的重要性。比如日本在其《1946 年宪法》第 16 条中规定:任何人对于损害救济、法律命令以及规章的制定、修改和废除以及其他事项都有和平请愿的权利,任何人不因进行此种请愿而受到不同待遇。[2] 由此可见,申诉权的存在正是为了保障正当程序原则的实施与落地,也只有拥有畅通的申诉渠道才有利于更好地查清事实、梳理法律关系脉络,从而更好地推动法治观念的进步。

申诉权的设置是对权力的一种抑制和反抗,是保障公民基本权利、恢复社会正义、补救侵害行为的重要手段。[3] 但我国法律基本没有对申诉权明确界定,因此,对申诉或申诉权的概念以及申诉权的行使,学界存在一定的争议,众说纷纭。[4] 申诉权无论是在理论上,还是在实践中都是相当模糊和不确定的。[5] 因此,对于我国《宪法》第 41 条规定的公民申诉权,本文从以下两个方面解读。

(三)监督权意义的学生申诉权

监督权意义上的申诉权,其含义是指公民有权利通过申诉的方式,监督

---

〔1〕《美国联邦宪法》第十四修正案(Fourteenth Amendment to the United States Constitution)第 1 款原文为:No State shall make or enforce any law which shall abridge the privileges or immunities of citizens of the United States;nor shall any State deprive any person of life, liberty, or property, without due process of law;nor deny to any person within its jurisdiction the equal protection of the laws。

〔2〕《日本 1946 年宪法》(日本の1946 年憲法)第 16 条原文为:誰に対しても被害救済、法律命令や規制の制定・改正や廃止や他の事項が平和請願の権利、誰をこの請願によって異なる待遇を受けない。

〔3〕参见申素平、史三军:《高校学生申诉权研究》,载《复旦教育论坛》2017 年第 1 期。

〔4〕参见孙波:《高校学生申诉权保障的美国经验及我国的借鉴》,载《学术交流》2016 年第 10 期。

〔5〕参见茅铭晨:《论宪法申诉权的落实和发展》,载《现代法学》2002 年第 6 期。

国家机关和国家工作人员的公务活动。这直接体现了权利对权力的监督和制约,是公民享有参与或监督国家和社会公共事物的一项民主权利,不以自身权益直接受损为前提,即不直接影响其权利义务关系。在国家层面,公民行使监督权意义上的申诉权,主要表现为公民对国家制定的政策与作出的决定,有提出异议的权利;以及公民有权对国家机关和国家工作人员的不当行为或存在的问题向国家机关反映情况或进行投诉,要求相应的行政机关部门对其行为作出纠正或改进。由此可见,监督权意义的申诉权主要是公民出于公心,站在公众的角度对国家的政策和政府的行为作出申诉,以行使公民对政府的监督权,促进政府完善行政能力;那么监督权意义的学生申诉权,则是学生对于学校对其作出处分和处理决定不服而提出申诉,不仅是为了维护自身权益,也是为了对学校的管理工作行使监督建议权,推动学校管理质量提升,促进依法治校。

在此维度下,学生行使申诉权更多地作为高校内部管理的方式之一,若将学生申诉权定位在监督意义之上的权利,则是更多地站在高校管理和内部治理的角度,高校通过收集、处理学生申诉,不断发现和修正自身管理过程中存在的问题,高校及上级教育行政机关内部的学生申诉处理委员会则发挥对所在高校或行政机关的内部监督作用。

然而,通过对部分高校的调研和走访发现,在高校实际工作中,提升学校管理工作水平的途径虽有多种,但通过自上而下的改革实现改进的比例偏大,甚至在某一些高校几乎成为唯一的途径。通过学生申诉而改进学校管理工作的案例并不多见,因此,监督权意义的性质定位与学生申诉权设置的初衷并不相符。之所以设置高校学生申诉权这样一项具体的权利,就是希望能为高校学生(包括高校在校的其他人员)提供更多一层的权利保护和权益保障,而高校作为独立的法人单位,无论在社会地位上还是在管理能力上均远高于学生本身,因此,若仅仅将学生申诉权定位为监督权意义上的权利,便失去了权利设置的本意,不符合高校学生保护切身利益的初衷。若高校希望加强内部监督管理能力,则可通过其他途径实现,而非必须通过学生行使申诉权的方式，并且学生行使申诉权也不应被冠以过多的要求和过高的标准。学生作为受学校管理的群体，本无须承担监督学校、提升学校工作水平的重任，这样的标准对于学生而言既不是其本职任务，也会令学生难承其重，故不宜认定高校学生申诉权是具有监督权意义的一项权利。

（四）请求权意义的学生申诉权

按照宪法及行政法学的概念解释，请求权意义上的申诉权，是指当公民因国家机关或国家工作人员的违法失职行为侵害自己的合法权益时，享有的申诉和请求取得国家赔偿的权利。换言之，就是公民有权向有关国家机关申诉，有关机关必须查清事实、负责处理，对违法行为予以纠正，并对公民受损权益进行补救。这种请求权意义上的申诉权，有明确的主体、受理机关、时限和程序等方面的严格限制，如刑事申诉、公务员申诉、教师申诉等。[1] 由上观之，请求权意义的申诉权适用面大、适用群体广、适用层次丰富，已经为各级行政机关所适用，并且在当今的司法实践中也得到了司法机关的广泛认可。并且在实践中，将申诉权定位在请求权意义之上也更具有可操作性，公民通过申诉表达意见、查清事实、撤销处分、申请赔偿，也更符合公民申诉的目的。

通过对上海市部分高校及各级教育行政机关关于学生申诉权规定的梳理，笔者发现大多数规定均有将学生申诉权定性为请求权意义上的申诉权之倾向。具体而言，在学生行使权利的流程设置上，首先是学校或相关部门对其作出了不利决定或处分，而学生认为其处理行为不当、侵害自身权益，因此通过主动申诉的方式，向处理学生申诉的专门委员会提出申请，通过请求的方式实现申诉目的，维护自身权益，并在一定程度上督促高校依法行政、规范流程、完善处理依据。

从权利本身的设置初衷来看，学生申诉权设置的目的即鼓励学生主动行

---

〔1〕 参见刘丽、韩玉亭：《美国公立大学教师申诉制度探析——以伊利诺伊大学芝加哥分校为样本》，载《中国高教研究》2012年第8期。

使请求权,尽可能通过在高校内部的处理方式完成其维护权益的目标。[1]将高校学生申诉权定性在请求权意义之上,不仅可以鼓励学生积极行使学生申诉权、用此项权利维护自身合法权益,更高效、更有效果地对涉及申诉的行政行为作出处理决定,同时也能以学生申诉推动高校治理,促使高校及相关教育主管部门在日常的工作中重视程序正当、依法行政。因此,我们认为,将学生申诉权认定为请求权意义上的申诉权比较合适。

文章将上述分类与权利性质的不同观点进行归纳分析,并结合当前学生管理工作、高校治理和司法实践现状,认为应将高校学生申诉权定性为非诉讼的、请求权意义上的申诉权。如前述学生申诉权的法理依据、法律来源,表明学生申诉权的设立及保护有理论与上位法依据,证明了其合法性;进而探究了在法律框架下,学生申诉权的性质,得出了初步的结论——狭义描述学生申诉权,将其定性为非诉讼的、请求权意义上的申诉权为宜;并论述了当前学生申诉权保障的现状、存在的问题及困境,试图对此予以突破,从而侧面说明在当今的法治环境中,加强并尽快完善学生申诉权保障的理论意义与现实必要。

二、法律适用层面的探索与突破

(一)建立学生权益保障主题的高校案例库

1.建立案例库之必要性分析

自2003年教育部发布《关于加强依法治校工作的若干意见》以来,各地依法治校工作有了一定程度的进展,教育法制建设逐步完善,学界在此基础上围绕依法治校的重要性、必要性、指导思想以及工作目标、建设内容等方面进行了一系列的探索和讨论,[2]但是专门从法律诉讼的角度追踪梳理上海市高校依法治校进程中所遭遇的各类典型案件,并以此建立一个较为完整的

[1] 参见杨素祯:《高校学生申诉权的法理探析》,载《教育发展研究》2007年第4期。

[2] 参见马广见:《全面依法治国视阈下的高校依法治理》,载《法学杂志》2017年第9期。

类型化的案例库,在国内尚不多见。[1]

目前,以上海市为例,上海市有普通高等学校64所,虽然从数量上看居于全国中游水平,但其中,“211”高校9所、排名全国第三,“985”高校4所、排名全国第二,上海市也被公认为是继北京市之后中国最为重要的高等教育基地。[2] 上海市高校不仅整体质量较高,专业类型也较为丰富。除了综合性大学之外,高校类型遍及师范、军事、政法、财经、语言、艺术、理工、医药、农业、体育等各个专业。不同类型的高校根据各自的办学特点和目标定位,在推进依法治校的过程中,对于行政管理职能转变的目标和方法、制度建设的制定和落实、民主建设的公开与监督、法制教育的推广与普及、保护机制的健全与完善等方面都有着不同的经验特色和工作思路。因此,追踪梳理“十一五”以来至“十三五”期间上海市高校依法治校进程中所遭遇的各类典型案件,建立一个较为完整的类型化的案例库,不仅有利于上海市各高校之间相互比较、学习、交流在依法治校工作中的特色、优势与经验,而且对于整个上海市高等教育全面推进依法治校管理体制、机制的创新与完善具有重要的现实意义。

主要追踪梳理上海市其他高校“十一五”规划,特别是新版《普通高等学校学生管理规定》颁布以来,依法治校进程中的重要案件、典型案件与热点案件,并根据案例所涉法律关系与治理领域的差别进行不同的类型化处理。从案件性质、法律事实、案件涉及法律问题的焦点、诉讼过程、司法判决以及案件执行、法理解析等角度开展案例收集、整理与编写工作,并在此基础上,总结上海市不同类型的高校依法治校的基本特色与基本经验,并针对不同法律性质与不同治理领域中案例的重点和难点法律问题进行学理剖析,为上海市

---

〔1〕 经过笔者的搜索与实地调研,目前尚无国家、教育部层面的教育领域案例库,部分省市教育主管部门有进行过一些探索与尝试(如北京市),部分学者或高校教师有进行过一定的研究,但适用范围均十分有限,虽然各高校、各地对于相关隐私情况保护工作的开展具有一定的难度,故笔者认为基于当前工作的现实情况,应建立适用范围更广泛、实际效果更好的高校案例库。

〔2〕《上海市普通高校情况简介》,载 http://www.moe.gov.cn/was5/web/search?channelid=255182,最后访问日期:2018年3月17日。

高校创新依法治校的管理体制、机制及其运行的相应法制对策,提供较为翔实的实证资料支持,同时也为相关法学专业的教学提供丰富的案例素材。[1]

2. 建立案例库之方法论探析

本研究所采用的方法主要有:文献调查方法、比较研究方法与综合归纳方法。文献调查方法,在最高人民法院公报、最高人民检察院公报、人民法院案例选、人民法院裁判文书选、上海市高级人民法院案例汇编以及上海市各级人民法院官方网站上所公开发布的司法案例等不同的案例数据库中搜索与上海地区其他高校依法治校相关的所有案件,而后根据案件的重要性、典型性以及所涉法律关系与治理领域的不同予以筛选、删减和分类。比较研究方法,将不同高校的司法案例根据组别进行综合性的对比,充分运用比较研究的方法,找出它们之间的相似性与差异,并在相互比较的基础上根据各自的特点进行二次分类,为评价性分析提供系统化的参考资料。综合归纳方法,在文献调查和比较研究的基础上,对入选案例库的所有案件进行综合性分析,依据研究目标作出价值判断,从而归纳和总结出上海市不同类型高校在依法治校过程中的基本经验与基本特色。

3. 建立案例库之特色与启发意义

案例库的实际制作力求做到案例的真实性、典型性、完整性与启发性。

一是真实性。案例库所收集的案件均来自国家权威司法部门所发布的真实案例,而不是某些新闻媒体转述引用甚至凭空杜撰的不实或虚假案件。对于案件的时间、当事人、诉讼法院、判决结果都有清楚的说明,确保案例的真实性。

二是典型性。案例库所收集、整理、筛选最终得以入选案例库的案件不仅真实具体,而且具有一定的代表性,基本属于近年来在上海市乃至全国有着一定影响力和知名度的重要案件或热点案件。

三是完整性。案例库的入选案件在叙述上均有着一个从开始到结束的

---

[1] 参见贾辉:《依法治校背景下高校学生管理法治化》,载《思想理论教育》2017 年第 1 期。

完整过程,即案由、高校与所涉当事人的背景介绍、开庭审理的过程和步骤、案件争议的焦点、判决的结果与执行以及案件对于当事人、高校,乃至社会的影响。

四是启发性。案例库在案件选择上同样有明确的研究目的,能够反映特定类型高校在依法治校过程中的优势和不足,所涉案件的类型和领域能够引人深思,启迪思路,能够为上海市高校进一步推进依法治校工作建言献策。

(二)构建高校申诉专员制度之构想

1. 申诉专员制度之法源分析

设想的思路是基于采用多元化纠纷解决机制的理念。在多元化纠纷解决机制中,以期高校各种制度程序既有其独立的运行空间,又能形成一种功能互补和相互衔接的体系,以满足社会、校方和学生的多元化需求和选择自由。

西方国家的申诉制度以行政监察专员(Ombudsman,即申诉专员)制度为典范。[1] 1809年,瑞典议会任命一位公共官员代表议会监督政府官员,调查公民对法院和行政机关的投诉,开监察专员制度之先河。该制度从瑞典传入北欧后,在第二次世界大战后逐步普及,迄今已遍布80多个国家和地区。[2] 可见申诉专员制度的构建有其自身的历史和实践合理性。该制度有以下特点:

一是独立性。[3] 在高校申诉专员制度构建中,申诉专员具有独立的地位和权限,当前我国各高校的学生申诉处理委员会构成人员大部分是学校领导、相关职能部门负责人及少部分学生代表,在处理学生申诉案件时难免受到一定的影响,而申诉专员有权独立调查和处理学生对高校的申诉案件,这种独立性是保障其有效行使职能的前提和基础。[4]

---

〔1〕 Ombudsman为瑞典语,原意是指“代表”“专员”或“受托人”,在我国多译为议会监察员制度或行政监察员制度。

〔2〕 参见赵英佐:《比较视野中的瑞典监察专员制度》,载《中国社会科学报》2011年5月12日,第11版。

〔3〕 参见陈宏彩:《行政监察专员制度比较研究》,浙江大学出版社2011年版,第78~86页。

〔4〕 参见郑琦:《监察专员制度比较研究》,载《中国社会科学报》2013年第187期。

二是权力与功能的综合性。申诉专员的职能并非单一,而是集一般性巡视监察与个案的调查、处理和救济,乃至促进政策、规则和制度的改革完善于一体。[1] 申诉专员制度在建立之初的主要功能是监督,救济功能是附带性的,而随着时代的发展,申诉专员的救济或纠纷解决功能得到凸显,具备权力与功能综合性的申诉专员制度也将有利于学生申诉案件专业、快速、完善地解决。

三是灵活性和开放性。随着时代的发展,申诉专员的内涵依然不仅限于其出现时的含义,并且随着社会经济政治各领域的不断更新发展,申诉专员制度适应不同领域的实际需要,也不断发生变化。在范围上有所拓展,机构设置更加多元化、社会化,处理纠纷以及救济权利保障上体现了不断提升的非正式性和多样性。[2]

2. 设立高校申诉专员之必要性分析

高校学生申诉的受理机关通常从属于高校内部,而其作为高校内部的委员会这一身份定位,无疑会在某种程度上影响和阻碍其公正、居中作出处理,以本研究对上海市高校申诉处理委员会的工作人员所作的实地访问为例,多数受访教师或多或少地表达出其处理学生申诉时较为尴尬和无奈,一方面是职责所在,要注重维护学生权益、解决学生困难、化解双方矛盾,而另一方面,因自身受雇于高校或相关的行政机关,很难不受到相关顾虑的影响,在这样的背景之下,负责处理学生申诉的教师很难做到完全的公正、居中处理。

按照以上的论述,高校学生申诉专员制度是一项比较理想化、值得探索的多元纠纷解决机制,但同时我们也应回归现实,认识到此项制度会面临的问题与困境,[3] 如申诉专员经费划拨不独立、申诉专员法律素养不完善、[4]

---

[1] 救济作为法律用语,与纠纷解决概念尽管在理论及制度指向上不尽相同,但从功能角度而言,二者已经高度融合。权利救济方式与纠纷解决程序一样,历来即是多元的,不限于司法诉讼。参见范愉:《权利救济与多元化纠纷解决机制简议》,载《广东行政学院学报》2008 年第 1 期。

[2] 参见杨亲辉:《行政监察专员制度比较研究——兼论我国行政监督救济体系的完善》,载《河南科技大学学报》(社会科学版)2007 年第 6 期。

[3] 参见陈柏峰:《多元纠纷解决的分类治理研究》,载《政治学研究》2012 年第 1 期。

[4] 参见范愉:《诉讼社会与无讼社会的辨析和启示——纠纷解决机制中的国家与社会》,载《法学家》2013 年第 1 期。

文化传统与社会观念的深刻影响,故笔者提出此构想欲在今后的工作和研究中进一步论证、探索。虽然此项制度在当今的高校管理中尚不成熟,但不可否认,这会是未来发展的趋势,越来越完善的多元纠纷解决机制会在高校管理工作中发挥越来越有意义的作用,完成其对学生申诉权保障的使命。

附录:部分行政主体对学生申诉的处理规定对比

	申诉主体	申诉事由	申诉处理委员会组成	审查方式	送达方式
教育部《普通高等学校学生管理规定》	研究生、本科、专科(高职)学生、继续教育的学生、港澳台侨学生、留学生	纪律处分:警告、严重警告、记过、留校察看、开除学籍五项处分;以及取消入学资格、取消学籍、作退学处理	在学校内部人员之外,增加了“可以聘请校外法律、教育等方面专家参加”条文	事实审查与程序审查相结合,并及时建议纠正、整改	可按不同情况采用直接送达、留置送达、邮寄送达或公告送达方式
《上海市教育委员会关于受理、处理、答复本市高校学生申诉暂行实施办法》	与《普通高等学校学生管理规定》基本一致	与《普通高等学校学生管理规定》基本一致	未作规定	未作规定	暂不采用留置送达和公告送达
《复旦大学学生申诉处理条例》	增加:委托培养学生、非学历教育培训生、进修教师、来校交流学生,参照执行	作宽泛规定:学生对学校涉及本人权益的处理决定不服的,均可申诉	申诉委员会组成人员都是本校人员,增加了回避的情形,即不具申委会委员资格的情形	采用书面审查方式,主要对于材料进行审查,以程序审查为主,兼有事实审查	直接送达、留置送达、邮寄送达或公告送达
《上海交通大学学生申诉管理规定》	仅限定在本校研究生、本科生	作宽泛规定,且明确排除学生人身权、财产权受侵犯的情形	均由本校人员担任委员,增加回避人员情形	明确规定:形式审查	直接送达、留置送达、邮寄送达或公告送达
《华东政法大学学生申诉处理规定(试行)》	与《普通高等学校学生管理规定》基本一致	作宽泛规定:学生对学校给予的处理或者处分有异议,均可申诉	均由本校人员担任委员,增加回避人员情形	明确规定:形式审查	直接送达、留置送达、邮寄送达或公告送达
《上海财经大学学生校内申诉处理实施细则》(2017 年 6 月修订)	仅限定在本校研究生、本科生	处理决定包括:取消入学资格、取消学籍、作退学处理处分决定包括:警告、严重警告、记过、留校察看、开除学籍	在学校内部人员之外,增加聘请校外法律专家;增加了回避的情形	未明确规定,偏重形式审查	未作规定

续表

	申诉主体	申诉事由	申诉处理委员会组成	审查方式	送达方式
《上海外国语大学学生申诉处理条例》	增加:少数民族预科生	作宽泛规定:学生对学校涉及本人权益的处理决定不服的,均可申诉	均由本校人员担任委员,增加回避人员情形;创新常任委员与临时委员分类	分情况讨论:简单申诉采用形式审查,复杂情况时采用事实审查、实质审查	直接送达、留置送达或邮寄送达,未将"公告送达"列入其中

论航空产品严格责任

杜康平*

2007年,我国重启被搁置了22年的大飞机研发项目。该项目总投资约1000亿元人民币。[1] 然而在我国的法学研究当中,航空产品责任却属于开发较少的边缘领域。航空产品的众多责任主体,根据主体在航空器制造中的不同作用以及各方利益的平衡,会承担不同类型的责任。本文试图对其中的严格责任部分进行论述,发掘相应的责任主体,厘定不同类型的航空产品缺陷在严格责任项下的认定。

一、严格责任发展概述

20世纪60年代,美国 Greenman v. Yuba Power Product Inc. 案最终确立了无过错的产品责任制。本案中原告用所购买的多功能器具做木工时,被从该工具中飞出的木头砸伤。[2] 法院判决称:"严格责任的目的是由将缺陷产品投入市场的生产者,而非那些无力保护自己,受到伤害的消费者。原告是依据相应的说明手册而决定购买,还是依据机器的外表购买,以及交易中间出现的其他的人,都不应当成为决定性的要素。对被受到伤害的消费者予以

* 杜康平,上海外国语大学法学院讲师,法国巴黎政治大学法学博士,研究方向为国际经济法、国际公法。

〔1〕《大飞机真相》,载 http://www.ceweekly.cn/html/Article/201104115806015781_4.html,最后访问日期:2019年6月15日。

〔2〕 See Greenman v. Yuba Power Product Inc,59 Cal. 2d 57 at 60.

赔偿,不应当被法律的技术性的细节所束缚住。"[1]在此案之后,严格责任适用于产品责任的规定被彻底确立。

可见,在普通法系国家,产品责任经历了由担保责任到过错责任再到严格责任的发展过程。但是,这三种制度并没有出现后者对前者的替代。相反,在现代的英美法国家中,产品的使用人可以对生产者同时提起这三项诉讼。不过很显然的是,无过错的产品责任已经成为主流。我们通过梳理普通法系国家的产品责任制度的发展可以发现,产品责任法发端于普通法对于特定的危险物品如毒药的特殊规定。这些规定担保责任可以突破合同相对性限制,危险物品造成的损失可以适用侵权责任等。经过对危险物品的扩张性解释,最终推动了整个产品责任领域责任制度的演化。

我国《侵权责任法》第 41 条规定如果生产者所生产的产品具有缺陷,该缺陷造成被侵权人损失的,该生产者承担相应的侵权责任。这一条规定的主要问题是,没有对"产品缺陷"这一概念进行解释。我国《产品质量法》第 46 条对于缺陷的定义分两块:一块是产品的缺陷会对他人的人身财产安全造成不合理的危险;另一块则是产品不符合相关的国家标准和行业标准。总体来讲两种定义都过于宽泛。但是,我国法律制度的完善仍然处于摸索阶段。另外,我国是一个大国,幅员辽阔,人口众多,法律现象复杂。如果频繁地对法律的内容进行修订不利于经济活动的开展。很多法律问题都要通过法庭判决的实践,在社会运行当中检验认为适合国情之后方纳入法律中来。如果急于给法律的相关概念下定义,则会损害法律的灵活性。由此看来,对缺陷不进行精确定义为一明智之举。但是另一个令人疑惑的地方就是,《产品质量法》中产品造成不合理危险同产品不符合相应的标准是什么样的关系?学界主流观点认为,产品符合了相关标准但仍然存在不合理危险的可以被认为是具有缺陷。但是,没有人对这样的解释,给出一个合理化的理由。笔者认为这是一个逻辑问题,对于这一问题可以通过对法条的反向推理,来进行回答。

---

[1] Greenman v. Yuba Power Product Inc, 59 Cal. 2d 57 at 64.

A 或 B 导出 C,则非 C 导出非 A 且非 B。根据《产品质量法》第 46 条的规定,我们可知一个产品对他人的人身财产安全造成损害,或者是不符合国家、行业标准时,该产品被认为是有缺陷的。反推,一个产品若要没有缺陷,则它既不应当对他人的人身和财产安全造成损害,也应符合国家及行业标准。

但是,《侵权责任法》第 41 条明确规定,产品生产者承担产品责任不以过错为要件。这是不是意味着,航空产品责任法律关系的所有义务主体都应当承担无过错的产品责任呢?笔者不同意这样的做法,原因有两个。第一,产业财富积累不够。产品责任从案件出现到法律规定严格责任整整经历了一百余年。这诚然是因为在这一百余年里,整个社会的文明程度有了提高,但提高的保护水准总是需要有人埋单。产品责任规定严格责任的经济原因就是在于,社会以及企业家都累积了相当数额的财富,其具有经济上的实力来承担更多的社会风险。而我国的大飞机项目刚刚启动,资本累积还很脆弱。同时航空产品责任往往破坏巨大,赔偿数额高昂。如果不对航空产品责任主体的相关义务作出限制,而一味追求被侵权人保护,将不利于我国航空产业的建立和发展。第二,航空产品责任义务主体的构成非常复杂。它们有的生产民用飞机,有的生产军用飞机,有的生产商务飞机,有的生产通用飞机,有的生产系统性的零件,有的生产非系统性的零件。它们生产工艺的精良程度,在整个生产中所获得的利益都有很大不同。在这种情况下,对于它们适用同样的责任法律体系有违法律所维护的"同等事物同等对待,不同事物区别对待"的原则。

二、航空产品严格责任总论

如上文所论证的那样,严格责任不经调整直接适用于航空产品,会对我国航空工业带来较大的法律风险和经济负担。另外,航空工业中,仅在航空器制造人和航空零部件生产者两个最主要的主体中,各自在其内部有着不同的类别。它们对风险的控制能力,对于赔偿的经济承担能力,以及研发制造能力都有不同。所以笔者主张,在考虑航空产品责任主体承担严格责任的时候,应当依照航空器制造商性质的不同,分类区别进行对待。这样做会增加法律的复杂性,但会提高法律的正义性,且不说法律自身的发展从来都是由简至繁。

法律具有适用对象的普遍性。只有规范对象之间具有极大的不同才可以建立并适用不同的规则。飞机等航空产品同普通产品的不同在哪里呢?笔者认为该不同主要体现在产品的复杂性以及产品的使用人这两方面。航空制造业被认为是最为尖端的工业。其内部结构很复杂,很多飞机的零部件达到数百万个。为了经受各种极端环境的考验,航空器对自身的设计和制造有着很高的要求。航空发动机更被认为是一国工业水平的集中体现。另外,除了航空器,也没有其他任何产品在使用的时候,要求使用人进行条件苛刻的体检,并接受长时间、价格昂贵的训练。当然,有人会说,汽车的驾驶人就是要求有相关的培训,才能取得驾照。但笔者认为,这两者取得难度的差别已经足够导致它们具有本质上的不同。其中一个佐证就是飞行员被认为是一种门槛很高的职业,而汽车司机在公共交通领域以外,已不被认为是一种职业。

(一)航空器制造商分类

对于航空器制造商,应当将商用飞机、军用飞机归为一类,将通用飞机归为另一类,在适用产品责任时进行区别对待。商用飞机是民用航空的一部分,其涉及的业务主要是以定期运输乘客和货物为目的的飞机。商用飞机通常要满足三个要件,即飞行员必须拥有有效的商业飞行员证书;飞机必须有有效的商务飞行注册;运营人必须拥有商业飞行运营的授权。一个商业证书或者注册比私人证书或注册有更高的要求。商用飞机的飞行员需要有更高的驾驶水平,并且要通过更加频繁地医学测试。而一个商用飞机也需要更加频繁和广泛的维修。是飞行的目的决定了一个飞机是不是商用飞机。[1] 军用飞机是指任何由合法或者反叛武装操作的固定翼和旋转翼飞机。军用飞

〔1〕 Commercial Aviation, http://en.wikipedia.org/wiki/Commercial_aviation, June 2019.

机可以是战斗用也可以是非战斗用。[1] 通用飞机则是承担定期乘客和货物运输以外的承担民用航空飞行的飞机。通用飞机对于飞行员以及飞机自身的要求相对较低,但事故率也相对较高。根据美国国家交通运输安全委员会的报告,通用飞机在每100,000小时的时间里,就会发生1.31次事故。而商用飞机却在同样的飞行时间里,只发生0.016次事故。通用飞机在美国非常流行,在北美有6300个机场可供通用飞机使用,而可供商务飞机使用的机场只有560个。[2] 做这样的区分是因为商用飞机和军用飞机(为表述方便,除非有特殊说明,下文指称的商用飞机也包括军用飞机)对飞行员有着很高的身体素质和飞行技能的要求。这些要求使航空器区别于其他普通产品。通用飞机对于飞行员的要求则相对较低。学员往往只需要60~130小时的飞行训练,即可考取飞行员驾驶执照,[3]要求近似于汽车驾驶。因此应将通用航空归为另一类。

在商用飞机部分缺陷导致事故时,如果飞行员在正常情况下进行紧急处置,可以避免该缺陷造成的损害时,该事实上的缺陷在此次事故中应当不被认定为缺陷。同普通产品的使用者相比,商用航空产品的使用者具有特殊的身体素质和驾驶技能的要求。商用航空产品生产者有理由相信,在航空器缺陷有可能造成损失时,飞行员具有较高的驾驶技能,能够进行一些合理的紧急处置的能力。但是这种缺陷认定方式,仅仅限于该航空器首次出现缺陷时。如果类似于前文所提到的Vroom案,在出现紧急状况,已经要求航空器生产者对该缺陷进行处置后,缺陷仍然存在时,则按照普通产品责任的认定方式,认定产品缺陷的存在。之所以做这样的要求是因为飞行员是人而不是机器,商用航空器生产者不应当期待飞行员在每一次飞行当中,都处于一种处置紧急情况的状态。而通用航空器的缺陷认定则始终按照普通产品责任

〔1〕 Military Aviation, http://en.wikipedia.org/wiki/Military_aircraft, June 2019.

〔2〕 General Aviation, http://en.wikipedia.org/wiki/General_aviation, June 2019.

〔3〕 珠海中航飞行学校,载 http://www.avicfa.com/NewsList.asp? id = 156,最后访问日期:2019年6月15日。

方式来认定。这样做的原因在于,实践中,对通用航空器的驾驶者的身体素质和驾驶技能的要求比较低,同汽车驾驶者相类似。故对通用航空产品的缺陷认定应当同普通产品责任相同。

有人会认为这样的主张,就是英美法上的混合过错(contributory negligence),没有新颖性可言。混合过错是指"原告本身的疏忽,并且在其诉称的由于被告过错而导致的损害中,原告的过失亦构成致损原因的一部分或全部。"〔1〕一旦该抗辩成立,被告可以完全免除自己的责任。笔者不认同这样的看法。混合过错要求原告自身有疏忽。笔者主张,飞行员在没有过失的情况下,仍有处置并克服缺陷造成的紧急情况的义务。有人也许会认为这样的主张无非是指飞行员有不作为的过失,因而依然没有新颖性可言。在民法中,最低等级的过失即抽象轻过失,即当事人未尽善良管理人之注意。〔2〕笔者主张在航空产品责任案件当中,存在比抽象轻过失更低一等级的过失,即未尽专业管理人之注意。如果飞行员未尽专业管理人之注意,没有主动采取应有的紧急情况处置措施,在商用飞机首次出现缺陷的情况下,即便出现事故,商用飞机也应被认为仅存在事实意义上的缺陷,不存在法律意义上的缺陷,其生产者免除产品责任。

在 Prashker v. Beech Aircraft Corp 案中,原告是在一起空难中丧生的飞行员 Nathan Prashker 的遗属,被告则是一家飞机生产商。丧生的飞行员,在天气状况不佳的情况下,驾驶飞机飞行。飞行中,机翼折断。原告起诉被告航空器生产商,应当承担产品责任。法庭判决认为:"有证据显示,有必要禁止经验不够丰富的飞行员进行仪表飞行。因为飞行员一旦失去视觉参考点,就极有可能对飞机失去控制。因为驾驶飞机飞行可能产生的眩晕感会使他难以判断上下左右。在这时,依据普通感觉作出的判断有可能具有误导性。并且还存在这样的可能性,即飞行员过度反应会使得飞机承受太大的力,最终使飞机在空中被撕裂。本案中的飞行员显然知道或应当知道这些影响飞

〔1〕 薛波主编:《元照英美法词典》,法律出版社 2003 年版,第 316 页。

〔2〕 参见曾世雄:《损害赔偿法原理》,中国政法大学出版社 2001 年版,第 82 页。

行安全的因素。在购买飞机时,被告就被告知,并在以后反复强调对于飞机控制的重要性,以及仪表飞行对于没有经验的飞行员带来的极高的风险。该飞行员也明显知道自己所驾驶的飞机具有极高的敏感性,在仪表飞行的情况下更容易出事故。"[1]"即便飞机存在缺陷,那这个缺陷在发生被告失误性操作之前,也不是一个很大的问题。"[2]最终法庭以混合过错,免予追究生产者产品责任。混合过错,在英美法系现在已经很少被适用。本案是航空产品责任领域里比较罕见的一个例子。从法院的判决我们可以知道,被告生产的飞机确实具有缺陷,但该缺陷并不明显。只是飞行员忽视警告,强行在天气糟糕的时候飞行,并加上欠缺飞行经验,飞行途中有失误性的操作,最终导致机毁人亡。该飞行员明知在不好的天气中飞行有危险,但依然飞行,在飞行中又屡屡出现操作失误。其行为已经构成重大过失。所以,本案中,飞行员在出现了重大过失之后,法院免除了航空器制造商的产品责任。笔者所主张的是,飞行员未尽专业管理人注意义务,商用航空器制造商即可免除赔偿责任。可以想象,会有人认为这么做会倾向于商用航空器供应商,不利于乘客等其他被侵权人的保护。笔者不同意这种看法,原因有两个:首先,法律是公平正义之学,保护弱者并非法律的唯一目标;其次,被侵权人可以通过保险等途径向社会分散风险。

(二)航空零部件生产者分类

笔者曾在自己已发表的文章里提过,鉴于航空零部件供应商职能具有多样性,有必要对它们区别对待,认为"应当将航空零部件分为独立零部件和关联零部件两类。其中,独立零部件供应商不但参与零部件自身设计,也参与将零部件同航空器整合的设计。关联零部件供应商是指没有参与零部件自身设计或者没有参与将零部件同航空器整合的设计"。[3] 并且对它们承担的产品责任作出分别规定。经过思考后,笔者对该项观点作出修改,认为应

---

〔1〕 Prashker v. Beech Aircraft Corp, 258 F. 2d 602, at 606.

〔2〕 Prashker v. Beech Aircraft Corp, 258 F. 2d 602, at 607.

〔3〕 杜康平:《论航空零部件供应商的产品责任》,载《北京航空航天大学学报》2013 年第 1 期。

当将航空零部件生产者分为系统零部件生产者和普通零部件生产者。所谓系统零部件生产者是指,为航空器提供系统性零部件的生产者,如航电系统生产者、发动机生产者等。所有非系统零部件生产者都被归为普通零部件生产者。前一种分类欠科学的原因在于一个零部件生产者即便设计了零件本身,以及其与航空器整合,它对该零部件是否应该被采纳并不一定具有决策权。但是,系统零部件不同。由于其在自己的领域具有相当的专门性,其就该具体生产的系统甚至比航空器生产者更具专业知识和技能。这就意味着,系统零部件生产者在零部件采纳方面有和航空器生产者分庭抗礼的决策权。另外,因为是成系统地向航空器生产者提供零部件,其产品对于航空器的飞行安全具有决定性的作用。系统零部件生产者在生产中的角色与航空器生产者具有相当程度的相似性。所以,其所承担的航空产品责任与航空器生产者相同。相反,普通零部件专业性相对较低,航空器生产者对其采纳不具有决定权,另外,其对于航空器安全性能的影响相对较小,故普通零部件生产者应当承担较低程度的产品责任。

(三)分类在法理学上正当化理由

可以想象,有人会对这样的分类责任法提出反对意见。同样都是航空器生产者,为什么要对航空零部件生产者做这样的区分呢?诚然,这些生产者内部各有各的不同,但这样的不同能足够决定进行不同的对待吗?对于这种质疑,笔者欲借助德国法学家考夫曼的“法条类型理论”进行回答。法律中指称经验事实的语词的语义都有不同的语义,因为人们本身就是通过经验来习得这些词语的含义的。经验不同,词意自然也不同。[1] 因此,要求对法律概念进行非常精确化的定义就是一个不可能完成的任务。认识到这个问题,考夫曼就认为,每一个法律规范都是对生活中反复出现的法律现象的一种类型化的描述。该描述只是给法律概念划定一个大概的范围,但并不起到严格的划界作用。决定一个法律现象归属到哪一个法律概念的决定因素在于该

〔1〕 参见[德]齐佩利乌斯:《法学方法论》,金振豹译,法律出版社2009年版,第65页。

法律现象是否同目标法律概念具有相同的本质。如果的确具有相同的本质，则其即便是有若干要素不在法条描述的范围之内，也可以被认为属于该概念的涵射范围。相反，如果一个法律现象同法律概念有不同的本质，则即便有很多要素在法条描述范围内，依然不能被归类为该概念。〔1〕 笔者认为，上文所描述的商用飞机生产者和通用飞机生产者、系统零部件生产者和普通零部件生产者之间的不同已经达到质的状态，因此有必要区别对待。

三、航空产品严格责任分论

（一）制造缺陷

产品的制造缺陷是指虽然产品的生产者和销售者对该产品已经尽到了所有可能的谨慎义务，但如果该产品背离其设计意图，即可认定为存在制造缺陷。〔2〕

McElroy v. Cessna 案是一起典型的制造缺陷的案件。本案代替原告起诉的是在事故中丧生的原告的遗孀。本案中的目击者称失事当天天气晴朗，飞机在一个超低空的高度飞行，忽然向右倾斜，跌倒林木线以下。飞行员加速飞行，飞机爬升了一小段距离但撞到了一棵大树的顶端，最后起火解体。原告所延请的专家确定飞机左管汇头存在制造缺陷，使得加热过的燃气和高温的空气可以从发动机室跑到飞机的左翼，导致气化物被点燃，飞机出现舱内起火，飞行员被迫降低高度进行紧急着陆。

被告并没有就左管汇头上的裂缝作出抗辩，只是认为失事飞机的飞行员仅在进行超低空飞行训练，由于操作不当最终产生了事故。法庭否定了这样的说法，因为有专家证人证明飞机左引擎发生漏油，并最终引起火灾。〔3〕 本案中，飞机左管汇头出现裂缝，导致航空汽油溢出并引发机舱内火灾。该种

---

〔1〕 参见[德]考夫曼：《类推与“事物本质”——兼论类型理论》，吴从周译，台北，学林文化事业有限公司1999年版，第13页、第111页、第117页。

〔2〕 参见肖永平、龚乐凡、汪雪飞：《侵权法重述第三版：产品责任》，法律出版社2006年版，第15页。

〔3〕 McElroy v. Cessna Aircraft Company, 506 F. Supp. 1211, at 1214.

情况显然是背离了其最初的设计意图,宜于被认定为存在制造缺陷。有人会认为,原告并没有证明航空器制造商已经尽到了所有可能的谨慎义务。这是对《美国第三次侵权法重述》中内容的一种误读。实际上,只需产品背离设计意图,即可认定为存在缺陷。

在 Sun Valley Airlines v. Avco-Lycoming Corp 案中,原告状告被告飞机制造商以及引擎制造商,认为其生产的引擎存在缺陷。陪审团认定事故发生90%的原因是由于飞行员操作失误,10%是由于航空器的缺陷。法庭最终判决双方依过错程度承担损失。[1] 笔者并不赞同本案中的将普通产品责任的规则直接适用到航空产品责任案件当中。航空产品,尤其是商业航空产品同普通产品最大的区别就是,其使用者需要有较高的身体素质,并且要接受相当长时间的专业技能培训。而普通产品适用不需要进行培训,最多是随商品附上适用说明即可以。法庭的判决模糊了航空产品和普通产品的区别,忽略了航空产品使用中飞行员的关键作用,而将航空产品生产者的责任不合理加大。这种责任认定方法对于航空产品生产者是不公平的。有人会说,这样的判决意在要求航空产品生产者,这个最有能力承担风险的主体最大限度地负担航空产品案件产生的社会成本。笔者认为,航空产业属于工业创新的顶端领域。对其施加过于沉重的责任将不利于工业创新的发展。我国航空产业正在起步阶段,承担过重的责任也不利于我国幼稚的航空工业体系的建立和发展。但是,笔者也承认,这里确实存在弱者保护的问题。乘客、托运人、第三人以及航空公司可以通过购买保险向社会分散相应的风险。笔者认为,对于商用航空产品的制造缺陷应当定义为:“如果该产品背离其设计意图,并且飞行员依照通常的专业技能不能克服时,即可认定为存在制造缺陷。但如果航空产品的生产者对于该缺陷已经进行处置之后,仍然存在缺陷的,则不再考虑飞行员技能因素。”之所以航空产品经生产者处置则制造缺陷认定不考虑飞行员技能,是因为飞行员是血肉之躯,不能永远都处于处置缺陷引发紧

---

〔1〕 Sun Valley Airlines v. Avco-Lycoming Corp, 411 F Supp 598.

急情况的状态。另外,这样的规定也是为了促进航空产品生产者对缺陷进行改进。但是,通用航空器的飞行员资质的取得同汽车驾驶员相类似,故通用航空器产品责任认定规则应当同普通产品责任相同。

而关于航空零部件生产者责任,笔者曾经撰文认为,所有航空零部件生产者在制造缺陷中都应当承担相同的责任。[1] 本文要对这一观点作出修正。笔者认为,系统零部件生产者承担的产品责任同航空器生产者相同,因为它们与航空器生产者所担负的工作职能具有相似之处。笔者认为,普通航空零部件生产者在制造缺陷中仅承担过错责任,这主要是因为工业生产中,无法避免工业误差。但是这种误差对于航空器的影响较弱,而且最终是否采纳某具体的零件,是由航空器生产者以及系统航空零部件生产者决定。也就是说,普通航空零部件生产者对其生产的每一个零部件是否能够投入市场流通并不具有最终的决策权。这个决策权牢牢把握在前述提到主体手中。因此,我们认为,普通零部件生产者就其生产的航空零部件仅承担过错责任即足够。

(二)设计缺陷

在 Moyer v. Martin Marietta Corp 案中,Larry Moyer 是一位美国空军试飞员。1944 年 4 月 22 日,他在准备试飞一架 B-57A 飞机时,飞机弹射系统被触发。此时,飞机还在陆地上。飞行员被巨大的冲力扔到天空,并在掉到地上时当场死亡。

死者遗孀向飞机制造商提起诉讼,认为其弹射系统具有设计缺陷。[2] 怎样会被认定为设计缺陷呢?《美国第三次侵权法重述》中对设计缺陷的定义是,对于产品中可预见的损害风险,能够进行更加合理的设计以减少和避免的,却最终没有采纳这样的做法的,即被认为存在设计缺陷。[3] 设计缺陷

---

〔1〕 参见杜康平:《论航空零部件供应商的产品责任》,载《北京航空航天大学学报》2013 年第 1 期。

〔2〕 Moyer v. Martin Marietta corp, 481 F. 2d 585, at 588.

〔3〕 参见肖永平、龚乐凡、汪雪飞:《侵权法重述第三版:产品责任》,法律出版社 2006 年版,第 15 页。

采纳的是“风险—效用平衡”理论,即产品的生产者没有义务也不可能生产出零风险的产品,必须要在避免产品可能引起损害的风险和产品的效用之间作出平衡。每辆汽车都生产的像军用装甲车一样结实,固然降低了车祸可能引起的损害,但是却要承担昂贵的造价、大量的油耗,以及对公共交通设施所造成的巨大负担。所以,生产者必须在这两者之间进行一种平衡。

上述 Moyer v. Martin Marietta Corp 案中,原告认为:(1)飞机弹射装置,弹簧插销太脆弱,不能很好地锁住装置;(2)销轴可以移动,未被标明为安全装置;(3)弹射装置被安装在飞行员右手侧;(4)引发装置没有用彩纸标出。[1] 被告辩称:“飞行员存在错误操作,他违反飞行操作手册,在没有进入驾驶座之前就拉动销轴,并且在拉起扶手之前就开启弹簧插销,所以引起了这场事故。”[2]法院最终认定双方都有过错,并按照过错程度,承担相应的责任。笔者不同意这样的判决。军用飞机飞行员,尤其是空军试飞员,拥有良好的身体素质,接受过专业训练。即便飞机存在设计上的问题,其也应当在普通军用飞机飞行员的技能范围内能够对该缺陷作出抑制性操作。而本案的被告对设计缺陷非但没有作出抑制性操作,而且还违反飞机操作手册,对事故发生起到了引发的作用。笔者认为在这种情况下,应当视为该军用飞机不具有法律意义上的缺陷而不予以归责。而商业航空产品设计缺陷的定义则应当为,“对于航空产品中可预见的损害风险,能够进行更加合理的设计以减少和避免的,却最终没有采纳这样的做法的,飞行员依照通常的专业技能不能克服时,即被认为存在设计缺陷。但如果航空产品的生产者对于该缺陷已经进行处置之后,仍然存在缺陷的,则不再考虑飞行员技能因素”。但是,通用航空器的飞行员在身体素质和专业技能方面要求较低,同汽车驾驶员相似,故采用普通产品责任设计缺陷的认定标准即可。

设计缺陷虽然属于严格责任的一种,但其主要是体现在举证责任、赔偿计算等方面。其在主要方面同过错责任相似。系统航空零部件制造人同航

[1] Moyer v. Martin Marietta corp,481 F. 2d 585,at 588.

[2] Moyer v. Martin Marietta corp,481 F. 2d 585,at 590.

空器制造人承担的职责和专业水平相似,故采纳航空器制造人责任认定标准。普通航空零部件供应商,对于产品的设计以及产品的采纳只有有限的发言权,故只承担重大过失意义上的设计缺陷即已足够。

(三)警示缺陷

产品可预见的损害风险,可以通过生产者或者销售者的说明和警示加以减少和避免,但是生产者却没有提供这样的说明和警示时,则该产品存在警示缺陷。[1] 在 Walton v. Avco Corporation,610 A. 2d 454 案中,一个直升机生产者因警示缺陷,造成飞行员出现意外,最终被法庭判决承担严格责任。出现事故飞机的引擎制造商发现该款直升机存在制造缺陷,并将这个消息传递给了直升机制造商。但该直升机制造商并没有将该警告继续传递给直升机的购买者以及该生产者的服务中心。法庭认为本案中的损失,本应该可以通过直升机生产者的警示加以避免,但该生产商却没有向下游的使用者提供这样的警示,故其生产的直升机被认为存在警示缺陷。[2] 对于直升机引擎中存在的缺陷所造成的损失,生产者 Avco 公司本可以通过其对下游直升机使用者的警示加以避免。但被告生产者却没有这么做,宜乎其被认定承担警示缺陷意义上的产品责任。

但是,在警示缺陷当中,笔者不再持如果警示缺陷可以由商业飞机飞行员依照其正常技能可以克服,即不被认为是法律上的警示缺陷这样的主张。这主要是因为,无论是制造缺陷还是设计缺陷,从发现缺陷到解决缺陷总会有一个相当长的反应时间。警示缺陷只需负将信息进行传递的义务。在当今信息时代,这样的信息传递只需很短的时间就可以完成。因此,没有必要对商业航空制造者警示缺陷中的产品责任做较低程度的要求。

系统航空零部件制造人同航空器制造人承担的职责和专业水平相似,故在采纳航空器制造人警示缺陷中的责任认定标准。普通航空零部件供应商,

---

〔1〕 参见肖永平、龚乐凡、汪雪飞:《侵权法重述第三版:产品责任》,法律出版社 2006 年版,第 15 页。

〔2〕 Walton v. Avco Corporation,610 A. 2d 454.

对于产品的设计以及产品的采纳只有有限的发言权,故只承担重大过失意义上的警示缺陷即已足够。另外,如笔者之前发表的文章所主张的那样,零部件生产者只要将缺陷警示传递给航空器生产者即完成其警告义务。这是因为,航空零部件没有自己产品最终使用的联系信息。法律不能规定当事人无法达到的义务。故将相关信息传递给航空器制造人即已足够。而航空器生产者在收到零部件生产者关于产品缺陷的警告后,则有义务向下游的生产者提供该警告。该主张已经在 Walton v. Avco Corporation 案中得到实践。[1]

综上所述,应当将航空器制造商中的商用飞机、军用飞机制造商归为一类,将通用飞机制造商归为另一类,在适用严格责任时进行区别对待。在因商用飞机部分缺陷导致事故时,如果飞行员在正常情况下进行紧急处置,可以避免该缺陷造成的损害时,该事实上的缺陷在此次事故中应当不被认定为缺陷。笔者也认为应当将航空零部件生产者分为系统零部件生产者和普通零部件生产者。前者承担同航空器制造商一样的责任。并且,这样的责任分配思想应当具体到制造缺陷、设计缺陷以及警告缺陷的认定中去,以便更加合理地分配各方责任,促进我国航空工业的发展。

---

〔1〕 参见杜康平:《论航空零部件供应商的产品责任》,载《北京航空航天大学学报》2013 年第 1 期。

预售商品房抵押权预告登记优先受偿效力之探讨

马海蓉*

预告登记是本登记的先行程序，是为确保一项旨在发生未来物权变动的债权请求权的实现，而向登记机构申请办理的预先登记。[1] 目前我国商品房销售普遍采用预售制度，签订房屋买卖合同与正式交付房屋之间会间隔一段时间，而高房价又意味着绝大多数买房者需要通过将期房抵押给银行而获得贷款买房。为保障买房人的利益，防止一房多卖以及银行贷款利益的如期实现，我国《物权法》第 20 条规定了预告登记制度。[2] 2016 年的《不动产登记暂行条例实施细则》第 85 条第 1 款和第 3 款进一步明确了当事人可以按照约定申请预售商品房的预告登记以及预购商品房的抵押权预告登记。基于上述法律规定，买房人购买预售商品房如需向银行贷款，必须将房屋抵押权先办理预告登记，等开发商交付房屋并办理产权转让登记后再办理房屋抵押权的本登记。在这段时间内，由于买房人的其他债务纠纷，可能会出现预售房屋被拍卖或被法院强制执行，从而影响银行实现抵押权的现象。此时银行是否有权基于抵押权预告登记获得优先受偿权，不少地方法院均受理了类似的纠纷，然而，由于缺乏明确的法律规定，各地法院的判决并不一致，甚至

---

* 马海蓉，上海外国语大学法学院副教授，法学硕士，研究方向为民商法。

〔1〕 参见孙宪忠：《争议与思考——物权立法笔记》，中国人民大学出版社 2006 年版，第 115 页。

〔2〕 《物权法》第 20 条规定："当事人签订买卖房屋或者其他不动产物权的协议，为保障将来实现物权，按照约定可以向登记机构申请预告登记。预告登记后，未经预告登记的权利人同意，处分该不动产的，不发生物权效力。预告登记后，债权消灭或者自能够进行不动产登记之日起三个月内未申请登记的，预告登记失效。"

完全相反,迫切需要界定预售商品房抵押预登记的效力,统一司法救济模式,从而保护权利人的合法利益。

一、类案不同判的现实困境及评析

近几年,全国多地法院陆续受理了贷款银行起诉预售商品房买房人(贷款人)以及房地产开发商,请求法院判决保护其抵押权预告登记而产生的优先受偿权的案件,而法院的判决大相径庭,使大量预售商品房贷款交易的当事人无所适从,也损害了司法公信力。综合各地判决,主要有以下几种结果。

(一)判决银行基于抵押权预告登记而具有优先受偿权

尽管判决结果相同,但因其采纳的法律依据不同,判决理由可分为以下几种情况:

1. 将预售商品房抵押权预告登记视为在建工程抵押登记,故银行具有优先受偿权。典型案例是安徽省高级人民法院终审判决的某银行诉贷款人刘某违约,请求对已办理抵押预告登记的在建房产享有抵押权并优先受偿。[1]该案一审判决认为刘某尚未取得产权证,无法办理房产抵押登记,故银行不享有优先受偿权。后经上诉安徽省高级人民法院终审判决予以改判:“根据《物权法》第180条第1款第5项及第187条之规定,正在建造中的房屋可以进行抵押,抵押权自登记时设立,且未限定抵押登记的形式。刘某和银行办理了抵押预告登记,即意味着双方均认可抵押登记的效力,并期待该效力的产生。因此,无论是抵押预告登记还是正式的抵押登记,只要当事人在登记机构办理了以抵押为意思表示的登记,其抵押权就有效设立,当债务人不能清偿到期债务时,债权人对抵押物享有优先受偿权。”故判决某银行对拍卖、变卖上述房产所得价款优先受偿。

该终审判决将预售商品房视为在建工程,并将抵押权预告登记扩大解释

〔1〕 安徽省高级人民法院(2014)皖民二终字第780号。

为抵押登记的一种形式，因此视为抵押权已设立从而获得优先受偿权。笔者认为终审判决的解释较为牵强，是对《物权法》第180条第1款第5项关于在建工程抵押登记的误读。该条款是为解决开发商在工程建设过程中工期长、资金缺口大、融资难的问题，而允许其将正在建设的工程抵押给银行获得贷款的一种模式。此时设立的是现实的抵押权，一经登记即获得担保效力，无须预告登记。而预售商品房预告登记的义务主体是购房人而非开发商，因其为获得将来房屋产权才有必要先行预告登记。抵押权具有从属性，故当房屋产权未获得时，抵押权也无从谈起，仅享有预告登记抵押权的权利人不能享有现实抵押权的优先受偿权。

2. 非因债权人银行的过错导致预告登记未如期转为本登记的，银行享有预抵押登记房屋的优先受偿权。此类案件一般来说已具备交房条件，却由于购房人及开发商的原因导致未能如期办理房屋过户手续，从而使抵押权预告登记未能如期转化为抵押权本登记，此时银行的优先受偿权不受影响。典型案例是建行温州分行诉温州某房产公司及购房人潘某案。〔1〕该案终审判决认为："涉案商品房已经进行了抵押权预告登记，且未能推进至本登记并非由于债权人的原因造成，预抵押登记财产又符合折价、拍卖、变卖等流通条件，故赋予银行对登记财产享有优先受偿权，以保护银行按揭金融秩序。"〔2〕类似的案件还有建设银行福州城北支行诉周某、高某及福州某房地产公司案，〔3〕二审福州市人民法院认为："案涉商品房已办理预购商品房抵押权预告登记，且已具备办理物权登记条件，因购房人怠于办理抵押登记，预告登记权利人有权对商品房处置价款行使优先受偿权。"〔4〕

此类判决主要目的是维护房屋按揭市场正常的金融秩序，从公平角度保

〔1〕(2015)浙温(商)终字第929号。

〔2〕李勍：《预购商品房预抵押登记及开发商阶段性保证效力的认定》，载《人民司法》(案例)2016年第14期。

〔3〕(2015)榕(民终)字第5965号。

〔4〕林秀榕、陈光卓：《抵押权预告登记权利人无过错时有权对商品房优先受偿》，载《人民司法》(案例)2016年第14期。

护无过错的贷款银行的金融利益,实现对银行、开发商、购房人三方利益的平衡保护。而笔者认为本案中银行之所以能获得优先受偿权的主要原因在于房屋已竣工,完全符合交房并办理过户手续及上市交易的条件,期房预告抵押权也完全符合转化为现房抵押权的条件,只是由于开发商或购房人的过错使得上述目的未能及时实现,此时判决银行享有优先受偿权且开发商负连带责任符合抵押权预告登记的立法目的。

3. 将抵押权预告登记等同于抵押权登记,产生同样的物权效力。此类案件将抵押权预告登记视为抵押登记,一旦购房贷款人无力支付银行的分期付款而导致违约被诉时,判决结果均为支持债权人银行就被抵押房屋的优先受偿权。如上海市奉贤区人民法院(2014)奉民二(商)初字第 2101 号、2898 号、浙江省杭州市中级人民法院(2014)浙杭商外终字第 27 号、浙江省富阳市人民法院(2015)杭富商初字第 353 号、广州市海珠区人民法院(2014)穗海法民二初字第 1266 号、广州市天河区人民法院(2013)穗天法民二初字第 4525 号、安徽省芜湖市镜湖区人民法院(2015)镜民二初字第 00115 号等判决均持该观点。[1]

此类判决未区别抵押权本登记和预告登记,将其视为不同时间阶段的公示方法,这种观点的错误之处在于未能正确理解物权法定原则,将不同的法律制度混为一谈。根据《物权法》第 187 条之规定,不动产抵押权自登记时设立,登记后抵押权的效力才及于抵押当事人,抵押权人才具有优先受偿权。而预告登记本质上不是一种物权登记,不能直接发生物权变动的效果。[2] 抵押权预告登记是为了保障将来债权的实现,具有限制登记权利人随意处置标的物的排他效力,属于债权保全措施,并没有现实地取得抵押权,故债权人不具有优先受偿权。

---

〔1〕 林秀榕、陈光卓:《抵押权预告登记权利人无过错时有权对商品房优先受偿》,载《人民司法》(案例)2016 年第 14 期。

〔2〕 参见王利明:《物权法研究》(上卷),中国人民大学出版社 2016 年版,第 328 页。

（二）判决购房人在特定时间内将预告登记转化为本登记，从而使债权人银行获得优先受偿权

此为赋予债权人具有附条件的优先受偿权，如上海市宝山区人民法院(2014)沪宝民二(商)初字第2317号民事判决认为，“债权人有权要求购房人履行合同义务及时办理正式抵押登记手续，债权人在抵押权设定后可依法实现抵押权。该案法院判决购房人于十日内办理房产抵押登记手续，待抵押权设定后，原告有权行使优先受偿权。”〔1〕

此类判决表面上逻辑是清晰的，但在具体执行方面存在较大障碍，尤其是被告购房人拒绝将预告登记转化为本登记时，司法实践中法院无法通过强制执行的方式强制其办理，因此债权人的优先受偿权将成为一纸空文。

（三）判决仅具有抵押权预告登记效力的债权人银行不享有优先受偿权

此类判决严格区分抵押权预告登记和本登记的效力，在购房人未取得房屋产权的情况下，无法将抵押权预告登记转化为本登记，因此银行无法享有现实抵押权才具有的优先受偿权。如《最高人民法院公报》刊登的《光大银行上海青浦支行诉上海东鹤房地产公司保证合同纠纷案》即持此观点，该案裁判要旨明确“预售商品房抵押贷款中，虽然银行与借款人（购房人）对预售商品房做了抵押预告登记，但该预告登记并未使银行获得现实的抵押权，而是待房屋建成交付借款人后银行就该房屋设立抵押权的一种预先的排他性保全。如果房屋建成后的产权未登记至借款人名下，则抵押权设立登记无法完成，银行不能对该项预售商品房行使抵押权。”〔2〕最高人民法院法官司伟认为：“赋予预购商品房抵押权预告登记权利人对预购商品房优先受偿的权利在现行法上并无依据，即使其对抵押权预告登记无法转化为正式的抵押权登记没有过错，也不能因此弥补抵押登记这一抵押权生效要件缺失的缺陷。

〔1〕 (2014)沪宝民二(商)初字第2317号。

〔2〕 参见《中国光大银行股份有限公司上海青浦支行诉上海东鹤房地产有限公司、陈思绮保证合同纠纷案》，载《中华人民共和国最高人民法院公报》2014年第9期。

优先受偿权需要由法律明确规定才能设立。”〔1〕自公报案例发布后,不少法院均按此规则裁判案件。

此类判决应该说符合《物权法》关于抵押权预告登记及本登记性质的规定,体现了抵押权预告登记的债权保全效力和抵押权本登记的物权生效效力的本质区别。但是此类判决完全忽视了债权人银行基于抵押权预告登记而获得的期待利益,损害其金融利益,大大增加银行的金融风险,导致银行日后房贷愈加谨慎,从某种程度上来说会影响房地产市场的健康发展。

造成上述类案不同判司法困境的主要原因是对预售商品房抵押权预告登记的设立路径及其性质、效力的理解出现偏差,从而破坏了开发商、购房人及银行之间的利益平衡。

二、预售商品房抵押权预告登记法律效力之争

预售商品房抵押权预告登记的设立路径通常来源于三个相互关联的法律关系:首先是购房人与开发商签订预购商品房买卖合同,购房人选择首付款加一定年限内按月分期付款的付款方式,即通常所谓的按揭买房。购房人需要将房屋抵押给贷款银行从而获得贷款,此时购房人与银行签订抵押贷款合同,由于房屋为期房,购房人未获得真正的所有权,因此无法进行抵押权的本登记。为保障债权人将来债权的实现,进行抵押权预告登记,开发商为此提供阶段性担保。一旦房屋经过验收具备交付条件,开发商即向购房人交付房屋,买卖双方办理所有权转让登记,购房人与贷款银行将抵押权预告登记转化为本登记,此时开发商的阶段性担保义务结束。当购房人无力偿还分期付款时,银行可就抵押房屋通过拍卖、变卖、折价的方式优先受偿。

预告登记制度首创于德国法,在瑞士、奥地利、日本、韩国等国家及我国台湾地区均规定了该项制度。〔2〕 在我国的《物权法》、《土地登记办法》(已

〔1〕 司伟:《预购商品房抵押权预告登记权利保护的法律基础与路径选择》,载《人民司法》(案例)2016年第14期。

〔2〕 参见程啸:《不动产登记法研究》,法律出版社2011年版,第520页。

失效)、《房屋登记办法》以及地方性法规中也对其作了相应规定。在实务中,抵押权预告登记属于商品房预售交易得以展开的重要保障机制,大量的预告登记集中表现为预抵押登记这一类型。[1] 抵押权预告登记的效力主要体现在对将来债权实现的保障效力上,而对其是否具有顺位效力和优先受偿效力学界一直有争议,这些争议也是前文所述司法实践中出现类案不同判的主要原因。

(一)抵押权预告登记的保全效力

1. 抵押权预告登记是为保障将来抵押权的取得。《不动产登记暂行条例实施细则》第 85 条第 3 款规定以预购商品房设定抵押权的,当事人可以按照约定申请不动产预告登记。可见,抵押权预告登记首先保障将来抵押权的取得,即开发商与购房人完成交房手续,购房人获得该房屋的完整产权后,即将与贷款银行间的抵押权预告登记转化为本登记,银行享有现实抵押权人的全部权利。

2. 抵押权预告登记保障债权请求权的效力。[2] 抵押权进行预告登记后,登记权利人即获得实现将来债权的期待权,在当事人如约履行预购商品房及抵押贷款合同时,预告登记起到担保效力。而当购房人违反抵押贷款合同,即不按约如期还贷时,预告登记的权利人即贷款银行可就该具有流通性的期房进行拍卖、变卖或折价来行使担保权利,从而保障债权的实现。

3. 抵押权预告登记具有对抗第三人的效力。在进行预告登记之后,登记权利人享有的债权就具有对世效力,其可以阻止登记义务人针对同一标的从事各种处分行为。[3] 预告登记限制了登记义务人的处分行为,当购房人将期房转让给他人或设置其他负担(如再抵押或地役权等)时,须经登记权利人的同意,否则不发生物权效力。

---

〔1〕 参见陈亚菁:《预告登记的实践适用及法律效力》,载《中国房地产》2013 年第 5 期。

〔2〕 也称预告登记的担保效力,参见程啸:《不动产登记研究》,法律出版社 2011 年版,第 554 页。

〔3〕 参见王利明:《物权法研究》(上卷),中国人民大学出版社 2016 年版,第 336 页。

(二)抵押权预告登记的顺位效力之争

抵押权预告登记的顺位效力是指一个物上设置了多个经预告登记的抵押权,当这些预告登记转化为本登记时,原先登记在先的预告登记在本登记阶段同样处于在先地位,即按照预告登记的顺位来确定本登记的顺位。抵押权预告登记是否具有顺位效力有相互对立的两派观点。

肯定说认为抵押权预告登记具有顺位效力。其依据主要是建立了预告登记的国家和地区,立法上都承认预告登记有顺位效力,〔1〕如德国民法、〔2〕瑞士民法、〔3〕日本民法〔4〕及韩国民法〔5〕等。我国《物权法》虽然没有对抵押权预告登记的顺位性作出明确规定,但有学者认为我国现行法已明确认可了预告登记的顺位效力,理由是《不动产登记暂行条例实施细则》第85条第3款规定:"预告登记后,债权未消灭且能够进行相应的不动产登记之日起3个月内,当事人申请不动产登记的,不动产登记机构应当按照登记事项办理相应的登记。"所谓"按照预告登记事项"办理相应的登记,就包括按照预告登记的顺位来确定相应登记的类型、登记的权利内容、登记的顺位等。〔6〕而司法实践中也有法院在判决中确认了预告登记的顺位效力。〔7〕据此,只要银行的房屋抵押权在登记设立后,其顺位的标准就回溯至预抵押登记之时,从而优先于预抵押登记后的其他登记,银行的顺位利益由此得以保全。〔8〕

---

〔1〕 参见程啸:《论抵押权的预告登记》,载《中外法学》2017年第2期。

〔2〕 《德国民法典》第883条第3款规定:请求权以权利的给予为目的的,按照预告登记来确定该项权利的顺位。

〔3〕 《瑞士民法典》第959条第2款和第960条第2款规定:预告登记的权利对他人此后就同一动产取得的权利具有对抗效力。

〔4〕 日本法上的假登记也具有顺位效力,因为"假登记是为了在将来进行一定的本登记的可能性的情形下保存其顺位,并由此警告他人的一种登记"。参见[日]我妻荣:《新订物权法》,有泉亨补订,罗丽译,中国法制出版社2008年版,第89页。

〔5〕 参见《韩国不动产登记法》第6条第2款规定:"已办理假登记时,本登记的顺位依假登记的顺位。"

〔6〕 参见程啸:《论抵押权的预告登记》,载《中外法学》2017年第2期。

〔7〕 威海市中级人民法院(2014)威民再字第24号"中国建设银行文登支行与山东凯威资担保有限公司、杜某某等金融借款合同纠纷审判监督案"。

〔8〕 参见常鹏翱:《预购商品房抵押预告登记的法律效力》,载《法律科学》(西北政法大学学报)2016年第6期。

否定说认为顺位效力是直接关系物权变动时间的法律效力,赋予预告登记以顺位效力的实质是让抵押权具有溯及力,具有明显的物权性,根据物权法定原则应由《物权法》明确规定,而《物权法》及其司法解释未规定预告登记具有顺位效力,即在我国《物权法》上预告登记不具有顺位效力。[1] 因此,由于预告登记本身具有对抗第三人的效力,当预抵押登记义务人意图在抵押物上设置其他负担时必须经权利人同意,否则无效,[2]此规定事实上已经赋予登记权利人决定权,无须再通过顺位效力来保障其抵押权的实现。

笔者认为抵押权预告登记的顺位性应视情况而定。从《物权法》第20条的规定来看,抵押权预告登记使得登记权利人具有对抗和排斥他人主张物权的效力,这种绝对权和对世权性质的体现决定了其具有一定的物权属性,而物权具有优先性的特征也决定了预登记的抵押权也具有顺位性。首先体现在当同一物上有数个预登记抵押权时,而债权无法履行或者满足实现预抵押登记的条件时,先登记的预抵押权利人可以就符合流通条件的抵押物优先于后登记的抵押权利人受偿。其次预抵押权登记的顺序并不能延续到抵押权本登记的顺位性。其中物权法没有明确作出这样的规定是原因之一,另一个重要原因在于如果承认预抵押登记的顺位性及于抵押权本登记的位次,则《物权法》第199条规定的抵押权的顺位性规定则被变相废除,这不符合预告登记的立法本意,也不利于鼓励和督促当事人及时去办理抵押权本登记。因此抵押权预告登记的顺位性只体现在预登记阶段,而不能延续到本登记阶段。

(三)抵押权预告登记的优先受偿效力之争

正如前述第一部分所作的分析,在预售商品房之买卖及贷款合同中,抵押权预告登记权利人为提供贷款并获期房抵押的银行,在预抵押期间其作为担保权利人,与其他普通债权人产生优先受偿权冲突的情形主要有以下

---

〔1〕 参见崔建远:《物权:规范与学说——以中国物权法的解释论为中心》(上册),清华大学出版社2011年版,第195页。

〔2〕 参见《物权法》第20条。

几种。

1. 抵押权预告登记与诉讼保全的效力冲突

诉讼保全是指以防止被执行人转移、隐藏、变卖、损毁财产为目的的执行措施,如查封、扣押、冻结等。[1] 预售商品房尽管还未进行所有权登记,但仍可以成为法院查封的对象,被称为预查封。[2] 是否允许在已进行抵押权预告登记的预售商品房上进行预查封,法律没有明文规定,实务界同样有不同观点,有观点认为"预告登记权利人对法院采取的查封等措施提出异议的,原则上应该予以支持"。[3] 与之相反的观点是"当被执行人为已经办理预告登记不动产之权利人时,预告登记无法对抗查封等保全措施"。[4] 笔者同意后一种观点,根据最高人民法院关于设定抵押房屋执行方面的司法解释,[5] 法院有权查封或预查封被执行人已经设定担保的财产。根据举重以明轻的规则,预抵押登记的财产当然也可以被查封或预查封。

2. 抵押权预告登记与法院强制执行措施的冲突

在预抵押期间,预售商品房购房人未能依贷款合同的约定如期分期付款达到一定的期限及金额,并确实无力偿还余款时,贷款银行可以向法院起诉并要求就具有流通价值的期房进行变卖、拍卖或折价来偿还借款,此时抵押权预告登记与本登记的法律效力是同样的,预告登记起到了保障债权实现的

---

〔1〕 参见张卫平:《民事诉讼法》,法律出版社2013年版,第485页。

〔2〕《最高人民法院、国土资源部、建设部关于依法规范人民法院执行和国土资源房地产管理部门协助执行若干问题的通知》(法发〔2004〕5号)第15条规定:"下列房屋虽未进行房屋所有权登记,人民法院也可以进行预查封:……(三)被执行人购买的办理了商品房预售合同登记备案手续或者商品房预告登记的房屋。"

〔3〕 张小健、郭佑宁:《预告登记能否排除生效裁判文书导致的物权变动?》,载http://victory.itslaw.cn/victory/api/v1/articles/article/c9970241-9c69-47be-b334-f0b3f330ba46?downloadLink=2&userId=53ac764b-c790-4912-ad67-695764f855a7&source=QQ,最后访问日期:2019年6月17日。

〔4〕 杨松林:《预告登记能否对抗生效裁判文书导致的物权变动?——兼与张小健、郭佑宁二位律师商榷预告登记如何对抗强制执行与保全措施》,载http://www.360doc.com/content/16/0408/21/26673313_549059711.shtml,最后访问日期:2019年6月17日。

〔5〕《最高人民法院关于人民法院执行工作若干问题的规定(试行)》第40条、《最高人民法院关于人民法院执行设定抵押的房屋的规定》第1条、《最高人民法院关于人民法院民事执行中查封、扣押、冻结财产的规定》第27条。

目的,此时不产生任何冲突。

而当购房人无力清偿其他第三人的债务导致被预抵押登记的期房进入强制执行阶段,需要对房屋进行拍卖、变卖或折价以履行其他普通债务时,面临的第一个问题是抵押登记权利人贷款银行是否有权提出排除执行异议。根据《最高人民法院关于人民法院办理执行异议和复议案件若干问题的规定》第 30 条的规定,“金钱债权执行中,对被查封的办理了受让物权预告登记的不动产,受让人提出停止处分异议的,人民法院应予支持;符合物权登记条件,受让人提出排除执行异议的,应予支持”。此处的预告登记应该仅指房屋买卖合同中的预告登记,因为条文中用了“受让物权”人的表述,特指买卖合同中的受让人,而不包括抵押权预告登记中的权利人。因此贷款银行无权提出排除执行的请求。第二个问题是预售商品房因购房人与第三人债务纠纷原因而被强制执行时,已被预抵押登记的房屋能否被拍卖。《最高人民法院关于人民法院民事执行中拍卖、变卖财产的规定》第 31 条规定:“拍卖财产上原有的担保物权及其他优先受偿权,因拍卖而消灭,拍卖所得价款,应当优先清偿担保物权人及其他优先受偿权人的债权,但当事人另有约定的除外。”从中可以得出结论,已经进行抵押权本登记的担保物可以被法院强制拍卖从而得到优先受偿权。进行抵押权预告登记的抵押物因其他诉讼被拍卖是毋庸置疑的。第三个问题是仅进行预告登记的抵押权人是否有权就拍卖价款优先受偿。从本文第一部分案例综述来看,包括具有一定指导作用的最高人民法院的公报案例,司法实践中越来越倾向于抵押权预告登记人没有优先受偿权,理由在第一部分中已有详细论述,此处不再赘述。

三、预售商品房抵押权预告登记权利人优先受偿权的保护路径

如前文所述,无论是物权法理论还是法院审判实践,基本否定了预售商品房抵押权预告登记权利人如抵押权本登记权利人一样具有优先受偿权,在进行本登记前,与普通债权人的法律地位相同。这样的结果使贷款银行在较长的期待抵押权本登记期间内几乎得不到担保保障,是贷款银行拒绝接受

的。在债务人不履行到期债务时,如果预购商品房抵押权预告登记权利人根本不可能有优先受偿权,那么预购商品房抵押还有什么担保功能?预购人又凭什么可以通过预购商品房抵押来获得融资呢?如此一来,势必极大地损害银行等金融机构信贷的积极性,从长远来看,势必影响我国房地产业市场的发展。[1] 因此应该设定一些可行路径来保护抵押权预告登记权利人的优先利益。

(一)开发商的阶段性保证责任弥补贷款银行无法行使优先受偿权的损失

在预售商品房抵押的环节中,贷款银行还贷利益的保障除了预抵押登记以外,还须有开发商提供的阶段性保证,该保证为信用保证,一直到购房人获得房屋产权、银行办理抵押本登记,开发商的阶段性保证才结束。即当抵押权预告登记被查封、冻结、拍卖等诉讼保全措施冲击并失去担保效力时,可以请求开发商承担连带责任,此时贷款银行的债权还是有较有力的保障的。当然还是有一定风险,即当开发商不具备还债能力甚至破产时,贷款银行的债权还是得不到保障。

(二)贷款银行完善贷后管理机制

只有当抵押权预告登记转化为本登记后,贷款银行的优先受偿权才能真正实现,因此贷款银行必须加强贷后管理。

首先,督促开发商按期施工建造并完成房屋所有权的初始登记。当因为开发商的原因导致无法按期交付房屋及与购房人办理产权过户,银行除可起诉开发商承担担保责任外,还可起诉要求开发商履行合同义务办理初始登记的,法院审查商品房已经竣工验收符合办理初始登记条件的,应予以支持。[2] 即当由于开发商原因延迟房屋初始登记导致购房人办理产证延迟,从而使抵押权本登记有逾期办理风险的,银行可起诉要求开发商尽快办理初

---

〔1〕 参见程啸:《论抵押权的预告登记》,载《中外法学》2017 年第 2 期。

〔2〕 参见陈建志、谷丹:《商品房抵押权预告登记的法律效力与司法救济》,载《山东法官培训学院学报》2018 年第 3 期。

始登记,保障自身作为现实抵押权利人优先受偿权的获得,法院应予以支持。

其次,追究购房人不配合办理商品房所有权登记的责任。当开发商已完成房屋的初始登记,且已完成房屋交付手续,此时只需购房人配合办理房屋过户登记及抵押权本登记,贷款银行即可获得优先受偿权的保障。根据《不动产登记条例》第14条和《房屋登记办法》第12条的规定,申请房屋抵押权登记,应当由有关当事人双方共同申请。而如果购房人由于自身的原因导致没有及时去办理房屋所有权登记或违反诚信未能履行分期付款义务而主动违约,拖延办理抵押权本登记的,有观点认为预购商品房抵押权预告登记权利人可以起诉请求抵押权预告登记义务人协助办理房屋抵押权登记,法院应予以支持。义务人拒不执行生效判决的,法院可向登记机构发出协助执行通知书,登记机构据此办理房屋抵押权登记。[1] 此处的法理基础是《合同法》第45条的规定,当事人为自己的利益不正当地阻止条件成就的,视为条件已成就。抵押权利人贷款银行的优先受偿权最终得到保障。

(三)基于利益平衡原则,适当保障抵押权预告登记权利人无过错前提下的优先受偿权

在预售商品房上设定抵押权预告登记,使该项期待权具有了物权的公示效力,购房人的其他债权人均可以从登记机构查询到该项信息,并具有了事先的风险预知和防范心理。因此,即使如前文所说根据物权法定原则,抵押权预告登记权利人并不像抵押权本登记权利人一样具有直接的优先受偿权,而当权利人没有任何过错,仅是由于开发商和购房人的过错导致权利人优先受偿权的消灭,不符合民法公平及诚信原则,会损害贷款银行参与商品房按揭贷款的积极性,从而影响房地产市场的健康发展。

因此,抵押权预告登记权利人若能证明是由于开发商或购房人的原因导致抵押权本登记延迟使得优先受偿权受影响的,法院可以直接判决登记权利人拥有优先受偿权。正如福建省福州市中级人民法院(2015)榕民字第5965

---

〔1〕 参见司伟:《预购商品房抵押权预告登记权利保护的法律基础与路径选择》,载《人民司法》(案例)2016年第14期。

号的裁判思路:在商品房已办理抵押权预告登记,且已具备物权登记条件,法院应责令购房人限期协助办理抵押登记手续。在购房人拒不办理而导致抵押登记无法完成的情况下,为维护交易安全和合同稳定,法院可依据《物权法》第28条判决债权人对抵押房产的处置价款行使优先受偿权。债权人对处置款优先受偿后尚有余款的,应优先清偿提供阶段性担保的开发商的垫款本息,再有余款的退还购房人。[1]

当然,抵押权预告登记权利人拥有一定条件下的优先受偿权还要满足预售商品房符合拍卖、变卖和折价等流通条件,如此权利人的优先受偿权才能真正实现。

---

〔1〕 参见林秀榕、陈光卓:《抵押权预告登记权利人无过错时有权对商品房优先受偿》,载《人民司法》(案例)2016年第14期。

股东导致公司破产的连带责任考察

——《公司法》第20条第3款法律适用阐释

赵守政*

一、问题的提出

通过对《公司法》第20条第3款的适用实证研究,[1]司法实践中突破股东有限责任的裁决较为广泛。该条款的必要性遭到质疑,即是否一定通过排除股东有限责任保护公司债权人利益。为回应这一问题,最高人民法院尝试通过指导案例形式确定其适用要件。司法实践对该条款的解释适用提出较高要求,指导案例中,该条款的被请求权人范围、侵权行为认定以及损害后果,法官相应的解释值得进一步考虑。举例为证:2013年1月13日最高人民法院公布了指导案例15号:徐工集团工程机械股份有限公司诉成都川交工贸有限责任公司等买卖合同纠纷案,徐州市中级人民法院判定川交工贸的关

* 赵守政,上海外国语大学法学院讲师,德国明斯特大学法学博士,华东政法大学经济法博士后,研究方向为公司法、金融法。

[1] 黄辉教授在北大法宝收集以《公司法》第20条第3款作为请求权基础提起的案例共99个,其中法院认为符合其适用要件的共64个,成功率约为65%。新《公司法》出台后,第20条第3款在司法实践中已经被普遍的适用。根据作者实证研究表明:越是经济欠发达地区适用《公司法》第20条第3款的案例数量越多,该制度二审54%的适用成功率大大低于一审的73.47%。这一调查结果明显表明经济发达省份和二审法院在保护债权人利益具体个案中适用《公司法》第20条第3款比不发达地区及一审法院的法官更为谨慎。虽然经济发达地区和二审法院法官法学专业水平未必一定比不发达地区及一审法院水平高,但笔者认为通过这一实证分析至少说明《公司法》第20条第3款在不同的经济发达程度地区及不同法院层级的法律适用是存在争议的。参见黄辉:《中国公司法人格否认制度实证研究》,载《法学研究》2012年第1期。

联公司(川交机械公司、瑞路公司)承担连带责任,而拒绝判定股东王某某等人承担个人责任。徐州市中级人民法院扩大了《公司法》第20条第3款的被请求权人范围,把主体扩大解释为关联公司值得商榷,对此徐州市中级人民法院并无进一步说理。指导案例9中,上海市第一中级人民法院维持松江区法院的判决。公司被吊销营业执照期间,股东未组织清算导致债权人利益难以保证,法院判决由3名股东对公司债务承担连带清偿责任。这一案例中,法官把股东未履行清算义务认定为《公司法》第20条第3款中的侵权行为。公司财产灭失虽是在未清算期间发生,但事实上财产灭失的直接原因或真正原因是股东转移公司财产所致,将至多是诱因的未清算认定为侵权行为值得进一步考虑。

能否对上述问题作出正确判断的前提,显然是对《公司法》第20条第3款的法律功能有正确的认识,并厘清该条款与其他债权人保护制度的关系。在此基础上,结合最高人民法院的指导判例,才能对该条款确定的股东连带责任作出正确的法律评释。

二、《公司法》第20条第3款规范意旨

(一)法律功能

司法实践中存在《公司法》第20条第3款滥用的可能性,究其原因,我国在引进该制度时深受英美法律实用主义影响。在突破股东有限责任以保护债权人利益的态度上,英美揭开公司面纱制度开放实用,[1]而以德国为代表

---

〔1〕 揭开公司面纱仅是作为英美判例法国家法院梳理并总结出的理论,仅美国滥用公司人格的案例类型就有傀儡公司或代理工具(dummy corporation)、非法行为(illegality)、规避法律责任(evasion of just responsibility)、歪曲或隐瞒真实意图(distortion or hiding of the truth)、出资不足(offering insufficient capital)、提起不当抗辩(unjust raising of a defense)及欺诈(fraud)等。参见相关美国判例:Bartle v. Home Owners Cooperative 127N. E. 2d832,(N. Y. Co. App. 1955);Anderson v. Abbott,321 U. S. 349(1944);Bevelheimer v. Gierach,339 N. E. 2d 299,239(I11. App. 1975);Brock v. Poor,111 N. E. 229,239(N. Y. 1915);Minto v. Cavaney 364p. 2d473(cal. 1961);Sargent v. Highlite Broadcasting Co. ,466 S. W. 2d 866(Tex. Civ. App. 1971);Robertson v. Roy L. Morgan Production Co. ,411 F. 2d 1041(1969);Extra Energy Coal Co. v. Diamond Energy & Resources,Inc. ,467 N. E. 2d 439(Ind. CtApp. 1984);Ramsey v. Adams,603 P. 2d 1025(Kan. 1979);Bass v. Citzens& Southern Nat. Bank,309 S. E. 2d 850(Ga. 1984)。

的成文法国家抱持相对谨慎的思路。作为成文法国家,引入英美法理论并将其制度化,应从整个私法体系的高度评价《公司法》第 20 条第 3 款与其他债权人保护法律制度的关系。该条款的过度适用,显然会导致对股东有限责任制度的质疑,[1] 在这一背景下探讨该条款的法律功能非常必要。

德国联邦法院在适用“直索责任”(Durchgriffshaftung)时,以穷尽其他债权人保护法律制度救济为前提,这是由德国法中直索责任属于法官法的性质所决定的。法官造法的前提之一,就是已穷尽其他既有法律规范的救济途径,[2] 这点与德国引进英美揭开公司面纱制度时所抱持的谨慎态度不无关联。虽然该制度在我国已经成文法化,但法律适用的逻辑关联与法律功能上却有借镜之处。为保护债权人利益而制定的诸多制度,如股东足额缴纳出资义务与抽逃出资责任,控股股东、实际控制人、董监高责任,破产案件中针对股东侵权行为的撤销权制度,都没有涉及股东的有限责任。与《公司法》第 20 条第 3 款不同,它们本质上只是与债权人利益保护相关的内部损害填补责任。其请求权人一般是公司本身或破产管理人,并没有突破股东有限责任与合同相对性的原则。而《公司法》第 20 条第 3 款确定的股东连带责任,已经突破了股东有限责任制度的限制。同德国法官造法的直索责任类比,在规范意旨上,我国《公司法》第 20 条第 3 款的法律功能,也是在极端案例中填补其他债权人保护规范的漏洞。

虽然以成文法的形式确定了股东连带责任,但其法律功能类似于德国法律续造的直索责任——以突破股东有限责任制度为代价,对其他债权人保护

[1] 虞正平、蒋大兴、周友苏、何尧德等学者提及公司法人格否认概念本身从教义学角度尚需推敲,金剑锋则论及了该制度的民事侵权属性。参见虞政平:《质疑“公司法人格”否认之说》,载《人民法院报》2003 年 6 月 9 日;蒋大兴:《里程碑,还是误导——对夫妻公司法人格否认裁判思维的批评》,载《南京大学法律评论》2001 年第 2 期;周友苏:《公司法学理与判例研究》,法律出版社 2008 年版,第 261 页;何尧德:《现代公司民事责任制度研究——以股东和经营管理者为重心》,法律出版社 2011 年版,第 134 ~ 146 页;金剑锋:《公司人格否认理论及其在我国的实践》,载《中国法学》2005 年第 2 期。

[2] 目的限缩(teleologischeReduktion)适用的前提是现行成文法不能解决法律保护问题,存有制度漏洞,Brandenburg, *Die teleologischeReduktion*, 1983, p. 55 ff。

规范提供补充。[1] 同时,根据对《公司法》第20条第3款的文义解释,又没有赋予侵权股东针对公司外部债权人的先诉抗辩权。在这种情况下,法官适用该条款对股东有限责任进行实体性干预,须以尽量不损害公司内部救济途径为前提。内部救济未启动则动辄进行过度的实体干预,必然导致对股东个人追责的滥用。[2] 以成文法的形式突破股东有限责任需要极大的立法勇气,法政策上体现了立法者对公司债权人保护问题迫切性的综合考量。但在法律功能上,股东对公司债务的连带责任应是对其他债权人保障制度的漏洞填补。

(二)与其他债权人保护制度的关系

其他的债权人保护制度,主要涉及资本维持制度、受信义务责任以及破产撤销权制度。

适用公司资本制度保障债权人利益主要涉及两种情形,股东未足额缴纳出资与抽逃出资。根据《公司法》第28条第2款,股东应当向公司足额缴纳,并向已按期足额缴纳出资的股东承担违约责任。最高人民法院《关于适用〈中华人民共和国公司法〉若干问题的规定(三)》中,明确规定了损害公司权益的五种抽逃出资情形,分别是将出资款项转入公司账户在验资后又转出;虚构债权债务关系转移出资;制作虚假财务报表虚增利润进行分配;利用关联交易转移出资及其他未经法定程序抽回出资的行为。这五种抽逃出资的情形直接导致公司财产无对价地流向股东,最终侵害到公司债权人利益。相较《公司法》第20条第3款抽象的举证责任规定,这五种抽逃出资的情形更

[1] 曹守晔:《关于公司法实施中的若干问题》,载《现代法学》2005年第1期;Zweigert/Kötz, Einführung in die Rechtsvergleichung, 1996, S. 13, 14;[德]茨威格特、[德]克茨:《比较法总论》,潘汉典等译,法律出版社2003年版,第22~23页。

[2] 参见施天涛:《公司法的自由主义及其法律政策》,载《环球法律评论》2005年第1期;吴越等:《"刺穿公司面纱"制度引入的法经济学分析》,载《甘肃政法学院学报》2005年第2期;汤春来:《公司有限责任制度的缺陷及救济》,载《河北法学》2004年第2期;黄辉:《中国公司法人格否认制度实证研究》,载《法学研究》2012年第1期;雷兴虎、刘斌:《论公司法人格否认诉求主体适用范围之拓宽》,载《政法学刊》2010年第4期;四川省高级人民法院民二庭课题组:《法人格否认制度分析及其问题研究》,载《光华法学》2009年第2期;蒋大兴、金剑锋:《论公司法的私法品格——检视司法的立场》,载《南京大学学报》2005年第1期。

为具体，也更便于追究侵权股东的责任。同《德国有限责任公司法》第31条一致的是，公司财产返还请求权的请求权人只能是公司，而非间接受害的公司债权人。[1]《最高人民法院关于审理公司纠纷案件若干问题的规定(一)》第10条也具体规定，债权人请求公司清偿债务，公司不能清偿的，债权人可以同时对出资不足的股东和公司设立时的其他股东提起诉讼，请求在其出资不足数额及利息的范围内对公司债务承担补充赔偿责任。最高人民法院显然与德国联邦法院关于直索责任的观点一致，股东出资不足未涉及股东有限责任，只是在出资不足范围内对公司债务承担补充责任。出资不足并未作为《公司法》第20条第3款的案例类型之一，[2]而在法院判决中，违反资本缴付及资本维持义务有时被视为股东承担连带责任的适用情形。[3]

此外，根据《公司法》第148～150条的规定，公司中受信义务人主要是董事、监事及高级管理人员，但第21条把控股股东及实际控制人也纳入受信义务的主体范畴。确定公司控股股东、实际控制人、董监高责任的《公司法》第21条，与确定股东连带责任的《公司法》第20条形成并列关系，实践中易出现二者适用竞合的问题。公司控股股东同时担任公司董事或经理，滥用“公司法人格地位”及“股东有限责任”导致公司失去偿债能力，在公司法实务中屡见不鲜。但二者存在明显差别。同资本维持制度相同，首先只能由公司作为《公司法》第21条的损害赔偿请求权人，而非公司债权人。[4] 另外，董监高及利害关系人承担的赔偿责任，也是在不突破股东有限责任的限度内调整。[5] 在

---

〔1〕《最高人民法院关于审理公司纠纷案件若干问题的规定(一)》第11条明确规定公司作为股东抽逃出资责任的请求权主体，亦参见白江:《论资本维持原则和公司资产的保护》，载《社会科学》2007年第12期。

〔2〕参见赵旭东:《公司法人格否认规则适用情况分析》，载《法律适用》2011年第10期。

〔3〕试举两例:天津新技术产业园区新纪元风险投资有限公司与潍坊青岛华光电池有限公司股东出资纠纷案(北京市第二中级人民法院2009民终字00489号)，菏泽牡丹路桥工程有限公司与周口路友桥路工程有限公司债权纠纷上诉案(河南省周口市中级人民法院2009民终字1209号)。

〔4〕参见张穹主编:《新公司法研究修订报告》(上卷)，中国法制出版社2005年版，第137页。

〔5〕从公司作为股东代表诉讼的实际利益享有者及权利义务归属主体也可得出这一结论。参见沈贵明:《股东代表诉讼前置程序的适格主体》，载《法学研究》2008年第2期;赵万一、赵信会:《我国股东代表诉讼制度建立的法理基础和基本思路》，载《现代法学》2007年第3期。

立法政策上,《公司法》第20条基于股东侵权导致的外部债权人保护问题,而与之并列的第21条则更偏重关联交易中的中小股东利益保护。[1]

最后,公司破产由股东滥权行为导致,破产程序中债权人也可以提起股东的连带责任之诉。法院在受理破产申请时,可以根据《企业破产法》第31条、第33条对满足一定条件的股东侵权行为宣告无效或撤销。撤销权的行使在一定程度上保障了债权人权益,但其劣势也较为明显。首先,撤销权的行使具有时间限制,股东侵权行为须发生在法院受理破产申请前一年内。再者,撤销权的行使须以公司进入破产程序为前提。而在大部分情况下,债权人利益即使通过强制执行也难以得到满足。[2] 撤销权的立法目的,使公司破产前特定的股东行为归于无效,而非针对侵害债权人利益的行为。事实上,导致债权人利益损害的间接后果也不可能恢复原状。[3] 有学者建议,通过立法[4]或司法解释及指导案例的形式[5]引入美国衡平居次原则,以保护债权人利益。衡平居次的法律功能,是通过调整债权实现的先后顺序,在未突破股东有限责任下尽可能保障债权人利益。无论是破产撤销权制度,抑或是衡平居次原则,都不能替代《公司法》第20条第3款在破产案件中的补充性作用。

《公司法》第20条第3款作为成文规范,虽与法律续造中需穷尽既有规则为前提不同,但法律功能上应作为以上不突破股东有限责任的债权人保护制度的补充。所以,法官在适用《公司法》第20条第3款时的审慎程度时,要比适用资本维持制度、信义责任以及破产撤销权制度时更高。通过对该条款的法律实证分析可以得出,目前该条款在某种程度上已背离了这一制度的规范意旨。

---

〔1〕 参见张穹主编:《新公司法研究修订报告》(上卷),中国法制出版社2005年版,第178页、第179页、第181页。

〔2〕 参见王利明:《合同法研究》(第2卷),中国人民大学出版社2002年版,第177页。

〔3〕 参见王欣新:《破产撤销权研究》,载《中国法学》2007年第5期;Pißler, *Gläubigeranfechtung in China*, 2008, p. 63。

〔4〕 参见朱慈蕴:《公司法人格否认制度理论与实践》,人民法院出版社2009年版,第121页。

〔5〕 参见孙向齐:《我国破产法引入衡平居次原则的思考》,载《政治与法律》2008年第9期;赵吟:《论破产分配中的衡平居次原则》,载《河北法学》2013年第3期。

三、《公司法》第20条第3款适用规范分析

以下是结合最高人民法院指导判例9上海存亮贸易有限公司诉蒋某某、王某某等买卖合同纠纷案及指导判例15,对《公司法》第20条第3款股东导致公司破产责任所作的法律规范适用分析。[1]

(一)请求权人与被请求权人

《公司法》第20条第3款的请求权人是公司外部债权人,与股东承担个人连带责任的特征相契合。侵权股东作为该条款的被请求权人并无争议,只是存在是否对股东作扩大或限缩解释的讨论。有观点认为,实践中往往只有控股股东才可能滥用股东有限责任和公司法人地位,尽管《公司法》第20条第3款并没有区分控股股东和非控股股东,但该条款的被请求权人应限缩解释为控股股东,[2]这一观点值得商榷。如果限定《公司法》第20条第3款的被请求人为控股股东,则类似于最高人民法院于2003年11月公布的《关于审理公司纠纷案件若干问题的规定(一)》第51条,该条款把个人责任主体明确为控股股东。文义上,《公司法》第20条第3款并没有限缩解释的空间。再者,侵权股东可能并不处于控股地位,但有足够的能力滥用其影响力,并侵害到债权人利益。指导案例9中,拓恒公司三位股东怠于履行清算义务,账册灭失,公司财产不足清偿债权人。其中两名股东以房某某是公司实际控制人为抗辩事由,请求免除他们对公司债务的连带责任。上海市第一中级人民法院经审理认为,是否是实际控制人、占有多少股份以及是否参与公司经营管理并不能免除股东清算义务,也不能因为是非控股股东就免除其连带责任。[3]

与此相反,有学者认为应借鉴英美法系"揭开公司面纱"的被请求权人

---

〔1〕 参见吴庆宝:《权威点评最高法院公司法指导案例》,中国法制出版社2010年版,第177~241页。

〔2〕 参见金剑锋:《公司人格否认理论及其在我国的实践》,载《中国法学》2005年第2期;叶林、宋尚华:《解读〈公司法〉第二十条第三款》,载《国家检察官学院学报》2009年第5期;刘俊海:《新公司法中揭开公司面纱制度的解释难点探析》,载《同济大学学报》(社会科学版)2006年第6期。

〔3〕 在指导案例9中,事实上蒋某某与王某某曾向法院提交其委托律师进行清算的委托代理合同及律师证明,但法院经审理认为这只能说明其有对公司进行清算的意图,但并未进行事实上的清算,该抗辩事由不成立,所以不能免除《公司法》第20条第3款的连带责任。

范围,追偿主体还可扩大到公司管理人员。[1] 笔者认为,该条款的立法目的,是为保护债权人权益而对股东有限责任所作的例外适用,不宜对文义作扩大解释或类推适用。根据《公司法》第 21 条,公司管理人员利用其关联关系损害公司利益的,应对公司承担内部的填平责任,已可以解决公司管理人员追责问题。

在指导案例 15 中,徐州市中级人民法院在判决中根据《公司法》第 20 条第 3 款的规定,认定关联企业在存在人格混同的情形下,需对债权人承担连带责任,而驳回了原告对股东王某某等人的诉讼请求。尽管三个关联企业在管理人员、财务会计、企业招聘、业务范围等方面存在大量混同,但并无证据证明 3 个公司的实际控制人(股东王某某)的个人财产和债务人川交工贸公司混同。在此案中,《公司法》第 20 条第 3 款的被请求权人范围值得商榷。徐州市中级人民法院把关联公司的混同等同于股东和公司财产的混同,认定关联公司承担连带责任。虽然三个关联公司的混同行为明显违反法人制度设立的宗旨,但这并不是把《公司法》第 20 条第 3 款中的"股东"类推适用于"关联公司"的理由。《公司法》第 20 条第 3 款为维护债权人利益而突破了股东有限责任,指导案例 15 中显然并没有涉及股东有限责任的问题。再者,本案中徐州市中级人民法院也没有进一步阐明,如果关联公司也不能清偿债务人川交工贸公司的债务,股东是否承担个人责任。更进一步,徐州市中级人民法院在判决中已明确免除王某某等股东的个人责任,显然法院并没有突破《公司法》第 4 条股东有限责任的意图。在这种情况下类推适用《公司法》第 20 条第 3 款显然值得商榷,判决结果是对被请求权人范围的不当扩大。本案中,只有在关联公司是债务人股东的前提下,才存在突破股东有限责任的可能性。

(二)适用要件

1. 侵权行为

根据《公司法》第 20 条第 3 款,需达到滥用"公司法人独立地位"和"股

---

[1] 参见汤春来:《公司有限责任制度的缺陷及救济》,载《河北法学》2004 年第 2 期。

东有限责任”的程度,这一抽象说法显然对司法实践造成困扰。由于合同关系相对性,外部债权人利益只是间接受损,侵权行为特指极端案件中股东的不当行为。根据实证分析和学界总结,达到这两种要求的案例类型主要有机构混同、人事混同、财产混同、业务混同、出资显著不足、过度控制以及公司形骸化等。[1] 需进一步考虑的是,在这些案例类型中适用《公司法》第20条第3款的判断标准如何确定。上述案例类型大多是一种客观状态,比如资本显著不足反映的仅是公司资本与公司经营规模、运行状况,已承担和可预见的债务的一种相对关系。[2] 混同的状态必须达到一定程度,比如涉及股东与公司人、财、务的混同程度是否达到足以影响公司形成自己独立意志、自己支配公司财产、经营管理和日常事务的程度。[3] 过度控制中侵权股东是否通过其对公司广泛和持续的控制与支配致使公司利益严重受损,比如股东无偿取得公司财产、无视债权人利益免除公司债务、影响公司重大决策或者把公司作为实现个人利益之工具等。[4] 债权人利益的受损程度,应该是法官在具体案例中考量侵害行为是否达到“滥用公司法人独立地位”和“滥用股东有限责任”的出发点。

突破股东有限责任的《公司法》第20条第3款,应作为针对侵权股东的“达摩利斯之剑”和债权人利益保护最后的“撒手锏”,法官在具体案件中需谨慎适用。一方面,法官需首先考虑公司是否还具备偿债能力。另一方面,还应核对其是否可以通过其他救济途径,而不是非要通过否认股东有限责任的方式解决。如资本显著不足的情形,应首先考虑通过公司资本维持制度解决;股东滥用其控制权免除公司债务导致公司破产,法院应首先考虑是否可

[1] 参见刘俊海:《新公司法中揭开公司面纱制度的解释难点探析》,载《同济大学学报》(社会科学版)2006年第6期。

[2] 参见朱慈蕴:《公司法人格否认制度理论与实践》,人民法院出版社2009年版,第79页。

[3] 同上书,第121页。

[4] 参见刘俊海:《现代公司法》,法律出版社2015年版,第481页。最高人民法院也是这样的观点,见吴庆宝主编:《权威点评最高法院公司法指导案例》,中国法制出版社2010年版,第191页。最高人民法院认为必须把这种状态纳入到具体法律关系,认定侵权股东是否将法人作为其谋取个人利益的工具。

以通过撤销被免除的债务解决等。股东有限责任作为公司法的基石不可轻易被排除,法院在个案处理中判断是否适用《公司法》第20条第3款,首先要核实债权人是否已用尽其他救济途径。

2. 损害结果

《公司法》第20条第3款的损害结果,是由于滥用行为而导致公司对外部债务的履行不能。〔1〕梳理总结而来的案例情形仅是公司的消极状态,股东侵权造成的损害结果则是对这种消极状态的积极回应。若消极状态得不到积极回应,如在债权人利益未受损的情况下,显然没有必要适用该条款纠正股东与债权人利益保护失衡的问题。〔2〕此外,股东行为对债权人利益的损害结果需达到"严重"的程度。实践中法官如何认定严重的程度,是一个证明标准问题。

指导案例9中,股东怠于年检,拓恒公司被工商部门吊销营业执照,导致在公司失去办公营业地。在此情况下公司账册、财产下落不明,债权人存亮公司的债权难以清偿。在恒拓公司无财产可供执行被中止执行的情况下适用《公司法》第20条第3款,本案中债权人利益的损害显然达到了"严重"的程度。指导案例15中,徐州市中级人民法院通过审理认定川交工贸公司、川交机械公司与瑞路公司之间存在人员、业务和财务的高度混同,已经丧失了公司的独立法人人格。尤其是2005年三个公司共同向债权人徐工机械申请其所有的债权债务、销售量均计算在川交工贸公司名下,2006年更是申请把2006年度三个公司业绩、财务共同计算至川交工贸公司名下。此案中公司严重人格混同的行为显然对债权人利益的损害也达到"严重"的程度。

3. 因果关系

因果关系是连接侵权行为状态和损害结果状态之间的动态因素,也是判

〔1〕 参见朱慈蕴:《公司法人格否认:从法条跃入实践》,载《清华法学》2007年第2期;刘俊海:《现代公司法》,法律出版社2015年版,第477页。

〔2〕 参见吴庆宝主编:《权威点评最高法院公司法指导案例》,中国法制出版社2010年版,第191页。

断是否适用《公司法》第 20 条第 3 款的关键。以指导案例为例证,在案例 9 中,上海市第一中级人民法院认为拓恒公司 3 名股东怠于履行清算义务与拓恒公司的财产、账册灭失之间存在因果关系,判决 3 名股东对存亮公司的债务承担连带责任。法院认为,企业被注销营业执照,根据《公司法》第 183 条股东有清算的义务;公司未清算期间企业财产灭失而股东又不能说明理由,据此股东应对公司债务承担连带责任。公司财产灭失是在公司未清算期间发生的,而事实上财产灭失的直接原因或者真正原因是股东转移了公司财产,未清算至多是诱因。我国每年数十万家企业被吊销执照,清算率不足 10%,假设剩余未清算的 90% 公司的财产灭失,难道这数十万家企业的股东都要对公司债务承担连带责任吗?显然这一阐述并不具有充分的说服力。实践中如何判断是否达到滥用标准,还涉及证明责任问题。是否满足《公司法》第 20 条第 3 款的"滥用其股东有限责任"中股东过度控制的程度;"滥用公司法人独立地位"达到公司形骸化的程度,需要债权人承担对应的证明责任。

此外,指导案例 9 中,法院认定拓恒公司的三名股东怠于履行清算义务与拓恒公司的财产、账册灭失之间具有因果联系,要对被吊销营业执照期间公司灭失的财产负责。法院采用事实上的举证责任倒置——股东若不能说明自己未实施侵权行为,就要对因公司财产灭失而未得到清偿的外部债权人负责。证明责任必须由法律明确规定,而涉及《公司法》第 20 条第 3 款的举证责任倒置只有一种情形,即根据《公司法》第 63 条的规定,一人有限责任公司的股东不能证明公司财产独立于股东自己的财产的,应当对公司债务承担连带责任。由公司股东承担举证责任,要同时满足两个条件,即一人公司中涉及财产混同的案例类型。然而,指导案例 9 所涉及的事实与这两点明显不符。

4. 主观故意

《公司法》第 20 条第 3 款并没有明确股东责任的适用规范的主观要件,有学者认为《公司法》第 20 条第 3 款中的"滥用""逃避""损害"等词表明了应具备主观过错这一要件。[1] 然而,股东侵害的客观行为本身就具备“滥用”“逃避”这样的特征,这些词汇至多表达了侵害行为和损害结果之间具备某种因果关系,而不能就此认定侵害行为一定要具备主观故意。如果认定该条款不是具有侵权性质的一般民事责任,而是基于现实考量制度设计的一种债权人直索商事责任,那么主观过错显然是不合适的。相较于公司,债权人通常情况下处于信息不对称的弱势地位,对股东的侵权行为举证较为困难。由于商事活动的特殊性,商事主体承担责任的注意义务比民事主体更高。最高人民法院在2003年11月公布的《关于审理公司纠纷案件若干问题的规定(一)》第51条,在控股股东承担连带责任中也仅是总结归纳了侵权情形,并没有对控股股东的主观特征作出要求。在2005年修订《公司法》时,第20条第3款也没有明确使用“故意”这样的词汇,对该条款不宜作扩大解释。最高人民法院民二庭在公司法适用案件点评中仅提及侵害行为、损害结果以及二者之间的因果关系,并未涉及侵权股东的主观恶意。这一点清晰表明了最高人民法院在《公司法》第20条第3款适用主观要件的明确态度。[2]

指导案例9中,尽管公司股东曾提交给法院委托清算的代理合同,但法院经审理认为这只能说明有对公司进行清算的意图,但事实未进行清算。该抗辩事由不成立,所以不能免除《公司法》第20条第3款的连带责任。指导案例15中,法院在关于公司人格混同适用《公司法》第20条第3款裁判理由中也没有提及关联公司的主观意图,只是查明三个公司大量的人员、业务及财务混同事实,而客观上关联公司作为拟人化的法人也不可能具备主观意识。最高人民法院在两个指导案例中明确表明,主观故意并不在《公司法》第20条第3款的归责要件考虑之内。至少在主观存在过失的情况下,也可以适用《公司法》第20条第3款。

---

〔1〕 参见赵旭东:《公司法人格否认规则适用情况分析》,载《法律适用》2011年第10期。

〔2〕 参见吴庆宝主编:《权威点评最高法院公司法指导案例》,中国法制出版社2010年版,第191~192页。

(三)法律后果

根据《公司法》第20条第3款,侵权股东应对公司债务承担连带责任。有关连带责任存在三种学说,即区别对待说、[1]补充连带责任说[2]及一般连带责任说。[3] 区别对待说,把公司分为一人公司、母子公司与普通有限责任公司。在一人公司下,股东与公司承担连带责任;母子公司情形下,母公司先行清偿债务,子公司承担补充责任;普通有限责任公司情形下,控股股东承担无限连带责任,一般股东承担补充连带责任。补充责任说,是指公司承担责任后债权人利益仍难以满足时对其他债务承担补充责任。一般责任说,是指股东对公司债务承担一般连带责任。

该责任应解释为一般连带责任。根据全国人大法工委主持编辑的《中华人民共和国公司法释义》,[4]股东应和公司承担共同责任,而不是补充责任。[5] 其次,补充连带是损害填补责任,侵权股东并没有承担真正意义上的无限连带责任。作为为保护公司债权人而特别设计的商事责任,应对侵权股东的注意义务和责任能力提出比民事责任更高的标准。再者,法律后果采一般连带也符合公司法人人格理论依据,符合法律实践中个案处理的衡平性特征。法律后果采一般连带对法官的审慎程度提出更高的要求,实证分析目前较大程度上已背离了这一制度的立法初衷。指导案例9中,上海市第一中级人民法院维持上海松江法院的判决,三名股东对公司债务承担连带清偿责任,应理解为一般连带责任。指导案例15中,徐州市中级人民法院适用《公司法》第20条第3款裁定关联企业承担连带责任,并没有达到该条款突破股

---

〔1〕 参见彭熙海、曹云野:《质疑〈公司法〉第20条第3款连带责任规定之合理性》,载《求索》2007年第10期。

〔2〕 参见王利明:《公司的有限责任制度的若干问题(下)》,载《政法论坛》1994年第3期。

〔3〕 参见石少侠:《公司人格否认制度的司法适用》,载《当代法学》2006年第5期。

〔4〕 参见安建:《中华人民共和国公司法释义》,法律出版社2005年版,第44页。

〔5〕 此外,朱慈蕴教授也持此观点,但她认为该公司法释义基本代表立法解释的观点有待商榷,《立法法》第46~47条规定:法律解释草案表决稿由常务委员会全体组成人员的过半数通过,由常务委员会发布公告予以公布。通过的法律解释同法律具有同等效力。显然全国人大法工委主持组织编辑的中华人民共和国法律释义丛书并不具备与法律等同的效力。参见朱慈蕴:《公司法人格否认制度理论与实践》,人民法院出版社2009年版,第170页。

东有限责任的立法目的。尽管最高人民法院把徐州市中级人民法院的判例作为指导性案例之一,但对关联公司的扩大适用明显违背了该条款的规范意旨。

法官在考虑适用《公司法》第20条第3款时,应坚持私法有限干预原则,尊重公司自治与股东自治。事实上这也是德国联邦法院在其代表性的"特里旅馆案"判例[1]中,股东归责法律基础变化的主要原因。[2] 依据《德国有限责任公司法》第13条第2款以及《德国商法典》第105条、第128条,有限责任公司股东的地位在适用直索责任后类似于事实上的无限公司的股东,对公司债务承担一般连带责任。[3] 而根据我国《合伙企业法》第38~39条的规定,合伙企业对外承担债务应先以其全部财产进行清偿。合伙企业不能清偿到期债务的,合伙人才能承担无限连带责任。据此规定,实际上赋予承担连带责任合伙人对公司外部债权人享有事实上的先诉抗辩权。而《公司法》第20条第3款,对"严重损害公司债权人利益"的侵权股东并没有如此"仁慈"的明确规定。

四、结语

《公司法》第20条第3款是股东与债权人权益衡量的裁判性规则。在成文法国家,基本上通过法官造法,作为具体个案中的漏洞填补规则。我国把这一制度成文法化,和《公司法》第4条确定的股东有限责任有冲突之虞,实

---

〔1〕 在德国"特里旅馆案"(Trihotel)判例后,因导致公司破产而产生的股东责任作为《德国民法典》第826条侵权责任的特殊案例之一,自此《德国民法典》第826条的股东侵权法律适用和其他债权人保护制度形成竞合关系。参见高旭军:《德国揭开公司面纱制度新动向——以"特里旅馆案"为主线》,载《东方法学》2010年第6期。

〔2〕 参见高旭军:《德国揭开公司面纱制度新动向——以"特里旅馆案"为主线》,载《东方法学》2010年第6期。

〔3〕 我国公司法意义上的公司特指股东承担有限责任的资合公司,德国公司法所指的公司包括资合公司和人合公司,无限公司(OffeneHandelsgesellschaft)和两合公司(Kommanditgesellschaft)是典型的人合公司,法律地位类似于我国的合伙与有限合伙,股东对公司债务承担无限连带责任。参见Lutter/Bayer, in: Luther/Hommelhoff, GmbHG, § 13, Rn. 11;《德国商法典》第105条、第128条,杜景林、卢谌译,中国政法大学出版社2000年版,第47页、第49页、第52页。

证研究也证实了这一点。《公司法》第 20 条第 3 款的确立,不是为了否认公司法人人格,而是为了完善公司法人制度。立法阶段已过,重要的是在厘清该条款法律功能的前提下,实现股东权益与债权人权益的法益平衡。实践中对该条款的司法解释有所期待,但即使司法解释也不可能涵盖所有的股东侵权行为。最高人民法院公司法案例指导制度为解决这一问题提供了助力,引导了司法实践。根据适用解释,指导案例 15 中的关联公司并不是投资主体,徐州市中级人民法院的判决并没有突破股东的有限责任,显然是对该制度的不当适用。指导案例 9 中,三名股东的侵权行为也值得商榷。股东的侵权行为应是导致公司破产的直接原因,应禁止扩大解释为导致公司破产的诱因行为。

正如埃塞尔在《私法体系下法官造法的原则与规范》中所言:"司法过程中的法律发现绝不仅仅是一个规范化的推理工作,它需要(法官结合具体个案)在法律规范适用范围内,对其法理价值和逻辑结构做出正确的文义理解"。[1] 尽管埃塞尔论述的是成文法国家法官进行法律续造的问题,但这一观点对于《公司法》第 20 条第 3 款在司法实践中的适用也具有重要指导意义。在法律文本范围内,结合法学理论、具体案例实证研究及对最高人民法院指导判例的法教义分析,明确《公司法》第 20 条第 3 款的适用规范。

〔1〕 Esser, *Grundsatz und Norm in der richterlichen Fortbildung des Privatrechts*, 3. Aufl., Tübingen, p. 254.

电子商务平台的合理谨慎义务和安全保障义务辨析

刘春泉[*] 高程程[**]

一、电子商务平台概念的提出

“平台”一词，原意是指为进行某种操作而设置的工作台。在商业模式的演进发展中，“平台”扩展出了交易的功能，伴随着计算机技术的发展，“平台”演化成搭建在硬件和软件基础上的虚拟工作台，加上信息网络技术的支持，工作台提供的服务打破了地域限制，具有了普遍的交互性。互联网企业用网络平台泛指提供某一类网络服务的信息技术系统的总称，具体又可以分为电子商务平台、社交（SNS）平台等。

世界上最早的电子商务平台型企业，应该是1995年创立的美国的易贝公司和亚马逊公司，前者是C2C的代表，后者是B2C的代表。在中国，1998年创立的C2C电子商务平台易趣网是最早具有影响力的电商平台，被亚马逊收购后改名为易贝易趣，之后则被淘宝取而代之至今。B2C和B2B则发展出了较多的企业，除阿里巴巴旗下平台外，还有京东、当当网、一号店、唯品会等。服务领域也逐渐发展出一些电商平台，例如，在线旅游（OTA）的携程网、驴妈妈旅游网等。

---

* 刘春泉，上海段和段律师事务所知识产权部合伙人，研究方向为网络法、知识产权法。

** 高程程，上海段和段律师事务所实习生，上海交通大学2017级法律硕士。段和段律师事务所律师助理陈梦园参与本文讨论，对本文亦有贡献。

（一）“电子商务平台”的立法渊源

“电子商务平台”在中国法律文本中，最早是以“网上交易平台”这一概念出现在2007年商务部发布的《关于网上交易的指导意见（暂行）》〔1〕中，定义为“为开展网上交易提供的计算机信息系统”，后来在商务部、工商总局各项规章、标准等各种层级立法和规范性文件中，又以“网络交易平台”、〔2〕“第三方交易平台”、〔3〕“网络服务提供者”〔4〕等概念出现。其中的定义与含义各不相同，例如《侵权责任法》与《信息网络传播权保护条例》中“网络服务提供者”应属于“电子商务平台”的上位概念，由于各立法为网络服务主体划分视角和依据不同，创设的权利义务也不同，《信息网络传播权保护条例》为网络平台设立的“避风港规则”，后来逐渐发展成了网络平台的“尚方宝剑”，在著作权侵权案件中被频繁使用。

近年来，我国电子商务领域发展迅速，2018年中国电子商务交易规模继续扩大并保持高速增长态势。全年实现电子商务交易额31.63万亿元，同比增长8.5%；网上零售额9.01万亿元，同比增长23.9%；跨境电商进出口商品总额1347亿元，同比增长50%；农村电子商务交易额1.37万亿元，同比增长30.4%；全国快递服务企业业务量累计达到507.1亿件，同比增长26.6%；电子商务从业人员达4700万人，同比增长10.6%。〔5〕持续多年高速发展的同时也暴露了许多矛盾和问题，缺少一部具有权威性、综合性的法律去规范和引导电子商务发展，在企业和社会各界呼吁下，于是《电子商务法》的起草工作于2013年年底启动。历经5年的时间，三次公开征求意见和四次审议

---

〔1〕 参见《〈关于网上交易的指导意见（暂行）〉及起草说明》，商务部公告2007年第19号，载http://www.mofcom.gov.cn/aarticle/b/c/200703/20070304448295.html，最后访问日期：2019年7月15日。

〔2〕 参见《网络商品交易及有关服务行为管理暂行办法》第3条；《消费者权益保护法》第44条。

〔3〕 参见《网络交易管理办法》第3条。

〔4〕 参见《信息网络传播权保护条例》；《侵权责任法》第36条。

〔5〕 转引自人民网转发的新京报文章《中国电子商务交易额2018年超31万亿同比增长8.5%》，载《中国电子商务发展报告（2018）》，http://bj.people.com.cn/n2/2019/0530/c82839-32992307.html，最后访问日期：2019年7月15日。

的不断完善,对原有的电子商务法律法规进行梳理,以及对国际组织和其他国家的经验合理借鉴之后,于 2018 年 8 月 31 日最终通过了法律。[1]

(二)《电子商务法》对"电子商务平台"的定义

电商立法研讨中学者们对于电子商务定义分歧很大。最终《电子商务法》第 2 条定义为:"本法所称电子商务,是指通过互联网等信息网络销售商品或者提供服务的经营活动。法律、行政法规对销售商品或者提供服务有规定的,适用其规定。金融类产品和服务,利用信息网络提供新闻信息、音视频节目、出版以及文化产品等内容方面的服务,不适用本法。"第 9 条中将电子商务平台经营者定义为:"在电子商务中为交易双方或者多方提供网络经营场所、交易撮合、信息发布等服务,供交易双方或者多方独立开展交易活动的法人或者非法人组织。"

首先,电商平台最本质的法律特征是以信息技术为手段为双方或者多方撮合交易而提供的服务,电子商务平台(以下简称电商平台)的性质是第三方信息技术服务提供者,独立于卖方、买方而存在,交易撮合是法律特征。现实中的电商平台基本呈现出 3 种经营模式:第一种是独立的第三方 C2C 平台;第二种是 B2C;第三种是 B2B。混业经营的电商平台,在提供平台服务的同时,也以卖家身份提供销售服务,且提供的两种服务界线并不分明,容易使消费者误识误认。电商法吸取《第三方电子商务交易平台服务规范》[2]研究成果确立隔离原则,要求将从事销售业务的电商平台经营者与仅从事平台业务的经营者进行明显区分。因此本文仅讨论作为独立第三方的"电子商务平台"的社会功能角色以及相应的法律性质和义务。

其次,电商平台作为一个商业主体,其经营的服务为提供虚拟的网络经营场所,信息发布是电商平台区别于其他网络平台的特征,如支付平台等电商相关服务。目前的定义是根据目前为止的电商平台的商业、技术和法律特

---

〔1〕 参见《电子商务法》。

〔2〕 参见《第三方电子商务交易平台服务规范》,载 http://www.mofcom.gov.cn/article/bh/201309/20130900305716.shtml,最后访问日期:2019 年 7 月 15 日。

征综合考虑所研究出来的,对于平台服务的具体形式还是需要根据电商发展情况从宽解释,法条的规定只是示例性列举,是否穷尽和是否会出现不能涵盖的新的电商平台模式目前尚难预测,笔者从业中已经遇到现有条文不能涵盖全部特征的新型商业模式。

(三)电商法确立了电商平台商独立法律主体地位

电商平台的功能角色与传统商业行为中的展销会有些类似:前者提供网络虚拟空间而不发生直接销售行为,后者提供物理空间而不发生直接销售行为。电商平台与传统线下商务平台仍有很大的区别,主要体现为以下几个特点:第一,电商平台提供服务需要借助信息网络,平台提供的服务属于信息技术服务,根据电信条例及其他相关法律,电商平台必须获得相应的互联网经营所需的增值电信业务许可证才可投入运营;第二,网络交易具有跨地域性、高度便捷性的特点,平台经营主体比较集中,但交易双方数量庞大,交易内容信息数据量也十分庞大,甚至可以无限量地扩大,难以逐一审查辨别;第三,电商平台的售后质量纠纷、投诉等争议问题在实践中已经通过企业自身的客服系统发展出一套纠纷调解处理的机制。[1]

我国《产品质量法》对于产品质量的责任分配区分生产商和销售商,其他知识产权法律对于知识产权保护责任也以生产商和销售商为分类依据。虽然我国《消费者权益保护法》率先确立了电商平台除特殊情况外一般不对销售商的产品质量等消费争议承担责任,但该规定不成体系。目前,就笔者所知,全世界范围内应该是我国电商法率先确立了在产品质量、知识产权保护等方面,电商平台商与生产商、销售商具有并列而不同的独立法律主体地位。

二、电商平台的安全保障义务

在电商立法研究中,笔者提出的建议是应当借鉴其他法律领域成熟的法

〔1〕 参见淘宝网消费者服务中心——自助服务,载 https://consumerservice.taobao.com/self-help#page=issue-detail&knowledgeId=1118062,最后访问日期:2019 年 7 月 15 日。

律工具,确立电商平台的合理谨慎义务,或者称注意义务,但最终立法没有采用合理注意义务的提法,确立了电商平台的安全保障义务,笔者一度认为这种安全保障义务就是合理谨慎义务的体现,但经过研究与思考,认为有进一步研究的必要,故撰写此文以作进一步研究。

(一)安全保障义务的提出

根据《牛津法律大辞典》,"注意义务"是指如果能够预见自己的行为可能导致他人的权益受损,那么通常情况下就应对他人负有注意义务,违反了该义务则须承担侵权责任。[1]《电商法》第38条规定的电商平台安全保障义务,追溯其历史渊源,与经营者对消费者人身财产安全保障义务有关,从1998年上海银河宾馆仝某某杀人案到后续大量司法实践的推动下,2003年发布的《最高人民法院关于审理人身损害赔偿案件适用法律若干问题的解释》首先写进了宾馆等经营者安全保障义务相关条款(该解释第6条规定,从事住宿、餐饮、娱乐等经营活动或者其他社会活动的自然人、法人、其他组织,未尽合理限度范围内的安全保障义务致使他人遭受人身损害,赔偿权利人请求其承担相应赔偿责任的,人民法院应予支持),2010年《侵权责任法》第37条,[2]以"安全保障义务"的形式予以制度化;随后在《消费者权益保护法》第18条第2款中也对经营场所经营者提出了相同的"安全保障义务"要求;《电子商务法》第38条因此延续了类似"安全保障义务"的规定。

在电商立法过程中发生连续两次滴滴顺风车司机杀人事件对于电商法安全保障义务条款的出台应该有着直接的影响。乐清"滴滴顺风车"司机杀人案给社会敲响了警钟,正如人民日报评论:"安全是所有产品性能和服务质量所构成的一系列'0'前面的那个'1',一失全无。"该案中,无论是被害人朋友向滴滴平台反映情况,还是警方索要司机及车辆信息,都没有得到滴滴平台的明确反馈。直至民警出示警官证后才收到滴滴反馈的司机信息,此时距

[1] 参见[英]沃克:《牛津法律大辞典》,北京社会与科技发展研究所译,光明日报出版社1988年版,第137页。

[2] 参见《侵权责任法》第37条。

事发已过3小时。事后滴滴道歉称自己出于保护隐私而延迟提供信息,但却因此错过了保护乘客人身安全的最佳时机。社会各界呼吁加重电商平台责任的声音越来越高,都希望电商平台采取更严格的安全保障措施,保障用户的人身安全,防止此类悲剧的再次发生。

《电子商务法》中将电商平台的“注意义务”最终落脚在“安全保障义务”经历了漫长的法律制定过程。对于电商平台依法应承担的责任,第38条在制定的过程中经历了诸多波折。第38条在三审稿中增加了第2款规定:“对关系消费者生命健康的商品或者服务,电子商务平台经营者对平台内经营者的资质资格未尽到审核义务,或者对消费者未尽到安全保障义务,造成消费者损害的,依法与该平台内经营者承担连带责任”,四审稿中将其修改成“依法承担相应的补充责任”,关于责任如何承担的问题引发了社会的广泛讨论。在审议过程中出现两种声音,一方认为应当进一步加强电商平台的责任;另一方则考虑到情况的复杂性,认为需要根据实际情形来依法确定具体的责任承担。经历了如此坎坷,最终定稿中将“补充责任”修改为“相应的责任”。立法的艰辛历程也正说明了对于平台义务界定的复杂程度。

由于电商平台在全球都具有市场份额主体较为集中的现象,在中国则更为明显,其责任边界的界定不仅关系到全球范围内相关企业的竞争法律环境,也关系到企业和消费者的切身利益。从“连带责任”到“补充责任”再到修改为“相应的责任”,尤其反映了大型电商平台对于风险防控和损失分担与消费者、商品服务销售商等相关利益诉求群体的复杂博弈关系。立法必须在这当中发挥智慧以寻找和探索实现平衡。“安全保障义务”是电商平台直接针对消费者承担的安全保障的义务,对平台经营者的责任要求较之前《消费者权益保护法》第44条以确认卖家身份和联系方式真实性为核心的责任确有提高。在判定电商平台应承担的责任时,不能盲目认为拔高平台责任迎合消费者任意要求其承担连带责任就是科学合理的,应当坚持审慎的原则,尊重现实并适度前瞻性作出利益的平衡:电商平台作为网络服务提供者,受限于其经营模式和商业运行机制,其一般不具有对平台内经营者侵权行为的预见能力,特别是在电商平台提供的商品和服务种类繁多的情况下,要求提供信息中介服务的电商平台实际掌控经营者发布和传播信息,甚至对实体商品和服务内容进行审查,已经远远超过电商平台的能力范围。但是对于平台内经营者发布的非常明显的侵权信息,平台应主动履行网络虚拟市场经营者的管理责任予以巡查审查,不能以权利人未通知而免除其审查义务。对于国家公法明令禁止销售枪支弹药、毒品等公法义务,则电商平台与其他市场主体一样需要予以遵循,这并非电商平台特殊问题,不在本文讨论范围之内。

根据一些参与立法的专家讲课的观点,电商平台第 38 条的审核义务属于实质性审核而不仅仅是表面审核。但对于具体到不同电商平台甚至是平台上不同商品,要界定究竟何种情况为危及消费者人身财产安全并非易事(这也是笔者之前为什么建议以笼统的合理注意义务界定的原因),例如手机可能因为电源起火爆炸,电热毯也可能因短路引发火灾甚至烧死睡梦中的消费者,电商平台如何审核这种商品的卖家才能免除承担连带责任的风险?因此,《电子商务法》第 38 条中针对"安全保障义务"所提出的审核义务需要达到什么程度,所对应的责任需要如何界定,都有待结合实践进一步讨论。

(二)安全保障义务的含义

首先,生命健康权的重要性优先于其他一切权利,生命权是自然人保障和维持生命的权利,健康权是自然人维护身体机能正常运转、心理健康的权力。第 38 条第 2 款的规定,是对消费者权益重视的体现。电商平台作为网络经营场所的提供者和管理者,也应当适用《消费者权益保护法》第 18 条第 2 款的规定,对关系消费者生命健康的商品或服务,理应尽到场所经营者的安全保障义务。在电子商务法领域,"安全保障义务"也可以理解为保障交易安全的义务,保障交易安全是对电商平台提出的最低要求。但这里的交易安全不能作扩大解释,还是应该在第 38 条"关系消费者生命健康的商品或者服务"范围内对电商平台提出要求。问题就在于,什么样的商品或者服务是关系消费者生命健康的呢?法律并没有给出明确的规定。笔者认为,这里的"关系消费者生命健康的商品或者服务"不能作扩大解释,应该限缩在与消费者生命健康直接相关的品类，如药品、食品、医疗产品、餐饮、交通等。若不进行限缩，几乎所有的商品和服务都有导致消费者生命健康损害的风险，比如热水瓶可能发生爆炸，这种侵权责任应直接根据《侵权责任法》中的产品责任追责生产商、销售商，而不可能要求电商平台对所有产品服务进行线下的实质审查。否则会无限扩大电商平台的责任，使其负担过重，制约新经济模式和产业的发展。

根据电商平台的第三方中介属性，其对应的审查义务应该结合商品或服务所对应的危险性和信息不对称的程度来衡量。由于关系消费者生命健康的商品或者服务对应的侵权危险性较高、交易信息不对称，因此，对此类商品或服务的审查要求更高，以达到与其他商品服务等同的安全保障标准。在关系消费者生命健康的商品或者服务中，如果电子商务平台未能制定并执行充分的信息公开标准或者未能做到合理的初步审查，则应该认定平台主体未能履行适当的审查和注意义务，未能采取必要的保障措施，需要与平台内经营者承担连带责任。目前，《电子商务法》已经规定了电子商务经营者应当全面、真实、准确、及时地披露商品或者服务信息以保障消费者的知情权和选择权，并要求平台经营者登记、核验商品服务提供者的身份信息、行政许可以及资质资格。这些法定的义务都是履行"安全保障义务"的应有之义。

需要补充说明的是，"安全保障义务"对应的"消费者损害"应包含人身权益及财产权益两方面，不能断章取义地认为损害只包括人身权益。虽然对于安全保障义务的要求较高是出于对人身危险性的考虑，但违反义务造成的侵权后果却不仅仅是人身权益的损害。交易安全的内涵本身就包括人身和财产的安全，尤其是对于网络交易来说，前期交易磋商阶段均为网络沟通的形式，与传统商业模式中的线下交易磋商不同，电子商务造成人身损害的可能性较低。但由于无法进行实体审查，平台内经营者的信息和资质对于消费者来说，比传统线下场所交易模式中更具有不确定性，因而风险性更高，发生侵权行为后更可能发生找不到侵权责任人从而追责无门的情况。因此，"关系消费者生命健康的商品或者服务"只是限定了商品或服务的类别，在这些需要特别警惕的商品或服务上,无论是人身权利还是财产权利,都要求电商平台尽到保障其完整权利状态的义务。

三、电商平台的合理谨慎义务

(一)合理谨慎义务概念的提出

笔者曾在旧文中提出:为了平衡电子商务发展与消费者权益、知识产权权利人的利益,电商平台应该对平台内卖家销售行为承担合理谨慎的注意义务,这种合理谨慎的注意义务与销售商对其经营商品和服务的合理谨慎义务既有相同之处,也有不同之处。以前传统商业中对销售商的这种责任实践一般称为进货审查义务,而"合理谨慎义务"或者"注意义务"在我国是在网络和知识产权案件中逐步借鉴西方的"Duty of care"概念发展起来的术语。[1]

合理谨慎义务对电子商务平台来说,类似于《公司法》第147条中规定的董事、监事、高级管理人员对公司的"勤勉义务"。[2] 董监高的勤勉义务涉及个人的经营能力,不能单从伦理角度去判断:若义务标准太低,则勤勉义务的规定将形同虚设,不利于对公司和股东利益的保护;若义务标准太高,则高管人员履职中将对经营中的合理风险避之不及,也不利于对公司和股东利益的保护。

在电子商务领域,平台的"合理谨慎义务"是基于平台的技术水平和能力所形成的具体的监督管理责任,与《侵权责任法》第36条第3款"网络服务提供者知道网络用户利用其网络服务侵害他人民事权益,未采取必要措施的,与该网络用户承担连带责任"以及《消费者权益保护法》第44条第2款"网络交易平台提供者明知或者应知销售者或者服务者利用其平台侵害消费者合法权益,未采取必要措施的,依法与该销售者或者服务者承担连带责任"是一脉相承的。

---

〔1〕 参见刘春泉:《电子商务平台性质与法律责任》,载《重庆邮电大学学报》(社会科学版)2016年第4期。

〔2〕 参见《公司法》第147条。

电商平台与传统销售商的合理谨慎义务不同之处在于:(1)电商平台无法如传统销售商一样对商品外包装进行检查,确保商品包装和标识符合法律规定,只能根据对平台内经营者的实名登记,对内部经营者的信息进行监管,防止违反强制性法律规范或者明显侵权行为;(2)销售商需承担确保商品安全和正常经营所需的运输、仓储、网店展示、广告促销、物流配送等责任,而电商平台对卖家和货物的监管责任限于网店展示信息,网络广告、促销,知识产权和其他合法民事权益保护,投诉响应,各种网规的制订修改等,合理谨慎义务原则上不应涵盖无法通过在线信息发现或者控制的隐蔽性瑕疵;(3)售后质量纠纷、销售欺诈等责任由销售商承担,销售商与生产厂商的责任分担依据法律规定和合同约定处理。在无法找到销售商或者销售商无能力/承担责任时,才考虑平台的补充或者连带责任。

因此,如何把握合理谨慎义务的边界是当下亟待解决的问题:既不能以电商平台只提供信息服务为由使其完全免责,又不能过分苛责电商平台,使其为销售商甚至生产商的所有违法、违约行为承担责任。

(二)合理谨慎义务的含义与识别标准

在电商法立法讨论后期,笔者针对当时的争议,在回答记者提问时提出合理谨慎义务涵盖3个层面:首先,电商平台应尽到法律、法规、规章、规范性文件等法律条文中明文规定的义务,未尽到法律规定的义务,电商平台除了要承担相应法律法规规定的行政处罚等责任外,还需要承担相应的民事责任。其次,电商平台应尽到在技术可行范围内的注意义务,具体而言,该项注意义务所要求的程度与电商平台自身的技术水平和能力息息相关,要求平台在其掌握的技术可以控制的范围内,对可能发生及已经发生的侵权行为实施预防和管控;超出技术可行范围的则不能强人所难。最后,平台应尽到在一个合理注意人(英文中 a reasonable person 指一个虚拟的人,非极端思考,正常的理性人)可预见范围内的注意义务,即要求平台在其可预见的范围内,从一个合理谨慎的行为人角度,考虑社会常识、法律和社会秩序等因素,对社会中新生的事物、现象,以及平台内经营者层出不穷的新型经营模式予以关注,当发生新型侵权行为时,不能因法律没有明文规定而不采取相应措施来制止侵权,更不能为了商业目的而放任侵权范围的不断扩大。

从上述标准来看,合理谨慎义务似乎加重了电商平台的责任,其实不然,首先,从每年数以千计将电商平台列为共同被告的诉讼来看,以职业打假人为主的利益相关方是持续以追求电商平台与销售商承担连带责任为目标的,电商法确立电商平台作为独立主体不承担销售责任,这本身就是在最大限度上解放了电商平台,让电商平台免于承担销售连带责任被恶劣商家拖垮的忧虑。其次,电商平台责任是任何一个市场主体均应当承担的责任,没有超出市场主体应当承担责任的合理范畴。正如一些监管部门专家所言,任何一个市场主体都不能说拒绝对自己经营行为承担任何责任,就算是政府和司法机关也必须依法行政、依法司法,一旦出错了还要国家赔偿呢。更何况作为市场主体的企业?当然具体如何界定这种责任边界更为科学合理,这是需要各方沉下心来持续探讨和研究的问题。虽然这三条标准可以作为分析识别电商平台是否履行了合理谨慎义务的标准,但在具体案件中判断合理谨慎义务是否履行到位和对应民事法律责任仍需要由法官发挥自由心证和进行一定自由裁量,对于全国2800多个县级基层法院以及数百个地市级中级人民法院必然存在的分歧,我们在讨论中提出的解决方案为:从市场监管执法层面说,由商务部和市场监管总局制定规章和规范性文件;对于司法裁判分歧,则根据具体情况可以由最高人民法院出台司法解释予以统一。这样可以通过行政和司法两条线解决问题,要求电商平台达到“合理谨慎”的注意义务,例如,对于电商平台作为一个民法中的私主体,尤其是对电商平台内经营者负有监管责任的商业主体,对其电商平台内可能或者正在发生的侵权行为,不能袖手旁观、坐视不管。但由于法律的滞后与技术变革、商业发展的速度之间的矛盾,无法将电商领域中发生的情形全部涵盖在成文法的规制中,因此,即使从一个普通企业的角度出发,电子商务平台也应出于社会责任,在知道或应当知道平台内经营者正在或即将侵犯消费者权益的情况下,主动采取合理的措施制止,无论是对侵权人的身份进行实质审查并公开(以便消费者自行维权),还是从技术上采取删除、屏蔽、断开链接等方式,抑或是向相关政府职能部门报告等,都是在电商平台力所能及的范围内尽到合理谨慎义务的表现。未尽到上述义务,对于侵权行为的后果,电商平台应承担与之能力相适应的民事责任,不能仅因侵权结果情节严重就对平台苛以重责,要求其承担行政或者刑事责任。一是由于法律规定之外的合理谨慎义务没有边界,若令电商平台因此承担行政甚至刑事责任,就相当于编织了一张巨大的网,无限扩大了平台的责任承担范围,将会对电商产业造成毁灭性的打击;二是合理谨慎义务本就接近于法律原则,如民法中的诚实信用原则,只有在无法找到法律规则与案发情况对应时才得以适用,其目的是适应现实生活中纷杂的现象,并有助于个案判断、解决纠纷,而非通过原则性义务的设立,彻底束缚电商平台的手脚。

换句话说,合理谨慎义务的设定,归根结底是为了避免严重侵权后果的发生,起到减少合同纠纷、促进合同履行、协助政府监管、维护平台交易秩序等作用。从另一个角度来看,合理谨慎义务可以视为电子商务平台经营者的一个准入门槛。只有那些掌握较强水平的技术,具备一定的专业资格和能力,财力水平负担得起一定的劳动力费用的商业主体,才能在负担合理谨慎义务的同时保持电子商务平台的良好运营。从这个角度来说,合理谨慎义务法律实践水平将如何构成电商平台竞争中的事实上的门槛。

四、“合理谨慎义务”与“安全保障义务”的关系

研究“合理谨慎义务”与“安全保障义务”的关系并在可能的情况下通过法律甚至技术手段予以明确,有利于厘清《电子商务法》第 38 条中“安全保障义务”的含义以及承担责任的前提。

电商平台应承担合理谨慎义务是笔者多年研究电子商务法过程中,针对如何界定电商平台不同于销售商的责任,应当如何科学构建其权利义务而总结提出的一个概念。在范围上,合理谨慎义务既包括法律规定的义务,也涵盖了平台通过技术手段能够注意到的方方面面。在程度上,合理谨慎义务要

求电商平台对平台内的经营活动尽到“一个理性的、谨慎的、具有网络专业知识的网络服务提供商”所应达到的注意水平,不要求电商平台对平台内经营者的经营行为逐一排查,而是根据自身电商平台情况不同,对进入电商平台内经营的商家制定平台规则,履行经营者资质审核、平台交易秩序维护、消费权益保护等管理责任,配合监管和司法等法律实施机构的公法行为。因此,在电商法立法后期接受媒体采访时,笔者提出了合理谨慎义务的前述三个识别标准,一是法律法规(指广义的法律)有规定的,平台应遵守规定;二是技术上应当是可以实现的,技术上平台尚不能实现的不能强人所难;三是按照现有社会经验和常识应该是可以预见到的,不能以事后诸葛亮的眼光对平台提出过高要求。

对于关系消费者生命健康的商品或者服务,与消费者的生命权和健康权等基本人身权利息息相关,侵权行为本身的危险性及可能发生的后果更加严重,因此电商平台的“注意义务”应当相应地提高。鉴于此,笔者认为安全保障义务属于合理谨慎义务的一种特殊情况,即合理谨慎义务是安全保障义务的上位概念,其中包含了安全保障义务。具体到平台内经营者从事关系消费者生命健康的商品或者服务的情况,电商平台的合理谨慎义务便转化为安全保障义务,是在合理的范围内对保障消费者的生命权、健康权予以注意和警惕,因而需要提高注意义务的标准。

笔者曾呼吁确立平台的“合理谨慎义务”与终稿的“安全保障义务”相比,一是前者范围更广,且更具有前瞻性,能够扩大平台承担责任的范围应对未来可能出现的商业模式与新技术;二是前者对应的责任程度更轻,合理谨慎义务原则上不能用于行政监管,这是因为不符合依法行政的要求,但可以用于民事诉讼争议中责任区分和判断,既能对电商平台起到一定的警示作用,又不会遏制平台的可持续发展。

如果再深入说到责任的承担,合理谨慎义务与安全保障义务二者对应的责任有很大的不同。仅从民事责任角度来说,就包括连带责任、补充责任、按份责任等,合理谨慎义务要求电商平台承担的责任原则上不应高于销售者、生产者的侵权责任,是与第三方网络服务提供者地位相适应的监督管理责任,且法律未规定的合理谨慎义务应限制在民事责任的范围内,义务的设立是为了在平台的过错范围内弥补消费者的损失,而安全保障义务不仅对应民事侵权责任,有时甚至要求其承担等同或高于销售者的侵权责任(构成共同侵权或承担连带责任时找不到平台内经营者的状况时有发生),更不用说还有具有惩罚性的行政责任和刑事责任,对平台提出了极高的要求。

首先合理谨慎义务对应的责任,应适用《侵权责任法》第 36 条[1]的规定。具体而言,若电商平台应知或明知侵权行为的存在而未采取必要措施制止,或者电商平台应知或明知经营者销售的商品或服务存在侵权可能性而放任经营,构成与平台内经营者的共同侵权,应当与经营者承担连带责任;若不属于上述共同侵权的情形,电商平台对接到侵权通知后不采取必要措施而导致的损失扩大部分与平台内经营者承担连带责任。因此,合理谨慎义务对应的连带责任,要求电商平台对侵权行为或者损害后果具有主观过错。

而“安全保障义务”对应责任的情况更为复杂,由于在其他法律中对该项义务有更为具体的规定,根据特别法优先适用的原则,要根据具体情况来具体确定责任分配:(1)若电商平台未对入网食品经营者尽到实名登记、审查许可证等义务,造成消费者合法权益受损害时应与平台内食品经营者承担连带责任,这是根据《食品安全法》第 131 条,特别法优先的原则而确定的责任。(2)若平台内经营者从事发布或经营广告服务,对关系消费者生命健康的商品或者服务发布了虚假广告,则应根据《广告法》第 56 条第 2 款的规定,与平台内网络广告经营者承担连带责任。(3)根据《消费者权益保护法》第 44 条的规定,若电商平台做出了更有利于消费者的承诺,应当履行承诺,若因未及时更新平台内经营者的身份信息或者审核时未查出经营者造假等造成无法追责到侵权的平台内经营者的情况,则消费者可以向电商平台提供者要求赔偿。承担赔偿责任后,电商平台有权向平台内经营者追偿,此时平台

---

〔1〕 参见《侵权责任法》第 36 条。

承担的是不真正连带责任。

除了特别法规定的具体情形外,“安全保障义务”所对应的其他侵权行为的责任承担,可以依据《侵权责任法》第37条的规定适用:“管理人或者组织者未尽到安全保障义务的,承担相应的补充责任。”因此,对于安全保障义务对应的责任承担,不必然要求电商平台对侵权行为本身存在主观过错,因为这一义务要求的标准较高,也不能要求平台承担连带责任,而是在平台内经营者承担了相应的侵权责任后,电商平台对消费者的损失进行弥补填平。

实践中,对应用“合理谨慎义务”和“安全保障义务”两个概念时也出现了混淆的情况:在深圳市中级人民法院审理的一起涉淘宝平台的侵害外观设计专利权纠纷案件中,[1]因未厘清“合理谨慎义务”与“安全保障义务”的关系,将“安全保障义务”混用在外观设计专利侵权纠纷的平台义务中,这显然是网络安全法立法中某些“泛安全化”观点(将网络安全的含义泛化扩充到很多非安全领域)在司法实践中的体现。该案中,法院认为电商平台(浙江淘宝网络有限公司)向公众公示的经营者主体信息与其庭审提交的经营主体信息不一致,未能提供经营者真实有效的身份信息,没有尽到事前审查义务而具有过错。在该案的情形下,平台因此需要与平台内经营者承担不真正连带责任,而非因其未尽到在关系消费者生命健康的商品或者服务中基于对网络空间的支配地位而负有的安全保障义务。但此案值得肯定的是,法院基于电商平台对消费者作出了承诺,其网页中宣称“该店铺已签署消费者保障协议,已缴纳1000元保证金”,却未提交相关证据的情形,对电商平台的行为进行了单独的认定和判赔,证明法院对于电商平台的消费者权益保护的努力也予以了一定程度的认可。

也存在一些对平台“合理谨慎义务”要求过高的情况:在张某某与北京百度网讯科技有限公司(以下简称百度公司)因财产损害赔偿纠纷一案

---

[1] 参见(2018)粤03民初3330号民事判决书。

中,[1]百度公司在为客户加“V”认证过程中,有“证件表面一致线上认证法”和“打零钱认证法”两种方法,由申请用户择一采用。两审法院均认为,由于百度公司已经预见到“证件表面一致线上认证法”的漏洞,且已经掌握简便易行的“打零钱认证法”,却仍然选择采用宽松认证标准致使本案发生;收到公司被冒名的举报仅仅停止了一个被投诉网站的推广链接,对同一申请人同一账户设定的其他推广网站可能存在的违法行为不采取预防、复核、处理措施,故认定百度公司未尽合理注意义务,构成侵权,应当承担侵权责任,最终判决百度公司赔偿消费者支付的120,250元货款及因诉讼产生的公证费、差旅费等合理支出。虽然该案不是电子商务平台的合理谨慎义务,但情形极为类似。笔者虽然认同法院判决平台承担侵权责任,但认为平台虽未尽合理注意义务,却要替代销售商承担全部侵权责任,对于网络平台的义务而言责任过重。虽然我国不是判例法国家,但在先判决尤其是最高人民法院的指导案例,对于未来的裁判仍有很大的影响力,此判决在加重平台责任的同时,也容易招致商业化维权的现象。因此,回到电商平台的责任承担问题,无论是电商平台的合理谨慎义务还是安全保障义务,对应的责任标准都应低于销售者的责任,具体可以在个案判断中通过充分的说理进行明晰,这更有助于电子商务行业的持续健康发展。

五、小结

《电子商务法》第38条中规定的“安全保障义务”源于线下经营者的安全保障义务,系经营者安全保障义务在电子商务领域的延伸,属于合理谨慎义务的一种特殊情况,电商平台的合理谨慎义务包含了安全保障义务。安全保障义务要求电商平台对关系消费者生命健康的商品或者服务,要对平台内经营者的资质资格进行实质性审查,以保障消费者的人身和财产安全;合理谨慎义务要求电商平台对平台内所有经营者的身份和信息进行审核管理,制

[1] 参见(2015)一中民终字第05826号民事判决书,该案入选最高人民法院指导案例(45号)。

定及修改服务协议和交易规则,对平台内发布的信息进行合法性审查,对商品和服务信息、交易信息的记录和保存等。二者都是“注意义务”的具体形式,区别就是在关系消费者生命健康的商品或者服务中,对电商平台的审核义务要求更高,未尽到审核义务导致消费者损害时,电商平台需要承担的责任也更重。

根据目前国内的法律法规,仅能将“合理谨慎义务”与“安全保障义务”在适用类别及承担责任的类型上粗略地进行区分。笔者认为,明确电商平台对侵权行为的主观状态(应知或明知)有助于义务边界的确定和责任的分配,而目前法律法规在这方面的规定尚不清楚,有待进一步根据司法实践案例情况总结经验,出台相关规定进行具体的完善。

意思自治与合同形式自由主动限制的效力问题

廖志雄*

一、引言——问题的提出

遵循民事主体意思自治的一般原则，除非法律另有要求，合同当事人有选择订立合同形式的充分自由。这一点得到我国《合同法》的确认。该法第10条规定："当事人订立合同，有书面形式、口头形式和其他形式。法律、行政法规规定采用书面形式的，应当采用书面形式。当事人约定采用书面形式的，应当采用书面形式。"如果当事人在书面合同中约定，对于已经订立书面合同的任何变更，必须并且只能以书面方式进行，否则变更无效；其后当事人以口头形式达成变更合同协议，该口头变更是否有效？法院对此等口头变更是否应当确认并支持？是无差别地确认效力，还是要视具体情况而定？或者说，在确定其效力时，应当考虑哪些因素？《合同法》没有对此明确规定。《合同法》第10条是第二章"合同的订立"的组成部分，因此其关于合同形式的规定，只适用于合同订立，而无关合同变更。但该法第2条规定："本法所称合同是平等主体的自然人、法人、其他组织之间设立、变更、终止民事权利义务关系的协议。"是否可以据此断言，合同变更本身也是一种合同，〔1〕因而第10条的规定也适用于合同变更呢？这些问题不解决，会给合同当事人商

---

* 廖志雄，新西兰怀卡托大学法学院高级讲师，法学博士，研究方向为合同法、商业法、土地法。

〔1〕 如《法国民法典》(2016)第1101条将合同定义为"两个或以上的人意图创立、变更、转让或消灭义务的意愿一致"。由此可以推断，当事人就合同变更达成的意愿一致其本身也可以视为合同。

业活动和司法审判带来不确定性,因此有必要厘清。本文简要回溯我国《合同法》的起草历史,在比较研究不同法系有关法律和判例的基础上,结合有关合同国际公约或规则的分析,提出我国《合同法》在该等问题上的可能立场和进一步完善之方案。

二、民事主体意思自治与合同形式自由主动限制

民事主体意思自治是民法的基本原则之一。[1]合同当事人依法享有自愿订立合同的权利。[2]除非法律另有强制性规定,当事人可以自主决定是否订立合同,与谁订立合同,以怎样的条款订立合同,以及以怎样的形式来订立合同,等等。意思自治和合同自由也包括当事人变更合同的自由。[3]合同自由包括合同形式自由不是绝对的,而是可以被限制的。

合同形式自由的限制有法定限制和约定限制两大类。法定限制是被动的,是当事人不得不接受的,可以称为合同形式自由的被动限制。而约定限制是合同当事人的主动选择,可以称为主动限制。这两种合同形式自由的限制,体现在我国《合同法》第10条第2款的规定之中。本文重点考察合同形式自由的主动限制,特别是合同变更形式自由主动限制条款的效力问题。

合同形式自由的主动限制,体现了当事人意思自治和合同自由原则,因为当事人有在不违反法律强制性规定的前提下订立任何内容和形式合同的自由,当然包括在合同中加入任何限制双方合同形式自由的限制性条款的自由。如此看来,问题似乎非常简单,也就是说只要法律确认合同形式主动限制条款的效力即可。然而,进一步观察,并非如此。

合同形式自由主动限制包括两种常见的情形。一是当事人约定合同订立必须以书面方式,具体表现形式多样。可能是“合同以书面方式订立”合意,即在订立正式合同之前,当事人之间就采用书面形式达成简单一致。在

---

〔1〕《民法总则》第5条。

〔2〕《合同法》第4条。

〔3〕这一点,得到《合同法》第77条确认。

商业合同领域,更多的情形是当事人一致同意在书面合同中写入“完整协议条款”,如“有关本合同的所有条款、表述、合同各方权利义务的规定,已经完全包括于本书面合同文件及其附件(如有)之中;其他任何表述、表示或行为,无论明示或默示,均不构成本合同的组成部分”。二是在书面合同中写入“口头变更无效条款”,如“本合同的任何变更,必须以书面方式并经各方签署,否则不具效力”。

对于“合同以书面方式订立”或“完整协议条款”的情形,问题相对简单。也就是说,合同各方当事人达成一致意思表示,明确表明他们只愿意接受合同书面文本约束,而不受其他任何该文本之外意思表示的约束。我国《合同法》第10条已经明确确认此等条款的效力。对此等合同形式自由主动限制条款的确认,很显然是对合同当事人意思自治和合同自由的尊重。这种条款处置的是合同订立之时的形式问题,应对的是合同订立之前或当时合同当事人之间该文本之外的意思表示。

对于合同变更主动限制如“口头变更无效条款”,问题则复杂得多。如此等条款效力得以确认,合同当事人就不能在合同成立之后以非他们选择的其他方式变更合同,构成对他们后来合同形式自由的限制甚至剥夺。这样一来,合同订立的形式自由得到了保障,而合同变更之时的形式自由被否定。反之,如果法律对于此等条款效力不予确认,就意味着对合同当事人在订立合同时选择加入此种主动限制自由的剥夺。这样一来,合同变更的形式自由得到了保障,而合同订立之时的合同形式自由被否定。该彼此不能兼顾之情形,至少从表面上看,是合同法必须面对的关于当事人意思自治和合同自由原则的悖论。因为无论是否确认这种条款的效力,都似乎导致对当事人某种合同形式自由的否定。

那么,我国《合同法》对此是如何规定的呢?关于合同订立形式的规定,包括合同形式自由限制的条款,是否无差异地适用于合同变更呢?《合同法》第77条规定:“当事人协商一致,可以变更合同。法律、行政法规规定变更合同应当办理批准、登记等手续的,依照其规定。”在起草《合同法》时,全国人大法工委曾经考虑是否对合同变更形式加以限制。在统一的《合同法》之前,原有的《经济合同法》和《涉外经济合同法》曾明确要求当事人变更合同的协议及债权人发出的变更合同的通知应当采用书面形式。这一点跟当时两法对合同订立的普遍书面要求是相一致的。全国人大法工委认为,由于统一合同法典的调整范围已不局限于原有的经济合同和涉外经济合同的范围,包括了一些基于自然人所发生的合同关系,所以《合同法》未对变更合同的形式作出明确的规定。[1]这也是与统一合同法典中不再对合同订立形式进行一般性限制相对应的。全国人大法工委建议,"但是,对当事人来说,变更合同主要内容的,还是以书面形式为宜,这样有利于明确双方的权利和义务,保证在发生纠纷时找到解决争议的依据"。[2]由此推断,并没有足够的证据证明,在《合同法》起草时,立法机关意图使关于合同订立的形式限制规定当然适用于合同变更。也就是说,《合同法》第10条第2款并不当然适用于合同变更。

然而,商业活动中涉及的大量合同可能包含要求合同变更必须采用书面形式并经各方签署方能生效的"不得口头变更"条款。所以,对此问题的研究和回答,不仅涉及民事主体意思自治与合同自由主动限制是否存在冲突等理论问题,也具有实践意义。为此,有必要回答这样一些与之相关的关键问题——合同当事人关于合同变更必须采用书面形式的约定,即合同变更形式自由的主动限制,是否可以通过当事人的口头协议或者行为而解除。如果对这一问题的回答是肯定的,那么撤除合同变更形式自由主动限制的口头约定,是否必须明示(明确指向并表明合同当事人一致同意撤除该限制),还是可以采取默示方式,即通过当事人就合同实体性权利义务达成口头变更协议本身或其他相关行为来推断。如果一方基于对他方行为的信赖而依照口头变更协议实施了履行行为,不得口头变更条款的效力又该如何。

---

〔1〕 参见全国人大常委会法制工作委员会编:《中华人民共和国合同法释义》,法律出版社2013年版。

〔2〕 同上。

三、合同变更形式自由主动限制的效力

作为合同形式的被动限制,即法律法规对某些合同的形式自由加以限制,要求某些合同的缔结和变更必须采用书面形式,这些规定的法律效力不大招致过多质疑。从某种意义上说,合同是当事人之间的法律(A Contract is the law between the parties);合同当事人之间关于合同形式要求的约定,在合同当事人之间,具有法律上的效力,与法律关于合同形式的规定相比较,就法律上是否有效而言,似乎并无本质的不同。既然如此,为什么还存在质疑不得口头变更条款效力的主张和法院判决呢?

将不得口头变更条款认定为无效的主要理由是,对既有合同变更的本身就是一个合同,而合同形式自由意着合同当事人可以采取任何方式缔结合同,除非法律另有限定;因此,合同当事人可以以非正式的方式撤销既有合同中关于特定变更形式的要求;合同当事人采用非正式方式变更既有正式书面合同的行为本身,应当被推定为他们是有意这样做的,即通过非正式方式撤销既有合同中关于特定变更形式的要求。[1]纽约上诉法院卡尔多佐法官(Cardozo J.)指出:订立合同的当事人,可以解除合同。禁止改变的条款本身,正如其他条款一样,可以被改变。对口头撤销合同的禁止本身,可以被撤销。[2]由此,"每一个这样的合同被一个与之冲突的新合同所终结"。[3]也就是说,对口头变更合同禁止的条款本身,可以随时经由任何方式由当事人一致同意(一个新的合同)而被变更或撤销,因而不可能有效。直至最近,该论断仍然得到大多数普通法系法官的支持。但英国最高法院于2018年的判决对此提出了有力的质疑,预计将对普通法系甚至其他法系在该问题上的立场产生重大影响。

---

〔1〕 *Rock Advertising Limited v. MVB Business Exchange Centres Limited* [2018] UKSC 24 at para 7.

〔2〕 *Beatty v. Guggenheim Exploration Co*(1919)225 NY 380 at 387.

〔3〕 *Westchester F. Ins Co v. Earle* 33 Mich 143 at 153.

合同变更形式主动限制条款,如“不得口头变更”条款等,是否应当具有法律效力,是很多法系的法院共同面对的问题。观察思考有关合同国际公约或规则以及其他国家法院如何处置这样的问题,很有借鉴意义。

我国《合同法》起草参照了《联合国国际货物销售合同公约》。该公约第29条规定:“(1)合同只需双方当事人协议,就可更改或终止。(2)规定任何更改或根据协议终止必须以书面做出的书面合同,不得以任何其他方式更改或根据协议终止。但是,一方当事人的行为,如经另一方当事人寄以信赖,就不得坚持此项规定”。由第(2)款可以看出,该公约是确认合同当事人对合同变更形式自由的主动限制条款法律效力的。值得指出的是,该公约第11条已经对合同订立的形式自由加以明确确认,尽管该条被置于第一部分之第二章“总则”,而非第二部分“合同的订立”之中。第11条规定:“销售合同无须以书面订立或书面证明,在形式方面也不受任何其他条件的限制。销售合同可以用包括人证在内的任何方法证明。”该公约同时允许缔约国对第11条、第29条保留。阿根廷、智利、亚美尼亚、白俄罗斯、爱沙尼亚、巴拉圭、越南等在加入公约时明确声明不接受第11条和第29条的约束。这意味着这些国家坚持涉及国际货物买卖的合同的订立、变更、终止必须采用书面形式。另有一些国家,如中国、匈牙利、拉脱维亚、立陶宛等先后于2012年至2015年撤回了当时对第11条和第29条效力保留的声明。[1]这大致反映了这些国家对于当事人意思自治及合同形式自由采取了更加开放的态度。目前在91个缔约国中,绝大部分都接纳合同当事人可以以任何形式订立和变更合同,同时依据第29条,如果当事人约定合同变更必须采用书面形式的,该约定具有效力。《国际商事合同通则》的有关规则与《联合国国际货物销售合同公约》第11条和第29条的规定非常相似。[2]正如英国最高法院大法官森

---

〔1〕 联合国官方网站:https://treaties.un.org/pages/ViewDetails.aspx?src=TREATY&mtdsg_no=X-10&chapter=10#EndDec,最后访问日期:2019年7月11日。

〔2〕 国际统一私法协会《国际商事合同通则》(2016年第4版)[UNIDOIT Principles of International Commercial Contracts,4th ed(2016),articles 1.2 & 2.1.18]。

普逊(Lord Sumption)在洛克广告有限公司诉 MWB 商业交易中心有限公司(Rock Advertising Limited v. MVB Business Exchange Centres Limited)一案判决中所指出的,如《联合国国际货物销售合同公约》以及《国际商事合同通则》这样广泛使用的合同规则允许如公约第 11 条和第 29 条这样的规定并存,表明在允许合同以任何形式订立的一般规则与赋予要求合同变更必须用书面方式的条款效力的特别规则之间,并不存在“理念上的不一致”。[1]

对于大陆法系国家对合同形式自由的限制,或许存在误解——笼统地认为大陆法系国家的立法与司法对合同形式包括合同变更形式限制更多。对于合同形式的被动限制即合同形式的法定限制而言,或许如此。但对于合同形式主动限制未必如此。挪威、瑞典等大陆法系国家,至少在销售合同相关的法律上,采取了跟《联合国国际货物销售合同公约》第 29 条类似的立场。[2] 但德国法院对于合同形式限定条款的对待不同于《联合国国际货物销售合同公约》第 29 条第 2 款的处置。一直以来,类似于对“完整合同条款”的处置,德国法院允许对既有合同以口头方式变更,即便原合同要求变更或修订须以书面方式,因为合同当事人意思自治和合同形式自由应该优先于合同形式限定条款。[3] 这表明德国法院一般不确认“不得口头变更”条款这种合同变更形式主动限制条款的效力。

欧盟以大陆法为基础起草的《欧洲合同法原则》(Principle of European

---

〔1〕 *Rock Advertising Limited v. MVB Business Exchange Centres Limited* [2018] UKSC 24 at para 13.

〔2〕 Jens Christian Westly, No Oral Amendment clauses, being part of the “Anglo American Contract Models” project a University of Oslo. https://www.jus.uio.no/ifp/forskning/prosjekter/anglo-project/, visited 25 July 2019.

〔3〕 Heinrichs, H. in Palandt, O. (ed.) (2006) Bürgerliches Gesetzbuch (66th ed.) C. H. Beck at 125 para. 14; Geldsetzer *Einvernehmliche Änderung* supra fn 11 at 124 et passim. Cited in SCHLECHTRIEM, Peter Schlechtriem, Opting out of Merger and Form Clauses under the CISG-Second thoughts on TeeVee Toons, Inc. & Steve Gottlieb, Inc. v. Gerhard Schubert GmbH, in: Camilla B. Andersen / Ulrich G. Schroeter eds., Sharing International Law across National Boundaries: Festschrift for Albert H. Kritzer on the Occasion of his Eightieth Birthday, Wildy, Simmonds & Hill Publishing (2008) 416 - 424.

Contract Law)[1]第2:106条规定,书面合同中要求变更或解除合同必须以书面方式的条款仅仅是这样一个假定(presumption)——除非变更或解除合同的协议以书面形式做出否则不具有法律约束力;合同的一方,如果其语言或行为被他方所合理信赖,可能会被排除对该等条款主张有效的资格。该条规定实质上是将变更必须以书面方式这种条款的效力限定于民事证据规则上的假定,而假定是可以被充足的相反证据所推翻的。这些相反的证据,包括(但不确定是否限于)合同一方的言行导致他方的合理信赖,认为合同已经由非书面方式变更了(通常也还需要据此作出了实质性的履行行为,这也可以看作是合理信赖的证据)。也就是说,除非有充分证据推翻,假定就继续存在,合同变更形式主动限制条款的效力就得到认可。而举证的责任,在于主张形式限定条款无效的一方。

大陆法系对于合同变更形式主动限制条款效力的不情愿完全接受态度,除了出于对合同自由的尊重和强调,也许与大陆法的诚实信用原则以及合同解释着重于寻求当事人一致合意的本身优于合同外在形式的原则有关。[2]

普通法系国家对于合同形式自由主动限制条款的效力认定也似乎并无一致做法。《美国统一商法典》第2-209条第2款规定,排除书面并签署方式之外的变更或撤销的经签署的(书面)合同,不能以其他的方式变更或撤销。但该条第4款规定,尽管变更或撤销的尝试(attempt)不满足第2款的要求,但是该尝试可以作为对该(只能书面变更)要求的免除(waiver)。在一个美国第七巡回法庭的判决中,代表多数的波斯纳(Posner)法官认为,只有在存在信赖(reliance)时,这样的尝试才能构成免除,否则,如果第2款被理解为可以由任何口头变更而免除,那么,第2款和第4款的规定都会是多余

---

〔1〕 该原则并非强制性法律,而是"软法"(soft law),其效力更类似于《联合国国际货物销售合同公约》或者国际统一私法协会《国际商事合同通则》。

〔2〕 关于两大法系合同解释规则的比较研究,参见廖志雄:《合同解释之普通法——方法、演进及趋势》,载《上外法律评论》2017年卷(总第3卷),法律出版社2017年版,第39~50页;廖志雄:《合同解释之大陆法——方法、演进和趋势》,载《上外法律评论》2018年卷(总第4卷),法律出版社2018年版,第27~37页。

的。[1]但是,作为少数的伊斯特布鲁克(Easterbrook)法官持不同看法,认为任何尝试的变更都可以构成对变更书面要求的免除,除非免除影响到合同已经履行部分的情况下信赖才需要,从而阻止合同他方撤回免除。[2]

值得注意的是,美国的判例和《合同法重述》在该问题上所采取的立场与《统一商法典》似乎并不一致。至少早期的判例是倾向于否定合同不得口头变更条款的效力的,因为不得口头变更条款本身,正如其他合同条款一样,是可以被当事人(以任何方式)变更的。[3]作为合同法一般规则总结或法典化尝试的《合同法重述(二)》在修订时也未引入只适用于销售合同的《统一商法典》第2-209条,而采纳了接近于传统判例的立场。

关于不得口头变更条款的效力问题,英国法最近的变化引人注目。直至2017年,尽管存在相互矛盾的判例,英国法院大体上是采取与美国法院相似的立场的,即认为合同中的不得口头变更条款是可以经由当事人以任何方式包括口头方式撤销的,因而即便存在不得口头变更或者口头变更无效这样的合同变更形式主动限制条款,当事人达成合同变更的口头协议仍然是可以有效的。这一点,可以从英国(英格兰与威尔士)上诉法院在2016年的判决中引用并肯定纽约上诉法院法官卡尔多佐在Beatty v. Guggenheim Exploration Co.一案[4]中的司法意见(dictum)可以看到。[5]然而,英国最高法院于2018年5月16日作出的洛克广告有限公司诉MWB商业交易中心有限公司(Rock Advertising Limited v. MVB Business Exchange Centres Limited)一案的终审判决或许表明了英国法对待合同变更形式主动限制特别是合同不得口头变更条款效力问题的最新进展以及重大变化。在该案中,MVB商业中心给洛克广告公司提供办公场所使用许可。2011年8月双方订立场地使用许

---

[1] *Wisconsin Knife Works v. National Metal Crafters* 781 F.2d 1280(7th Cir.1986).

[2] *Wisconsin Knife Works v. National Metal Crafters* 781 F.2d 1280(7th Cir.1986) at 1292.

[3] *Beatty v. Guggenheim Exploration* Co(1919) 225 NY 380.

[4] *Beatty v. Guggenheim Exploration Co*(1919) 225 NY 380.

[5] *Globe Motors Inc and ors v. TRW Lucas Varity Electric Steering Ltd and anor* [2016] EWCA Civ 396, [2017] 1 All ER(Comm) 601. 该案在上诉法院随后在 *MWB Business Exchange Centres Ltd v. Rock Advertising Ltd* [2016] EWCA Civ 553, [2017] QB 604 的判决中被引用并肯定。

可合同。该合同第7.6条规定:“本许可合同规定了双方同意的所有合同条款。任何其他的表述或者条件不构成本合同的任何部分。对本许可合同的任何变更,必须以书面方式,并经双方有权代表签字,方得生效。”[1]至2012年2月,洛克广告公司已经累计拖欠使用费12,000英镑。该公司董事向MVB商业中心要求允许其延后缴付使用费并免去逾期支付利息。随后该董事与MVB商业中心负责债务和信用控制的经理多次通电话讨论该问题。2012年3月,MVB商业中心以洛克广告公司未能支付到期场地使用费为由封闭了许可场地,阻止洛克广告公司继续使用,终止场地许可合同,并起诉追索所欠的场地使用费。洛克广告公司提起反诉,要求MVB商业中心为其不当拒绝其继续使用场地赔偿损失。

初审案件的伦敦中区法院法官依提交的证据认定双方之间就场地使用许可合同的变更达成了口头协议,并且该变更有对价(consideration)支持。但是,该变更不具有法律效力,因为该变更并未采用书面形式并经双方有权代表签署。因此,MVB有权忽略该变更,而依照原合同追索欠缴的场地使用费。上诉法院(Court of Appeal)推翻了该判决,其主要理由是双方之后达成的口头变更协议同时也构成对原合同中要求变更必须以书面方式条款的撤销。因此MVB商业中心受到口头变更协议的约束。MVB商业中心上诉至英国最高法院。英国最高法院认为原合同中的关于合同变更必须采用书面形式的条款有效,双方之后达成的口头变更协议因与之不符,不具有法律效力。最高法院五位大法官一致判决撤销上诉法院的判决,恢复伦敦中区法院的判决。然而,他们给出的判决理由并不一致。森普逊大法官(Lord Sumption)的判决理由得到了其他三位大法官的支持。

森普逊大法官认为,当事人意思自治(party autonomy)只能行使到合同成立那一刻,一旦合同成立,当事人的意思自治就只能在合同允许的范围内行使了。几乎所有的合同都对当事人的行为以及之后的意思自治构成某种

[1] *Rock Advertising Limited v. MVB Business Exchange Centres Limited* [2018] UKSC 24 at para. 2.

程度的限制。如果合同当事人即使已经一致同意也不能在他们的合同中加入有约束力的关于合同变更形式限制的约定,那才是对意思自治的真正限制。[1] 再者,虽然法律不要求合同以特定的形式订立,这给当事人带来便利,但是当事人仍然在合同中加入不得口头变更条款,至少可能包括这样的理由:首先,避免试图通过非正式途径减损书面合同(口头变更如果被允许的话,可能被滥用);其次,在口头商谈易于导致误解或对他方意图误读的情形下,不得口头变更条款不仅可以避免关于是否已经达成变更的争议,还可以避免关于究竟双方达成了怎样的变更协议的争议;最后,对变更记录的形式要求使公司等机构易于管控关于限制谁有权代表机构达成变更等的内部规则。[2]

对于否定不得口头变更条款效力的理由,森普逊大法官认为,这些理由完全是观念层面上的(entirely conceptual)。[3] 否定不得口头变更条款效力的主要理由是,合同当事人一致同意不能通过口头变更合同的协议在观念上是不可能的,因为这样的协议在被达成的时候就会被毁掉。森普逊大法官认为这个理由有着不可克服的困难——如果这是观念上不可能的,那么在没有法律(制定法)强制要求书面形式的时候,这样的(不得口头变更)协议就无法作出;而显而易见的是,这样的协议是可以作出的。他以《联合国国际货物销售合同公约》第 11 条和第 29 条、《国际商事合同通则》第 1.2 条和第 2.1.18条为例,指出很多法律体系对于商业合同不以形式要求为生效要件的同时,对不得口头变更条款赋予效力。[4] 由此可见,允许合同以任意方式订立的一般规则与赋予合同变更必须以书面形式之当事人约定以效力,这两者

---

〔1〕 *Rock Advertising Limited v. MVB Business Exchange Centres Limited* [2018] UKSC 24 at para. 11.

〔2〕 *Rock Advertising Limited v. MVB Business Exchange Centres Limited* [2018] UKSC 24 at para. 12.

〔3〕 *Rock Advertising Limited v. MVB Business Exchange Centres Limited* [2018] UKSC 24 at para. 13.

〔4〕 *Rock Advertising Limited v. MVB Business Exchange Centres Limited* [2018] UKSC 24 at para. 13.

之间并不存在观念上的冲突。

森普逊大法官还将不得口头变更条款与完整协议条款(entire agreement clauses)进行类比并得出结论,既然法律认可完整协议条款的效力,那有什么理由不认可同为当事人约定的(合同形式主动限制的)不得口头变更条款的效力呢?[1]

对于主张不得口头变更条款无效的另一个理由,即在存在不得口头变更条款的情形下,合同当事人之后的口头变更行为本身,就表明他们意图撤销之前达成的不得口头变更条款,森普逊在结论中指出,在他们的合同中加入不得口头变更条款的合同当事人,他们达成一致的,并非禁止以口头方式变更合同,而只是这样的(不符合约定要求形式的)变更不会生效。因此,之后达成口头变更协议的事实本身,并非对不得口头变更条款的违背,而恰好是该条款的适用,[2]也就是说,这样的变更,根据当事人不得口头变更条款的约定,因为不符合约定形式而不生效,而这正是他们自己作出的主动限制,因此也正是对双方意思自治的尊重。

另一位参与庭审的大法官布里格斯(Lord Briggs)作出了相同的结论,即该案件所涉及的不得口头变更条款使得之后达成的口头变更协议不具有法律上的强制效力。布里格斯大法官赞同森普逊大法官陈述的两个要点,一是不得口头变更条款是商业合同中常见的、实用合理的条款,其效力为世界上很多成文法典所确认,故此普通法也应当在可能的情形下给它们赋予效力;二是阻碍很多普通法体系承认这种条款效力的障碍“主要是观念上的”。[3]然而,布里格斯大法官的相同结论却是“在不同并更狭窄的基础上”得出的。[4]他认为,合同当事人有完全的自由通过协议把他们从合同中

---

〔1〕 *Rock Advertising Limited v. MVB Business Exchange Centres Limited* [2018] UKSC 24 at paras. 14 & 15.

〔2〕 *Rock Advertising Limited v. MVB Business Exchange Centres Limited* [2018] UKSC 24 at para. 15.

〔3〕 *Rock Advertising Limited v. MVB Business Exchange Centres Limited* [2018] UKSC 24 at paras. 21 & 22.

〔4〕 *Rock Advertising Limited v. MVB Business Exchange Centres Limited* [2018] UKSC 24 at para. 20.

解脱出来,并且这种自由原则上不仅仅适用于实体上的相互义务,也适用于他们达成一致的程序性约束,包括关于如何变更他们合同关系的限制。毫无疑问,合同当事人可以经由书面协议撤除原合同中的不得口头变更条款。[1]问题是,他们是否可以通过口头协议的方式来撤销这样的条款呢?布里格斯大法官认为应当可以,这一点不同于森普逊大法官的观点。另一个相关的问题是,如果合同当事人可以通过口头协议方式撤除不得口头变更条款,那么合同当事人对合同实体权利义务的口头协议变更是否可以作为他们撤除不得口头变更条款的默示一致呢?布里格斯大法官认为不可以,除非合同当事人一致同意撤除不得口头变更条款,它就依然有效,使得任何以口头方式达成的对合同实体权利义务的变更不具效力,除非达成的变更协议形成书面形式,或者不得口头变更条款本身已经由当事人一致协议撤除了。[2]概括起来,布里格斯大法官的基本观点是,合同当事人可以以口头协议的方式撤除不得口头变更条款,但是,这样的撤除协议不能经由合同当事人达成口头合同实体权利义务变更协议本身来默示推断,而应当由明确指向或提及该条款的明示(书面或口头)协议来实现。也就是说,如果合同当事人在口头变更合同中明确提及不得口头变更条款,那么他们达成的口头变更协议就应当视为有效,因为不得口头变更条款已经由当事人之明示口头协议撤除了,故此合同的变更形式不再受该条款限制。布里格斯大法官认为,这样的处置既反映了合同当事人对于他们未来事务进行约束的意思自治,又保留了他们从此等约束中解放出来的自由。[3]

布里格斯大法官也不赞同森普逊大法官对于成文法典中有关书面变更规则的分析。如果制定法关于变更必须用书面形式的要求是强制性的,当事

---

〔1〕 *Rock Advertising Limited v. MVB Business Exchange Centres Limited* [2018] UKSC 24 at para. 23.

〔2〕 *Rock Advertising Limited v. MVB Business Exchange Centres Limited* [2018] UKSC 24 at paras. 24 – 25.

〔3〕 *Rock Advertising Limited v. MVB Business Exchange Centres Limited* [2018] UKSC 24 at para. 25.

人当然不能以口头方式变更合同。但是,如果不得口头变更条款只是成文法典中某个可供合同当事人自由选择适用于他们之间的合同的部分,那么,这样的规定就不能阻止他们通过明示的方式偏离这样的制定法限制。[1]笔者认为这个分析有一定道理。对于合同形式的强制性要求,通常只适用于某些特定的合同,如担保合同、涉及土地交易的合同等。如《联合国国际货物销售合同公约》第29条那样的规则,当然不是强制性的,合同当事人完全有自由通过协议变更或排除公约的规定,当然也包括这一条。如果当事人不排除,这一条就适用于他们之间的合同。但是这样的适用和强制性法律法规所强加的、不允许当事人排除的合同形式被动限制显然不同。作为公约一部分的第29条,是允许当事人排除的,当事人可以在订立合同时排除,也可以之后通过一致协议来明示排除。从某种意义上说,这样的条款更像合同当事人之间以接受"示范法"或"缺省条款"而加进他们合同的一部分(incorporated into their contract as a term);跟其他合同条款一样,是一种基于约定而成为"当事人之间的法律"而非基于法定要求而强加于当事人之上的"公众的法律"。

四、不得口头变更条款与实际履行问题

尽管法律允许合同当事人以任何方式缔结合同,这给他们带来了便利,但是在普通法国家不得口头变更合同的条款仍然很常见,这表明了这种便利是有代价的。代价之一就是不确定性,以及在涉及合同的诉讼中的举证困难和与此相联系的诉讼成本。在原合同包含有不得口头变更合同条款的情况下,如果一方当事人认为口头变更协议是有效的,并据此履行了口头变更协议中的全部或者部分义务,合同他方是否应当履行口头变更协议的义务?也就是说,在这种情形下,口头变更协议是否应当认定为有效?

[1] *Rock Advertising Limited v. MVB Business Exchange Centres Limited* [2018] UKSC 24 at para. 27.

在大陆法系国家,合同作为民事行为之一,自当遵循诚实信用原则。[1] 该原则要求合同当事人不得滥用权利,故此很可能在此种情形下,其行为被信赖的一方不得再依赖原合同中的不得口头变更条款。普通法系国家则有近似的衡平法概念"禁止反言"(estoppel)相对应。而《联合国国际货物销售合同公约》第29条第2款规定更具体——"(合同)规定任何更改或根据协议终止必须以书面作出的书面合同,不得以任何其他方式更改或根据协议终止。但是,一方当事人的行为,如经另一方当事人寄以信赖,就不得坚持此项规定"。也就是说,如果一方当事人的行为被他方信赖,该当事人就不能依赖不得口头变更条款,从而使口头变更有效。

需要注意的是,援引诚实信用原则作为否定书面合同中的明示条款效力的理由,门槛应当是相当高的。依赖该原则的一方,负有沉重的举证义务,必须提供充足的、让法庭满意的证据,证明他方的行为并非依照原合同而是依照口头变更协议的规定而为,本方已经对此产生信赖,以及基于该信赖采取了实质性的行动。在普通法系国家,基于信赖的"禁止反言"(estoppel)作为衡平法救济措施,并非当事人的当然权利,在很大程度上是法庭的自由裁量权(discretion);并且主张信赖的一方,还必须没有过错。[2] 在涉及书面合同中存在不得口头变更明示条款的情形下,要求应当更为严格。要依赖禁止反言作为否定不得口头变更条款效力的依据,至少要满足这样两个条件:(1)必须语言或行为明确无误地表明尽管存在形式不符该变更依然是有效的;(2)该等语言或行为必须超出非正式承诺(达成口头变更协议)本身的,也就是说口头变更承诺或协议的本身,不足以作为被依赖或信赖语言或行为,还需要别的(如依照口头变更协议的实际履行行为等)。[3]

〔1〕 我国《合同法》第6条明确规定:"当事人行使权利、履行义务应当遵循诚实信用原则。"

〔2〕 衡平法有法谚:"寻求衡平法(救济)者必须双手干净"(He who comes into equity must come with clean hands)。引自美国最高法院墨菲大法官(Justice Murphy)在 *Precision Instrument Manufacturing Co. et al. v. Automotive Maintenance Machinery Co.* No. 377. 324 U. S. 806(1945) at 814。

〔3〕 *Actionstrength Ltd v. International Glass Engineering In Gl En SpA* [2003] 2 AC 541, Lord Bingham at para. 9, Lord Walker at 51.

对在信赖的基础上实际履行为作为合同因形式不符而无效的例外处理,可以类比于合同形式自由法定限制的情形。例如,新西兰《2007 年物权法》(Property Law Act 2007)第 24 ~ 25 条规定,处置土地利益必须以书面形式并经被寻求强制履行一方签署。但是,该法第 26 条规定,第 24 ~ 25 条的规定,不影响部分履行规则(doctrine of part performance)的适用。该规则的核心是,如果一方当事人基于信赖已经采取了实质性的步骤履行合同,即使该合同不符合法定的形式要求,也可以要求认定为合同有效。这种处理也许并不当然适用于某些特别类型的合同,如新西兰《2007 年物权法》第 27 条要求担保合同必须用书面方式签署,否则无效,这种无效不能够通过部分履行规则救济;这种情形下的违反强制性形式限制是不能通过实际履行行为救济的。而当事人对合同形式主动限制的情形,与有关土地交易形式要求的情形更为接近,部分履行规则应当可以同理适用。

我国《合同法》似乎是采取了类似的规则。《合同法》第 36 条规定,法律、行政法规规定或者当事人约定采用书面形式订立合同,当事人未采用书面形式但一方已经履行主要义务,对方接受的,该合同成立。第 37 条规定,采用合同书形式订立合同,在签字或者盖章之前,当事人一方已经履行主要义务,对方接受的,该合同成立。这表明,如果合同已经得到履行,即使没有以规定或者约定的书面形式订立,合同也应当是成立的。如果合同不违反法律的强制性规定,就是有效的。同样的原理也应当适用于合同当事人对于合同变更形式的主动限制情形。

五、结语

合同当事人的意思自治和合同自由包括合同形式主动限制的自由应当得到尊重。从对相关国际公约和商事规则以及对两大法系的有关判例和制定法的观察,可以看到,各国法官们比以往更加倾向于确认当事人之间达成的合同形式主动限制包括合同不得口头变更条款的效力。这样的发展或选择有其合理的公共政策考量,特别是维护合同内容确定性以及防止口头形式变更权利滥用的需要,也为商业活动主体对于内部事务和外部事务如授权和缔约行为进行有效管控提供了便利。从英国最高法院在洛克广告有限公司诉 MWB 商业交易中心有限公司一案的判决,特别是以森普逊为代表的四位大法官的判词中可以看到,普通法系在确认合同形式主动限制(至少在不得口头变更条款)效力这个问题上,已经走出了实质性的一步。可以预见,其他普通法系国家甚至大陆法系国家,将会受到较大影响,最终普遍接受合同当事人对于合同形式主动限制条款的效力作为一般规则,以信赖基础上的实质性履行为例外。

我国《合同法》似乎也可以考虑一般原则与特殊例外相结合的立法思路,进行修订。作为一般原则,如果合同中已经存在合同形式主动限制如不得口头变更条款,原则上该等条款具有法律约束力,合同当事人就合同变更达成一致,应当采用原合同约定的方式如书面方式,否则口头变更协议无效。但是,作为例外,在特定的情形下,譬如,合同当事人在紧急状态下达成口头变更协议,并且有证据表明口头协议明示提及不得口头变更条款,但当时情形使得采用原合同约定的变更方式不可能或不现实(impossible, or impractical),并且一方当事人基于信赖已经采取实质性步骤履行了口头变更协议中的全部或部分义务的,该口头协议就应当被认定为有法律约束力。证明原约定方式不可能或不现实的举证责任,应由主张口头协议有效的一方承担。举证不能的,承担口头变更协议效力不被承认的后果。举证标准是比较优势证据原则,即一般民事诉讼证据的通用标准。建议我国《合同法》应当考虑接纳这样的规则,以便在尊重合同当事人意思自治、促进交易的同时,增加确定性,减少机会主义和诉讼成本。

论民事诉讼律师费转付制度的建构

周琴娜*

一、我国律师费转付的立法及司法现状

律师费转付,是指法律上确立由有关责任方(过错方)承担无辜方或无过错方因采取法律救济措施(如提起诉讼、仲裁)而产生的律师费。

(一)律师费转付立法特点及存在的问题

1. 效力位阶低

首先,法律层面上尚无明确有关律师费转付的规定,《担保法》有关担保范围包括"实现债权费用",《商标法》《反不正当竞争法》《种子法》等有关侵权人赔偿权利人为制止侵权行为所支出的"合理开支"等规定均未明确包括律师费。其次,有关律师费转付的规定主要散见于最高人民法院发布的有关知识产权、网络侵害人身权益等纠纷的司法解释中,即权利人可以要求侵权人赔偿符合国家有关规定的律师费或必要费用、合理费用。最后,最高人民法院发布的《关于进一步推进案件繁简分流优化司法资源配置的若干意见》中有关不诚信诉讼行为一方赔偿律师费的规定尚属于司法政策,并不能直接作为裁判依据。

2. 适用范围窄

司法解释仅针对部分特殊侵权纠纷规定了律师费由侵权人承担,集中

* 周琴娜,浙江省宁波市江北区人民法院慈城人民法庭庭长。

在专业性强或涉公益性的侵权领域,理由是认为普通民事主体在面对该些领域纠纷时已无法凭借一己之力主张权利,而不得不借助于律师提供的专业法律服务,故在该部分特殊领域纠纷中律师费属于主张权利的必要、合理开支,属于损失的一部分。而一般侵权纠纷仅有上海市高级人民法院于2000年8月15日发布的《关于民事案件审理的几点具体意见》认可律师费可以转付。

3. 适用标准模糊

司法解释对律师费的标准为"合理""符合国家有关部门规定",而随着《国家发展和改革委员会关于放开部分服务价格意见的通知》(发改价格〔2014〕2755号,以下简称发改委通知)明确民事案件中除部分类型案件外不再实行政府指导价而改为市场调节价,大量民事案件已无可供参考的标准,如何判断"合理"只能通过法官自由裁量。部分地区高级人民法院为了规范法官的自由裁量权,通过会议纪要等方式将律师费的金额限定为加害人或违约方应当预见的范围,或对特定纠纷的律师费金额进行限定。〔1〕

4. 转付缺乏对等性

从上述司法解释规定来看,仅规定侵权人承担权利人阻止侵权行为的合理律师费,即通常是原告胜诉可要求被告承担相关费用,但原告败诉被告胜诉、原告部分败诉被告部分胜诉的情况下并未给予被告要求原告赔偿律师费的相关规定,除非原告存在恶意诉讼、虚假诉讼等行为。

(二)律师费转付司法特点及存在的问题

1. 保守适用律师费转付

鉴于法律、司法解释仅规定了部分案件可由败诉方承担实现债权费用、

〔1〕 上海市高级人民法院于2000年8月15日发布的《关于民事案件审理的几点具体意见》第14条,认为律师费应属于财产利益,原则上可以作为损失,但不能超过加害人或违约方应当预见到的范围。上海市高级人民法院在2011年12月31日《民事审判第一庭道路交通事故纠纷案件疑难问题讨论会会议纪要》第18条规定,道路交通事故纠纷案件中,律师费应结合案件的难易程度及标的等因素来综合确定,一般情况下律师费赔偿的标准不宜高于1万元,由法官根据案情酌定。

律师费,司法坚持其保守属性,亦仅在法律、司法解释已有明确规定或当事人有约定的案件中判决败诉方承担律师费。最高人民法院发布的指导性案例及公报案例中,虽也有一般侵权纠纷案件由侵权方承担律师费的,但均为上海地区法院作出的判决。[1] 审判实践中,针对一般侵权案件,其他地区法院一般均以律师费并非必须发生费用为由驳回当事人相关诉请。

2. 律师费转付范围以实际支出为原则

司法实践普遍认为律师费作为一种损失赔偿应以实际发生为前提,因此要求主张方提供委托代理合同、律师费发票及付款凭证作为损失已实际发生的依据,对于代理合同约定分期付款的情形,往往要求当事人待实际发生后另行主张。为了满足法庭的证据要求,实践中甚至出现了先支付律师费、开具发票,再作退款、作废发票等异化情形。[2]

3. 律师费审查标准缺乏科学性

发改委通知发布之前,法院通常参照各省司法局、发改部门公布的辖区有关律师费的政府指导价,即一般根据诉请标的额按照一定比例计取,判断律师费的合理性、合规性。发改委通知发布后,各地相继修改律师收费标准,绝大部分民事案件已无政府指导价,但审判中仍有大量案件以"原告主张的律师费符合收费标准"为由支持了原告的主张,甚或直接以"明显过高"为由

---

〔1〕 详见最高人民法院19号指导性案例:赵某某等诉烟台市福山区汽车运输公司、卫某某等机动车交通事故责任纠纷案、李某某诉上海通用富士冷机有限公司、上海工商信息学校人身损害赔偿纠纷案、杨某某诉上海宝钢二十冶企业开发公司人身损害赔偿纠纷案、陆某诉美国联合航空公司国际航空旅客运输损害赔偿纠纷案,均为上海地区法院作出的判决。

〔2〕 详见安徽省高级人民法院(2015)皖民二终字第849号民事判决书、上海市第一中级人民法院(2014)沪一中民六(商)终字第323号民事判决书。前案一审原告提交了律师费付款凭证,一审法院判决被告承担60万元律师费。二审法院查实律师费付款第二日即被退回,未采信原告有关不知退票的辩解,认为在收到上诉状后重新支付,不能排除基于案件诉讼需要进行付款的可能,故驳回了原告律师费诉请。后案一审原告就律师费部分诉请提供了委托合同及25份律师费发票,一审庭审后宣判前,原告将25份发票申报作废。被告就一审判决其承担200万元律师费部分提起上诉,并提供了原告作废发票的证据。原告解释律师费先支付了20万元,就进行了退票处理,一审判决后又支付了180万元并重新开票。二审法院认为原告已经实际支付200万元律师费,故判决驳回上诉,维持原判。两则判决无疑是因法院审查实际支付情况的裁判尺度导致的当事人及律师行为的异化,而不同法院对此裁判标准差异迥然。

对金额予以调整，理由却语焉不详，导致对律师费合理性的裁判尺度极不统一。〔1〕

4. 二审、执行阶段发生的律师费转付缺乏程序保障

在一审法院判决败诉方承担律师费的情况下，败诉方提起上诉，如果胜诉方继续委托律师，可能产生新的律师费。各地的律师收费办法一般均规定一审律师继续代理二审的，可参照一审收费标准下浮，如浙江省为一审的70%、北京市和上海市等地为一审的50%。但因二审不可增加诉讼请求，二审法院对二审新增律师费往往不予审查。〔2〕按此逻辑，胜诉方显然只能通过另案诉讼主张执行阶段的律师费。而另案诉讼又可能发生新的律师费用，此时即便二审、执行阶段的律师费可能得到支持，但另案起诉产生的律师费却可能因“并非属于原合同的约定而产生的诉讼”而得不到法院支持。〔3〕如此，当事人的损失无法得到全然弥补。

二、律师费转付立法、司法现状的原因分析

律师费是否由败诉方承担，各国司法实践中并不相同。美国在法无明确规定时，由当事人各自承担自己为解决纠纷支付的律师费。其原因在于，“美国传统上权利被认为不一定是既存的，而是要通过审判才能确认的，即是诉讼程序产生了权利，而不是实体权利产生了诉讼，民事诉讼的目的在于解决

〔1〕参见上海市浦东新区人民法院(2014)浦民六(商)初字第2718号民事判决书、北京市高级人民法院(2015)高民(知)终字第22号民事判决书。前案系金融借款合同纠纷，原告诉请7000万元借款本金及1300余万元利息，在有抵押物的情况下，要求被告承担450万元律师费，法院认为过高，酌减为200万元。后案系侵害商业秘密纠纷，一审法院在原告主张赔偿金额4300余万元的情况下支持了其40万元律师费的诉请，而二审法院认为40万元明显过高，并酌定为10万元，但具体理由并未阐释。

〔2〕参见海南省高级人民法院(2017)琼民终150号民事判决书。一审法院认定原告恶意诉讼并判决原告赔偿被告4万元律师费损失，原告对此不服提起上诉，被告在二审答辩中提出要求被告赔偿二审律师费4万元。二审法院维持原判，但对二审律师费是否支持未作回应。

〔3〕参见新疆维吾尔自治区乌鲁木齐市中级人民法院(2017)新01民终1563号民事判决书。生效判决认为原告主张律师费损失的其他案件虽然也是发生于原、被告之间，但这些案件的产生是基于双方之间的诉讼案件而引发的进一步的诉讼，并非是基于双方签订的《合作开发协议》中的约定而产生的诉讼，且也没有证据证实被告存在恶意诉讼的行为，故这些案件产生的律师费损失并非被告违约行为造成的直接经济损失，因此予以驳回。

纠纷”。[1] 德国由败诉方承担律师费,其理论基础是权利被认为是确定性的,且民众具有诉讼预见性。我国长期以来形成的立法、司法现状亦有其制度层面的原因。

(一)职权主义诉讼模式下无委托律师的必要

在职权主义诉讼模式背景下,事实的查明、法律的适用、当事人权利的保护均为法官、法院的职责,当事人并无委托律师的必要,我国亦无强制代理制度,诉讼委托律师系种奢侈行为,故应由当事人自行承担律师费。在法律未明确规定或当事人未约定由败诉方承担律师费的情况下,“律师费并非必要损失”仍为法院驳回律师费转付诉请的主要裁判理由。

(二)可能导致当事人恶意串通转嫁律师费

部分标的额大而案情相对简单的合同纠纷存在高额律师费现象,尤以金融借款合同纠纷为典型。如上海市浦东新区人民法院(2014)浦民六(商)初字第2718号案件,原告诉请7000万元借款本金及1300余万元利息,行使抵押权,并要求被告承担450万元律师费。虽然法院以过高为由酌减为200万元,但律师费金额仍与案件难度不相匹配。更有甚者,不少银行通过招投标方式批量委托以降低诉讼成本,但当事人向法院提交的却仍然为个案委托的合同,动辄几万元乃至几百万元的律师费确实存在侵害债务人及其他债权人的利益之嫌。

(三)律师费缺乏有效定价机制

普通民事案件律师费收费取消政府指导价后,每个律师事务所公开的收费标准通常仍沿用原先的指导价。对于偶然涉及诉讼的当事人,诉讼的时限性决定其在选择代理人时无法获得完整的信息。在信息不对称的情况下,其议价能力受到很大限制,基本上会按照律师事务所的收费标准约定律师费。而对于有长期法律需求的当事人而言,其本身诉讼能力、议价能力往往较强。

[1] [法]勒内·达维德:《当代主要法律体系》,漆竹生译,台北,五南图书出版股份有限公司1980年版,第330页。

法官并非诉讼代理中的市场主体,往往难以对律师费的合理性作出准确判断。如果仅以标的额作为计费的参考依据,很容易偏离律师费的市场价。

三、民事诉讼建构律师费转付制度的必要性

根据上述原因分析,随着经济、社会的发展,当前我国建构律师费转付制度具有必要性。

(一)诉讼模式的转变使律师的作用日渐突出

我国民事诉讼模式已由职权主义转为当事人主义,在此背景下,诉讼程序、证据规则、实体法律规范等已非普通当事人能够掌握,没有律师提供专业服务,本身将成为诉讼中的弱势。律师依据其对诉讼程序、规则、实体法律的熟知参与诉讼,对事实真相的发现、准确适用法律具有不可替代的作用,这也是社会发展分工精细化的必然结果。

(二)律师代理从奢侈品转化为必需品

自1993年以来,我国律师行业进入迅猛发展阶段。截至2018年年底,全国共有执业律师36.5万人,连续两年增幅达11.5%,基层法律服务工作者7.2万人。[1] 我国人口总量以14亿计算,2018年平均每万人拥有律师数量约为3.02人。该数值从2006年的1.25人增至3.02人,虽然与发达国家相比,差距仍较大,但考虑到律所、律师的大城市集聚性,上海、北京每万人拥有律师数量已超过10人。笔者随机抽取了所在庭室2018年审结的180件案件,至少一方委托律师、法律工作者参与诉讼的为138件,占比76.67%,其中双方均委托律师、法律工作者的为60件,占比43.47%。而未委托律师、法律工作者的涉及家事纠纷、小额诉讼为多,部分由公司法务参与诉讼。由以上可知,类似笔者所在的沿海经济较为发达的地区,委托律师诉讼已非奢侈品,而系必需品,这也与上海市率先在一般侵权纠纷中将律师费作为赔偿范围的

〔1〕 http://www.moj.gov.cn/organizaon/content/2018-03/14/lsgzgzzdssjxw_17041.html,最后访问日期:2018年6月8日。http://www.moj.gov.cn/organizaon/content/2019-03/07/613_229828.html,最后访问日期:2019年5月8日。

司法审判实践相符。

(三)对权利人损失的完全救济原则

成本是放弃了的最大代价,处理任何事务均需要投入成本。如果不委托律师,当事人自己参与诉讼同样存在成本,可能因参加诉讼而产生误工或不得不放弃出行计划等。如果没有违约、侵权行为,则不会产生这些成本,该成本显属损失,且为必然损失。从保护权利人的角度出发,对其损失进行完全救济系对其享有权利的肯定,否则即是对其负面评价。因此,要求违约方、侵权方承担律师费具有天然的正当性。律师费转付在本质上系对当事人诉权的保障,并在客观上能够遏制滥用诉权行为,维护社会公平正义。

(四)引导当事人诉讼外解决纠纷并主动履行债务

司法是正义的最后一道防线,但不是正义的第一道防线。制度设计应鼓励当事人在诉讼外自行解决纠纷,只有在私力无法达到救济目的时,或者双方确实对实体权利存在争议而不得不通过诉讼(仲裁)解决的情况下,才应该进入诉讼(仲裁)程序。进入诉讼(仲裁)程序后假设一方主动承认对方的诉讼请求,或提出可行和解方案,均可在一定程度上减少乃至免除其承担对方律师费的责任。湖北省武汉市中级人民法院作出的(2017)鄂01民终3829号民事判决,债务人在原告起诉后一周内清偿了300余万元的债务,一审法院判决债务人仍需承担12万余元的律师费,二审法院认为金额过高酌定为6万元。[1] 因判决书中未显示原告起诉前向被告主张权利的情况,但从被告在起诉后一周内清偿全部债务的情况下,其并无逃避债务的意愿,是否仍需支付高额律师费值得商榷。

---

〔1〕 参见湖北省武汉市中级人民法院(2017)鄂01民终3829号民事判决书。一审原告银行起诉要求被告方承担300余万元的本息清偿责任,并支付律师费123,200.74元,主债务人在起诉后一周内清偿了所有借款本息,后原告增加律师费的诉请标的额至15万元(按实际收回款价值的5%计算),并在一审开庭前两日支付了123,200.74元律师费(按实际收回款价值的4%计算)。一审法院认为律师费系因清收债权发生,依约应由被告承担,故根据实际支付情况判决被告承担123,200.74元律师费。二审法院认为虽然原告与代理人约定的风险代理收费标准不违反有关管理规定,在确定应赔偿的律师费数额时应遵循可预见标准,如不予调整,会造成双方之间的利益失衡,最终酌定为6万元。

四、民事诉讼律师费转付制度的构想

(一)适用范围

律师费转付规则应适用于所有民事纠纷,除以下案件外:

1. 当事人均无过错的。如夫妻双方感情确实破裂但不存在法定过错事由的离婚纠纷、适用公平原则承担赔偿责任的侵权责任纠纷等。

2. 原告迳行以诉讼方式主张权利,被告对诉讼请求无异议的。无争议不成讼。以诉讼方式解决纠纷是法定的最后救济途径而非首选途径,司法给予公权力的保障,但并不鼓励国民成讼。被告对原告的诉讼请求并无异议,故无诉讼的必要,因此产生的律师费当由原告自行承担。

3. 未经诉讼无以解决纠纷的疑难案件。疑难案件的核心特点就是没有哪一方当事人能够确信其会胜诉或者败诉。如果该些纠纷的律师费可以转付,阻止当事人进行诉讼或鼓励当事人将诉讼进行下去的可能性是一样的,仅增加了此类诉讼的赌注。然而,较高的赌注是激励还是抑制当事人的诉讼行为,取决于当事人对于风险的态度,是偏好风险还是规避风险。最终仅前者比较愿意诉讼,而现实世界中大多数人属于风险规避者。[1] 而且财力上雄厚的人承担风险的能力更强,若该类案件允许律师费转付,客观上可能将财力较弱的却可能是胜诉一方的当事人阻挡在诉讼之外。

4. 其他确实不宜适用律师费转付的纠纷。

(二)律师费转付金额审查标准

根据合同相对性原则,当事人与代理人签订的代理合同约定的律师费金额不能直接约束第三方,承担律师费转付责任的第三方仅应承担其市场导向的可预见的律师费损失。下文以律师服务收费按市场调节价、政府指导价为区分对象就审查因素进行分析。

---

〔1〕 参见刘明江:《美国版权诉讼中律师费转移规则的新近发展》,载《国际商务研究》2017年第4期。

1. 实行市场调节价收费的民事案件应审查的因素

(1)耗费的工作时间。工作时间应为有效工作时间,包括提供法律咨询、调查取证、查阅有关资料、起草诉讼文书和法律文件、出庭、参与调解和谈判、代办各种手续等,必要的在途时间及准备时间酌情计入有效工作时间。

(2)案件的复杂性和难度。案件的复杂性和难度既是委托律师必要性的体现,也是律师可能投入的工作量、专业能力的体现,但诉讼标的额大小与案件的复杂性和难度并无必然联系。

(3)争议的金额和需要取得的结果。争议金额比较容易界定,需要取得的结果可能是潜在的,比如知识产权领域纠纷,虽然赔偿的金额不大,但制止了侵权人的侵权行为对权利人的影响甚大,两者应综合考量。

(4)律师可能承担的职业风险和责任。律师作为专业法律服务提供者,应承担高度注意义务及忠实义务。若违反相应义务,表明提供的服务存在瑕疵,委托人可要求其所在的律师事务所承担相应民事责任,包括赔偿损失、减少律师费报酬等。因此,风险大小与收益高低具有一定关联。

(5)律师的经验、声望和能力。不同经验、声望、能力的律师的收费标准大相径庭,需要综合考虑案件难易程度以确定律师费的合理性。争议不大的案件如当事人聘请了声望特别大的律师并支出高额律师费,也可能因为超过了另一方当事人可预见的范围而得不到法院支持。

(6)在诉讼提起时案件在法律界不受欢迎的程度。鉴于供需关系与价格系作用与反作用的结果,案件不受欢迎的程度表明律师的供给减少,相应的律师费则应提高。

(7)和解过程。诉讼前及诉讼中一方提出和解要约另一方不予承诺的,应考量判决结果与原和解要约的差距。如差距不大,一方存在扩大损失之嫌,和解要约到达后新增的费用应由其自行承担。以此维度引导当事人通过合理途径主张权利,并注重权利行使的边界。

(8)胜诉比例。胜诉比例要结合胜诉的质与量综合判断,而不能简单以标的额来确定胜诉比例,还需综合获得支持的诉讼请求或被采纳的抗辩意见的价值，如胜诉的内容具有决定性意义的，即便其他诉请被驳回，在审核律师费时仍应作正向考虑。双方互有胜诉的，在律师费承担上可减少应由对方赔偿的律师费金额。如此，能够引导当事人理性提出诉讼请求，而非盲目扩大诉请。

(9)当事人支出律师费的实际情况。基于合同相对性，胜诉方与代理人的委托合同虽然不能直接约束败诉方，但鉴于损失的填补原则，律师费的实际约定及支付情况仍系考虑的重要因素。对于律师费金额约定合理，仅是付款期限未届满的，应作为必然发生的费用确定为律师费损失部分。

(10)当事人的诉讼诚信。实践中大量利用管辖异议、证据突袭、上诉等方式拖延诉讼，甚至提起恶意诉讼，对于诉讼中的不诚信行为可通过律师费的负担进行规制。

(11)代理的诉讼环节。如代理所有诉讼环节，而被告显然不会主动清偿债务的，作为执行阶段需要发生的费用可一并予以考量。

(12)在类似案件中裁决律师费的情况。一方对另一方的律师费金额有异议的，可查明同案另一方律师的收费情况。同时，将律师费信息录入法院审判管理系统，通过大数据获取每年同类案件给予律师费的金额，作为下一年裁判标准的参考，同时促进律师与当事人的定价更符合市场规律。

2. 实行政府指导价收费的民事案件应审查的因素

发改委通知中明确以下民事诉讼代理适用政府指导价：担任公民请求支付劳动报酬、工伤赔偿，请求给付赡养费、抚养费、扶养费的民事诉讼的代理人，以及担任涉及安全事故、环境污染等公共利益的群体性诉讼的案件代理人，故该些案件应根据政府指导价确定。同时，因为政府指导价仍存在收费比例的浮动范围，故仍需参考上述实行综合市场指导价收费的民事案件应考量的12项因素进行综合审查。

(三)律师费转付的程序保障

1. 作为诉讼请求提出

根据“不告不理”原则，当事人要求对方承担律师费的，应作为诉讼请求提出。如被告要求原告承担律师费的,应提起反诉,假设被告仅就律师费提起反诉的,一般无须再给予原告答辩期、举证期。

2. 可直接在二审中增加二审律师费的诉请

作为新增事实及损失,当事人可就二审增加的律师费向二审法院增加诉请,二审法院应与其他上诉请求一并审查,而无须当事人另行提起诉讼。

3. 执行、申诉、再审等环节新增律师费应通过另案诉讼解决。作为一个独立的诉,应按照普通诉讼程序进行,以保障相对方的救济权利。

虽然司法实践存在当事人恶意串通转移律师费的现象,但该现象可通过规范法律服务市场、加强律师行业监管、打击虚假诉讼等途径进行综合规制。律师费转付制度的建立有其现实必然性,且不可因上述现象的存在而因噎废食。该制度的构建在促进律师服务行业发展的同时,可引导当事人诉讼外解决纠纷、诚信而理性地诉讼,以实现稀缺诉讼资源的合理配置。其意义不应被忽略,或将成为司法改革的又一有效切入点。

我国民事庭前会议之构建:以庭审改革为中心

黄　鹂*

一、当前民事诉讼存在的几大问题

我国民事审判发展走过了一条特殊的道路。在相当长的一段时期,我国的司法审判可以用"重刑轻民""重实体轻程序""运动式司法"等关键词进行标注。为应对逐步市场化的社会经济生活,我国司法审判历经数次改革;尤其在民事诉讼领域,通过大量吸收现代诉讼理论,并在参考域外经验的基础上,一改过去大包大揽的作风,日益重视程序保障和诉讼主体的自主性。面对新一轮的社会整体转型,法治思维上升为治国之本,民事诉讼需要注入新的力量,制度改革刻不容缓。

探索如何改革的前提是对民事审判中存在的问题有清晰的认识。当前,阻碍我国民事审判实现公正与效率的问题有以下几个方面。第一,诉讼开庭的形式化。理想情境中,法院处理民事纠纷应当是通过公开审判,当事人的对抗主要集中于庭审。然而,当前审判中"走形式""走过场"的情况十分突出。由于缺乏庭前交流与准备,当事人和律师开庭时难以就对方提出的主张和证据进行系统性的回应和反驳。许多案件中当事人不出庭,一旦对方提出新主张、新证据,律师会以"回去再调查""回去再询问当事人意见"等为托词向法院要求准备期限和另一次开庭,或者通过庭后提

---

* 黄鹂,复旦大学法学博士,斯坦福大学法学硕士,研究方向为民事诉讼法。

交材料进行回应。考虑到当事人出庭率较低、律师权利不完善等因素,法官只能将大量的询问工作、证据调查工作以及调解放在庭后进行,开庭的功能被庭后工作所取代,进而引发“先定后审”等局面,违背直接原则和言词原则。

第二,口头辩论的散漫化。口头辩论的散漫化在我国庭审中十分常见,却没有得到足够的重视。我国民事审判侧重于事实发现和证据调查,审理顺序多以事件或时间为基轴。在遵循这一逻辑顺序的审判过程中,双方可能会对某一事实或者证据细节产生不同意见进而对该事实或证据纠缠不止。尽管法官可以要求双方停止争辩无关紧要的事实或者证据并对他认为重要的问题进行发问,但法官不了解案情,也担心不让当事人发表意见威胁到辩论权的保障,因而不敢随意禁止。案件的核心争议焦点无法在早期得到凸显,当事人就会把所有获取到的证据材料一并呈上,要求对方逐一质证,而其中大部分的证据可能是不存在实质性争议的,或者与本案核心争议关联不大。由此,整个诉讼进程被拖滞。缺乏科学的审判逻辑给口头辩论的散漫化制造了空间,造成严重的诉讼程序浪费。

第三,诉讼爆炸与司法资源不足。在《民事诉讼法》修改之前,我国诉讼体量已十分巨大。2008 年全国各级法院受理和审结案件数量首次突破 1000 万件,审结民事案件大约 538 余万件。[1] 2014 年,各级人民法院新收民商事案件共 906 余万件,审结 875 余万件。[2] 自 2015 年 5 月 1 日开始立案登记制全面取代立案审查制之后,诉讼数量的增长速度更为迅猛。2015 年的收案数与结案数较 2008 年几乎翻了一番。案件数量剧增背后是法官审判压力繁重,在经济发展相对发达的城市和地区尤甚。2014 年浙江省一线法官人

〔1〕 王胜俊:《最高人民法院工作报告(2009 年)》,载 http://www.gov.cn/test/2009-03/17/content_1261386.htm。其中民事案件是根据这一表述估算而来:“各级法院经调解结案的民事案件 3,167,017 件,占全部民事案件的 58.86%。”

〔2〕 最高人民法院:《人民法院工作年度报告(2014)(执法办案篇简版介绍)》,载 http://www.court.gov.cn/upload/file/2015/03/18/10/17/20150318101705_39312.docx。

均结案187件,2015年上海法院法官人均结案187件。[1] 南部省市如广州人均结案162件,而深圳更高达217件。[2] 基层法院法官年办案数三四百件,平均日结一案并非个别现象。在当前形势下,案件数量仍会继续保持增长。巨大的工作负荷让法官疲于应付,除了造成人才流失之外,也时刻危及审判质量。

以上民事诉讼问题背后存在的制度原因在于我国缺乏一个科学的民事庭审程序,以审判为中心的民事诉讼至今尚未全面建立。大部分法院还在遵循老一套的“法庭调查/法庭辩论”的审判模式。在法庭调查阶段,证据调查与事实发现同步展开。法官在没有厘清诉讼标的、不区分要件事实和间接事实以及争执事项和不争执事项的情况下,就向当事人、律师或证人询问和调查。由于法庭调查已完成了实质辩论,所以在很多情况下法庭辩论阶段只是重复之前的观点,法庭辩论的实质性意义式微。以“法庭调查/法庭辩论”为基础结构的庭审程序漠视法律与事实无法决然分割的基本原理,无法帮助庭审有序并且效率地展开。

《民事诉讼法》修改和司法解释的出台对庭审结构改革和建构一个“以审判为中心”的民事诉讼作出了不小努力,但规则中体现的新型审判模式总体目标不明确,相关制度落实进程比较缓慢。民事诉讼的现代化应当是以审判程序的结构化为基础展开,庭审实质化的关键应以完善庭前准备程序作为基点。开庭不经过准备,当事人与法官当庭能完成的审理工作在质上和量上都会降低。因为准备不足、诉讼资料不固定,开庭一拖再拖;庭上无法辩论的转由庭后提出书面材料,实质审理转移到庭后。同时,没有经过庭前准备,核心争点不能得到梳理,进入庭审后整个审理过程十分散漫,严重破坏了程序

---

〔1〕 参见余建华、孟焕良:《齐奇向浙江省人大报告工作,为法治浙江提供有力司法保障》,载 http://www.chinacourt.org/article/detail/2015/01/id/1541299.shtml;最高人民法院院长周强:《最高人民法院工作报告》,载 http://www.gov.cn/xinwen/2016-03/20/content_5055629.htm。

〔2〕 邵权达、莫伟浓:《广州去年法官人均结案162件 判处职务犯罪583人》,载 http://gd.people.com.cn/n2/2016/0204/c367431-27693204.html;吕绍刚、张娜:《深圳法官人均结案数量为全省平均水平2.2倍》,载 http://sz.people.com.cn/n2/2016/0201/c202846-27668365.html。

的效率,并导致庭审结束前案情合理的预期无法形成,许多案件丧失了可以通过其他诉讼机制分流或者达成调解、和解的契机。

以上这些情况并非我国独有。日本在20世纪80年代颇受诟病的"五月雨式的审理""三分钟辩论"以及法官负担过重等现象几乎与我国现在的审判状况如出一辙。当时,日本民事诉讼采行随时提出主义与证据结合主义,庭审功能转移给了庭后工作,口头原则与对席原则被架空,诉讼向书面和间接原则大幅度倾斜;与此同时,案件数量增长与新型纠纷的涌现给法官造成过大的案件负重,每位法官平均承办案件数量达到300件,繁忙的法官甚至要办理400件。[1] 不仅是日本,德国、我国台湾地区以及其他一些大陆法系国家和地区也曾出现过相似的历史阶段。为了根治民事诉讼"疾病",各国各地区民事诉讼制度改革最终都是通过建设科学有效的诉讼制度加以应对。其中,审理的集中化与发展庭前程序一度成为改革的核心目标。要发展以审判为中心的民事诉讼,需要吸取相关经验,构建集中审理制和适合我国民事审判的庭前准备程序。

二、我国民事庭审改革的制度突破口:庭前会议

最高人民法院于2015年1月30日颁布了《最高人民法院关于适用〈中华人民共和国民事诉讼法〉的解释》(以下简称《解释》)。该规定首次在民事诉讼领域确立了庭前会议制度。这意味着在法律文本上的民事庭审已被重构,二元制的结构得到正式确立。发展庭前会议制度将成为我国民事庭审改革的突破口,可以纠正我国民事诉讼中存在的形式化、散漫化以及司法资源紧张等迫在眉睫的问题。

(一)促进庭审实质化

庭前会议以审理集中化为目标,优化分配程序资源,保证直接原则和言词原则在开庭过程中得以贯行。在庭前会议中,当事人提出主张、进行证据

〔1〕 参见王亚新:《对抗与判定:日本民事诉讼的基本结构》,清华大学出版社2002年版,第135~141页。

准备,并能了解到对方的诉讼资料和策略,因而在开庭中发生突袭的可能大大降低。经过充分的准备,当事人的主张和证据得以固定,双方就已经知晓的主张和观点展开口头攻击防御,开庭辩论可一贯进行。因为事前进行过准备,当事人和律师也没有了“再去核实”“再去调查”的必要,因而实质辩论和证据调查都可以在庭审中完成,不需要在庭后进行。这能促使庭后作业回到庭审上来,实现庭审的实质化,真正地回归到“以审判为中心”。

庭前会议的实质化还体现为通过集中争点辩论促进庭审实质化的逻辑。庭前会议功能之一在于争点整理。在法官的指导下,厘清双方当事人之间的争点,确认彼此之间有争议的部分和无争议的部分。在庭前会议中确立好相关争点,可让正式开庭程序围绕具有实质意义的关键点有序进行,不纠缠于无意义或者不争论的事项。围绕争点的审理体现出以规范为导向的思维方式,而科学的争点整理方法更是以要件审判为内核。在该审判逻辑的引导下,庭前会议可通过规范和要件梳理案情,使案件审理集中化,根治口头辩论散漫化的问题,从而在更深层次的意义上推动庭审的实质化。

(二)提高庭审效率

按照庭前会议的要求,庭前将所有的证据材料与攻击防御方法全部准备完毕,开庭只围绕之前提出的这些证据和主张进行口头辩论以及证据调查,庭前没有提出过的主张或证据不得提出,避免造成庭审突袭或中断庭审。通过贯彻适时提出主义,准备程序中必须将开庭所需要的主张、证据材料全部予以固定。这样就能划定开庭的“资料库”范围,庭审过程中的口头辩论只能从这个“库”内的诉讼资料中抽取,而不得另外吸收新的诉讼资料进来。这就可以阻断因为准备不充分或者诉讼策略的实施而造成的不必要的程序拖延和浪费,加速审理进程。

另外,借助于庭前会议的争点整理,庭审能集中于特定的问题上,不至于在其他无关紧要或者没有争议的问题上浪费程序。通过争点排除不争议的事实或者不相关的事实,也就排除了大量不相关的证据进入法庭质证。我国开庭一直不重视对证据的先期筛选,大量不相关或者不紧要的证据进入法庭由双方进行举证和质证,严重拖延了诉讼程序。争点整理可对证据进行有效梳理,仅允许与争点有关联性的证据进入开庭阶段,对不争执的事项(自认)以及与争点无甚关联的事项,不再进行相关的举证质证,集中证据调查提高程序效率,节省司法资源。

(三)实现诉讼程序分流与促进调解、和解

并不是所有纠纷都需要运用诉讼程序加以解决。司法是一项需要高昂财务成本支持的运作实践,诉讼资源应当分配给最需要由诉讼解决的案件上。这一观点已经得到普遍共识。根据我国《民事诉讼法》第133条的规定,受理后的民事案件可通过督促程序、调解、简易程序等分流。可见,案件受理后存在一个初步的程序分流机制,小额、简单以及适宜调解的案件先行被输出到其他程序通道进行审理或处理。然而,案件进入准备工作之后,立法上并没有再确立进一步的筛选、分流机制,直到法庭辩论终结时才有"判决前能够调解的,还可以进行调解"。尽管我国法官可依据案情发展状况选择恰当的时机在庭后探索调解的可能,但这种探索既没有被机制化也没有特定的程序基础。

庭前会议是在开庭之前设置的一道"隐形阀门"。在争点整理和证据交换之后,双方的观点和策略已相对明确,对法官的裁判也有了更为清晰和准确的预判。这就产生了调解、和解化解纷争的基础。若法官配合相关裁判案例说服当事人调解或者敦促当事人进行和解,双方就更容易接受。庭前会议是法院运用替代性纠纷解决方式化解纠纷的良好时机。不仅如此,庭前会议还可进一步加强简易程序与普通程序的机制分流作用。实践中,许多在诉讼一开始就选择适用简易程序的案件在深入审理后转入了普通程序,这就意味着案件受理后立即判断是否适用简易程序的基础并不充分;相反,有一些案件可能表面上看来比较复杂但经过争点整理后发现其实质争议反而比较简单,满足适用简易程序的条件。应当说,经过庭前会议这道"阀门",就能更客观、更准确地衡量案件的分歧和复杂程度,由此选择相关程序进行审理也有了更为充分的依据,此时再进行程序分流或者调解、和解就可以更佳地分配司法资源。

三、我国庭前会议:规范与实践之检讨

(一)规范分析

我国刑事诉讼领域较早重视庭前会议制度。在1996年《刑事诉讼法》修订之后,庭前准备程序有虚无化之趋势,“一步到庭”并没有如预期般产生良好效果;而在借鉴其他国家尤其是美国的刑事诉讼制度时,无疑又都看到了存在集中审理和进行庭前准备程序的共同点。[1] 理论与实务的共同关切在2012年《刑事诉讼法》修改中得到了体现:庭前会议被正式纳入刑事诉讼法中。

相较而言,民事诉讼的庭前准备程序发展进程相对滞后。早在2002年,《最高人民法院关于民事诉讼证据的若干规定》(以下简称《证据若干规定》)就引入了证据交换程序作为庭前准备制度,但其制度功能相对单一,无法担当起完备的庭前准备功能。立法者虽已认识到庭前准备程序对争点整理、证据准备和程序分流的重要作用,但制度化的庭前准备程序迟迟没有入法。[2]《解释》正式确立了庭前会议制度,对我国民事诉讼制度改革以及民事准备程序的制度化具有重要的推进意义。

根据《解释》第224条,最高人民法院就《民事诉讼法》规定的“审理前的准备”补充了“召集庭前会议”的方式。可见,庭前会议被定位为具有独立价值的民事庭前程序。《解释》还详细规定了庭前会议的内容,可总结为以下几项:(1)提出诉答并处理相关诉讼请求。双方提出诉讼请求和答辩意见,法院审理增加或变更诉讼的请求、反诉申请以及第三人提出的与本案有关的诉讼请求。(2)证据准备。庭前会议允许组织证据交换,并赋予当事人向法

---

〔1〕 参见陈卫东、杜磊:《庭前会议制度的规范建构与制度适用——兼评〈刑事诉讼法〉第182条第2款之规定》,载《浙江社会科学》2012年第11期。

〔2〕 毕玉谦:《对我国民事诉讼审前程序与审理程序对接的功能性反思与建构——从比较法的视野看我国〈民事诉讼法〉的修改》,载《比较法研究》2012年第5期。

院申请职权调查、文书提出命令、证据保全以及委托鉴定、勘验的权利。(3)整理争点。法院根据诉讼请求、答辩意见以及证据交换的情况,在听取当事人意见的基础上,归纳争议焦点。开庭时原则上仅就争点展开审理,不争执的事项不再审理。对当事人前后陈述不一致的,需要责令当事人说明理由或提供相应证据。(4)进行调解。争点整理完毕之后,法官可根据情况,对适合调解或者促进和解的进行调解。

庭前会议的引入具有相当的制度价值和程序意义。第一,庭前会议制度是对庭前程序的整合,标志着民事庭前程序的制度化。过去,《民事诉讼法》与相关司法解释对庭前准备程序的规定比较零散,没有建立一个系统的制度。此次庭前会议的规定将零散的规范予以整合,进一步完善准备程序的功能,勾画了一个相对完整的制度谱系。第二,改善争点整理的相关规定。《证据若干规定》中规定的争点整理是借助证据交换完成的,《解释》将争点整理纳入到庭前会议制度中来,并认为整理争点需要听取当事人的意见。另外,争点整理的程序价值在于争点对之后开庭的指导意义,所以《解释》明确争点整理完毕后应当围绕整理出来的争点进行审理。第三,诚信义务与禁反言要求的引入。依照《解释》第229条的规定,当事人开庭时提出的事实、证据如果与准备阶段认可的不同,人民法院应当根据情况责令其说明理由或者提供相应证据。这意味着当事人须履行诚实信用义务,原则上不应为矛盾之论述。这对于庭前准备阶段固定当事人的法律和事实主张有重要之意义。

尽管庭前会议的规定为我国民事诉讼庭前程序规范的一大进步,不过也应看到其中存在的种种问题。我国立法向有"宜粗不宜细"的特点,虽然这能给实务留下较大的发挥空间,但也会因为规范空泛化造成实践效果不一、适用过分随意。庭前会议的司法解释规范存在同样的问题:不仅真正提及庭前会议只有寥寥数条,而且也只是就基本的制度内容作了罗列,细化程度不够。现有的司法解释依旧无法为司法实务者勾勒一个清晰的庭前会议制度。比如,庭前会议应当适用于所有案件还是只针对部分案件?庭前会议应当采取什么样的形式进行?庭前会议与开庭程序如何进行对接?关于庭前会议制度的种种疑惑统统不能由现有的规定加以回应,目前法律条文对庭前会议适用的指引效果十分有限。

还有,现有的规范还存在其他不完备之处。一些规定可能会引发实务误解,如庭前会议和证据交换之间是一种怎样的关系并不明确。《解释》第224条规定:人民法院可以“通过组织证据交换、召集庭前会议等方式,做好审理前的准备”,从这一条来看,证据交换与庭前会议是两种并列的庭前准备程序;第225条又规定庭前会议可以包括“组织交换证据”,证据交换又成了庭前会议的程序内容之一。那么,庭前会议与证据交换究竟应当以什么样的形式共存,不免令人心生疑问。不仅如此,与庭前程序相关的配套制度还很不健全,如失权制度、当事人促进诉讼义务等在规制上显然不足,而作为庭前会议核心的争点整理也缺乏在方法和形式上的规范。因而,庭前会议制度的制度内核和配套程序还需要很大的提升。

(二)司法适用之疑惑

《解释》颁布之前民事准备程序的相关实践已经初步展开。不少法官通过开展证据交换制度整理争议焦点,但通过这一方式整理出来的争点任意性较大,很难促进庭审集中化。另一种实践方式是法官在法庭调查结束之后根据当事人在这一阶段提出的事实主张和证据材料整理争点。事实上,法庭调查环节已基本完成了诉讼资料提出和攻击防御的过程,以致在法庭辩论阶段无更多的新观点提出,当事人辩论很难有拓展的可能。法庭调查完毕之后再总结出的争点尽管能指引当事人集中于特定的争点进行法庭辩论,但程序价值比较有限。

在证据准备方面,证据交换制度被设定为是通过双方互动进行证据准备的程序,但证据交换在实务中运用得不多,其实践效果远远未达预期,规避情况较多。[1] 当事人和律师拒绝在诉讼早期主动泄露己方诉讼策略和关键资料,法院调查令和法官指挥也不是“万能药”,无法强制对方当事人的积极配

〔1〕 参见许少波:《民事诉讼证据交换制度的立法探讨》,载《法律科学》2012年第3期。

合。在一些适用证据交换的场景中,又会碰到证据交换的时间消耗过多以及证据交换变相替代了法庭调查的做法等。在后一种情况下,证据交换的同时法官事实上已着手进行证据调查,证据准备的意义难以突出。

不仅如此,庭前准备几乎不能真正起到固定诉讼标的、争议焦点以及诉讼资料的作用。当前审判存在诉讼请求不固定、法律条文不固定、证据材料不固定以及诉讼主张不固定等"四大不固定"现象,这被视为是部分案件久拖不决的主要原因。[1] 这与我国长期以来适用随时提出主义、忽视法庭文书在程序上的重要性以及当事人的真实、完整义务没有建立等因素均有很大关联。而部分以实体正义、发现案件真实为名弱化失权制度和当事人责任的观点,也在动摇集中审理制的发展。

《解释》公布后一些司法改革的试点法院正在通过制定法院内部的程序规则积极落实庭前会议相关制度。不过,从规范到实践的转化过程是比较缓慢的。既有的实践仍然以法官的个案尝试为主,庭前会议制度的利用还不具有普遍性。在部分实务者看来,《解释》规定的庭前会议中的许多程序内容并不能被称为是制度创新,部分程序内容在现实中早就已经实施开展了。按照规定,庭前会议可以包括双方提出诉答、诉讼请求的变更与增加、反诉的提出与第三人诉讼请求的提出、证据准备、整理争点、调解等,而许多法官现在是在开庭过程中进行以上程序的。同时,《解释》又没有阐明庭前会议和开庭的关键区分点为何,因而一种可能蔓延的思路是:庭前会议的贯彻只是要求实务者将这些已经着手实践的程序从以往的开庭更名为"庭前会议"。如果采取这样的理解,庭前会议在落实过程中很可能只是"换汤不换药"。一旦发生这样的理解,那么希望通过建设庭前准备程序而推动诉讼制度的改革就会落入空想。

四、建构我国庭前会议的进路选择

为了避免不利的制度后果发生,克制现有实践中的种种问题,并保证庭

〔1〕 参见邹碧华:《要件审判九步法》,法律出版社2010年版,第10~12页。

前会议在“以审判为中心”的诉讼制度改革中发挥突破性的作用,需要分析制度背后的根本问题并加以更正。现有的立法条件和司法环境之所以无法帮助实务落实科学的庭前会议制度,其背后的根本原因正是我国庭前会议制度,乃至整个庭审构造在设定的大方向上存在误区。

(一)两大法系民事诉讼模式:共同性与差异性

发展庭前准备制度以实现审理集中化为目标。在全球化趋势的冲撞之下,20 世纪后半叶见证了不同法系之间的制度融合。民事审判恪守“集中审理”主义已成为两大法系的一项共识。不过,独特的历史条件和社会文化特点造就了大陆法系国家与英美法系国家两套迥异的诉讼模式。即使两大法系都采行集中审理制,也发展出完全不同的制度逻辑。

集中审理制最早源于英美法系国家,指的是庭审应当在一个期日内或者连续的数个期日内完成,期间裁判者不处理其他案件,等该案以判决等形式终止后,再着手审理下一个案件的审理方式。这一审判方式是陪审团制下的程序产物。在这种集中审理框架下,民事诉讼在时间维度上被分割成了两个部分:审前阶段和审理阶段。为了能够顺利开展持续的庭审,当事人和律师被要求在审前阶段通过诉答程序、证据开示以及庭前会议等进行诉讼准备。争议焦点整理的工作主要由当事人和律师在证据开示时自行完成。庭前会议中,当事人和律师将经过系统整理的诉讼材料提出,在法官的审查和指导下进一步完成梳理和筛选的工作。开庭时贯彻严格的失权制度,避免新的证据和新的请求突袭并拖延程序,保证程序的一贯性。

大陆法系国家是在审理的内容上强调集中,即以争议点整理程序为前提,实施持续且有效的证据调查,其所为的集中审理指的是“集中证据调查”之义。由于书证涉及的争议点较多,且不需要在公开的法庭进行口头辩论,所以“集中证据调查”实质上就是询问证人以及询问当事人等人证的调查。亦有观点将集中审理理解为“争点集中审理主义”。[1] 虽然这一审理结构

〔1〕 许士宦:《新民事诉讼法》,北京大学出版社2013年版,第199页。

是在仿演英美式集中审理之中逐渐形成的,但却与英美法的审判模式存在本质区别。大陆法系的庭审结构是在程序内容上进行的划分,而在时间维度上的阶段化只能说是相对的。大陆法系的集中审理并不期待法院实施彻底的集中审理,并不严格要求法院必须在一次期日内终结对事件的审理。当然,妥协于实体正义以及其他考虑,其对失权的贯彻亦不如英美法这般严格。庭前准备中法官的职权指挥是关键要素,法官在诉讼早期就应当处于积极主动的位置。当事人的自主性尽管得到允许,但并不占据主导地位。

两大法系大异其趣的审判逻辑演化出了不同的庭前准备制度。英美法系国家以事实出发型审判模式为特征。在美国,争点整理之所以可以在证据交换阶段进行,是因为该国的民事诉讼在本质上是事实出发型的程序,事实和证据是诉讼的统领要素,因而也形成了以梳理事实和证据为重点的庭前准备程序。同时,基于纯粹的当事人主义与严格对抗制,美国庭前证据交换几乎完全交给律师。漫长的证据交换在审限要求相对宽松以及法官早期不干预的情况下也充分可行。“事实出发型”的程序模式也当然地允许庭前准备工作中围绕大量的证据,甚至是相关性较小的证据展开。

与此相反,大陆法系遵循的审理逻辑起点是请求权基础(法律规范),由此演化而来的通过要件事实的审判方式主宰着当事人的攻击防御,并为法官审判指明方向。[1] 大陆法系国家的争点整理从来都不是从没有限制的证据梳理开始的,其审判的内在理路是一条从请求权向法律要件再向要件事实一步步推进的逻辑过程。因而,争点整理的过程遵循着“审判对象的特定—法律关系的寻找—要件事实主张以及证明”的路线逐步展开,并就要件事实、间接事实以及证据有无争议进行整理。大陆法系也尊重当事人自行整理争点达成的协议,但法官的职权参与是大陆法系诉讼制度的一大特征。在庭前准备程序中,法官对判断事实和证据的争议性及相关性有较大的权力,可以通过行使职权排除相关性较小的证据进入正式庭审。

〔1〕 参见段文波:《裁判逻辑与实定法秩序之维护——要件事实论纲》,载《西南政法大学学报》2005年第3期。

(二)我国庭审模式选择的困境

我国当前的民事诉讼程序建构试图与刑事诉讼保持一致性,在庭审制度设计上更有取材于普通法系之意,如证据交换制度仿照了美国的证据开示(discovery),庭前会议制度直接翻译了英美法系的pretrial conference这个术语,连最高人民法院谈及庭前会议的作用时也完全照搬了美国《联邦民事诉讼规则》的表述。

采取庭前会议的表述暗示着将整个诉讼分割为庭前与开庭两大部分的绝对集中审理制倾向。不过,英美法系庭审制度是否能符合我国的实体法和诉讼法架构,不无疑问。普通法系国家庭前准备之后开庭是通过一次集中的程序完结的,制度上不存在反复进行准备的可能。庭前准备阶段十分冗长,相比开庭而言占据整个诉讼中大部分的时间。相应地,当事人之间在庭前程序达成和解的可能性也远远超出开庭审理的可能性。庭前程序主要在双方律师之间展开,法官并不直接干预,因而它们的庭前程序也只有律师权利与职业化水平得到强化的法制环境下才能保证这一种庭前程序变得可行。而以上的种种均与我国设想的庭审构造有很大差异。我国素来遵照"并行主义"的审理模式,法官审理案件时并不是连续地审理一个案件,而是同时审理多个案件。在现有的制度环境下,庭前会议与开庭在时间上的绝对分割也不可能做到。同时,我国较为严格的审限要求拒绝在庭前准备上消耗过长时间,当然在庭前能达成和解的比率也远远低于美国。除此之外,还需要考虑我国当事人的权利保障和律师的专业化水平等问题。

更重要的是制度内部逻辑。按照最高人民法院的理解,证据交换被视为庭前准备中最为重要的工作,争点整理是在证据交换的基础上进行的。在这一制度框架下,法官的职责就是按照事实和证据梳理争议与不争议的事项。但这一做法完全忽视了规范出发型的民事诉讼本质,抛弃了传统民事诉讼理论中对诉讼标的、辩论主义原则以及要件事实的贯行。借助于证据交换进行的争点整理,是按照事实发生的逻辑进行的争点整理,在没有对事实进行分类的情况下,无助于确定特定事实在法律和审判上的意义。因而这种争点整理在内容上是不健全的,方法上是不科学的,在结果上就会表现出最终概括的争点过于宽泛(如争点的表述是在重复诉讼请求)或者不是核心争议(如与案件没有重要关联)。争点无法真正为案件审理起到集中作用,还有可能延长或者误导庭审。争点整理在我国的整体衰落与适用了错误的程序机制有很大的关系。

不仅如此,相关配套制度的阙如也让汲取英美庭审构造的尝试可能面临失败。庭前会议制度若要实现审理之集中化,须执行"适时提出主义"。然而,受到妥协于实践的思路的影响,我国的民事证据失权制度正在日益宽松化,而其他失权制度也尚无规制;若违反诉讼促进义务以及诚信原则几乎不承担任何不利的程序后果。在没有严格失权的保障下,当事人可以在庭审中随意地提出新证据、新主张,任何一种集中的审理方式都无法真正实现。这样看来,我国适用绝对审理集中制和相关庭前准备程序完全缺乏相应的理论基础和现实条件。

(三)建构庭审结构与庭前会议的进路选择

我国的庭审制度构建虽然可以吸取多方面经验,但仍应选择一条符合我国现实制度条件的主要进路。考虑到我国与普通法系有较大的制度差异,仍应以大陆法系国家的集中审理为模板,更多借鉴德、日等国的庭前准备制度为宜。大陆法系的准备程序与开庭程序可以穿插并多次进行,对于适时提出主义只达到了相对而非绝对的程度。适用这一模式更符合我国现有的民事诉讼框架。

更重要的是,大陆法系国家的庭审构造是在实体法律关系和要件事实的基础上展开,诉讼标的、请求权基础、要件事实以及举证责任直接对应于实体法规范,充分反映出大陆法系"规范出发型"的审判模式。我国民事实体法多参照于德、日等国,立法基础也是以权利为核心进行构建。为了保证实体法与程序法在逻辑内核上的一致性,我国诉讼法上需要遵循配套的制度逻辑。所以,我们应当树立发展规范出发型民事诉讼的目标,在实践中强化请求权基础和要件事实的应用。按照司法审判三段论的逻辑,规范是大前提,事实是小前提,由演绎推理得出结论。现有的民事审判集中于小前提的探寻与发现,而大前提仅在最后作出结论时佐证依据。这让我们在民事诉讼的一开始就彻底抛弃了法律规范的指引,浪费过多时间和精力于不必要的事实和证据。而如果遵循大陆法式的民事诉讼审判路径,规范在一开始就对整个审判起到框定和指明方向的作用,此时开庭的实质性将被突出,庭审效率也能大大改善。应当把握大陆法系的核心精髓,构建以要件审理为逻辑、以争点整理为核心功能的庭前准备制度。当然,在具体制度建设的时候,可以适当参考并吸取英美法系制度的优秀经验。

所以,尽管我国目前采用庭前会议制度的表达,但在这一名词下可重新填充制度内容。构建我国特色的庭前会议制度应当注意以下几个基本点:第一,庭审结构上采取相对集中主义模式。第二,构建独立的争点整理制度,发展科学的争点整理方法。借助请求权基础与要件事实展开的争点整理是可行且必要的,这是一套以规范为基础的民事审判的固有逻辑。第三,证据准备上应当强化当事人的自主性,法院的职权起到补充性和保障性的作用,并更加注意通过先期的争点整理排除不必要收集和出示的证据。第四,强化准备程序对所有诉讼资料的固定作用,需要从横向和纵向两个方面强化“适时提出主义”的适用,对违反法定义务的当事人施以不利的程序后果制裁。

五、我国庭前会议制度的具体构建

(一)庭前会议的适用范围

庭前会议固然能够帮助整合纷争焦点,充实庭前预备,但也要考虑到其作为前置程序的司法成本,在确定适用范围时应当平衡公正和效率两方面的价值。庭前会议应主要运用于普通程序案件。对于疑难、复杂类案件、群体性案件以及有重大社会影响的案件,必须进行庭前会议。而对一些案情简单、涉案关系不复杂或者是小额案件,一步到庭可能是最好的方式,法官可以在开庭的过程中直接总结出争点,并根据双方的主张直接判决。因此,案件受理后可以确定适用督促程序、小额程序、简易程序的,不适用庭前会议。但如果简易程序中发现案件复杂需要转成普通程序的,仍需要进行庭前会议。应发挥庭前会议的二次分流功能,案件受理后暂时无法进行程序分流的,原则上应先进行庭前会议,庭前会议结束后由法官裁量适用简易程序还是普通程序。

(二)庭前会议制度的形式

不少大陆法系国家和地区发展出了多种准备程序。比如,日本发展出了书面准备程序、准备的口头辩论程序和辩论准备程序,其中辩论准备程序是实务中普遍采用的"辩论兼和解"的修正版,采取的是一种在公开开庭外圆桌会议的方式,在和平的气氛下进行对话的程序。[1] 我国的庭前会议用的也是"会议"一词,从字面上理解这一庭前准备程序也应当采取会议的形式。事实上,日本的圆桌会议给我们提供了比较好的借鉴,会议型的准备程序也比较适合我国的诉讼现状。

在参考日本经验的基础上,庭前会议可以在会议室内举行,在必要情况下甚至可借助于电话或者视频远程召开庭前会议。法官不需要穿法袍,与当事人面对面坐下,进行平等、有效的沟通。庭前会议应当强调纷争解决的实质化意义,故而尽量简化不必要的内容,例如书状陈列清楚的意见或者请求无需再次宣读,而应强调实质观点的交锋和辩论。会议在比较轻松、友好的情况下进行,既有利于当事人及时地开诚布公并达成调解或和解,也能因为程序的非正式性而达到加快程序、提高程序效益的效果。但应当时刻注意强化庭前会议笔录的作用,保证庭前会议所准备的诉讼资料能作为日后庭审的重要基础。

不过,就公益性案件、群体性案件以及能产生重大社会影响的案件,不宜适用不公开的、非正式的程序,而应当加强庭前会议的公开程度,采取类似于开庭的方式进行庭前会议。之所以采取公开的形式,是因保证公众的知情权和利用舆论对不法者进行监督等考量。

---

〔1〕 参见[日]新堂幸司:《新民事诉讼法》,林剑锋译,法律出版社2008年版,第354页。

（三）庭前会议的主体

我国庭前会议制度是一个以法官为主导的准备程序,现行的制度设计对当事人的程序保障有所不足。例如,就庭前会议中最为重要的争点整理功能,法院在总结归纳时尽管需要听取当事人的意见,但对争点确定仍享有莫大权威。我国民事诉讼未引入诉讼契约,法官不受当事人自行整理争点的约束,且职权主义当然地赋予了法官对争点的“话语垄断”。司法审判中,法官忽视当事人或律师提出的争点整理意见的情况比比皆是。然而,如果当事人意见不被吸收,程序保障的现代程序法理念就受到了威胁。随着集中审理的推进,争议焦点的归纳将成为审判的“命门”;如果仍保持“一言堂”,就违背了现代民事诉讼对当事人主体性的认可与尊重。

基于以上考虑,首先应当承认诉讼契约对法院的拘束力,允许由当事人自行整理争点,法院原则上不得否定双方合意达成的争点协议。在当事人及律师没有达成争点整理合意而分别提出争点整理意见的情况下,即使此时主要由法官引导,也应当积极采纳当事人和律师提出的争点整理意见,尤其是对律师意见保持高度的开放性,使整个诉讼进程是在满足合法性的司法论辩和程序商谈中完成。

同时,庭前准备也可引入当事人双方的对抗与协作,鼓励双方自行进行准备工作。例如,允许当事人进行自主的证据交换等。加强当事人对于庭前准备的自主参与,不仅可以发挥当事人自主进行争议焦点归纳、证据准备的能动性,促进和解达成,也可节省大量的司法成本,促进程序资源的优化分配。

（四）庭前会议的制度内容

庭前会议最为关键的是整理争点与证据交换。根据最高人民法院的意见,组织当事人交换证据是庭前会议最为重要的一个内容,合议庭应当主持双方就案件事实和相应法律问题交换意见,并根据诉答以及证据交换的情况归纳争点。[1] 依照这一要求,争点整理是在证据准备之后总结归纳得出。

〔1〕 参见沈德咏主编:《最高人民法院民事诉讼法司法解释理解与适用》(上),人民法院出版社2015年版,第588～589页。

如上文指出,借助于证据交换进行的争点整理并不符合以请求权基础和要件事实为基点的规范出发型民事诉讼。程序法上的争点是应证事实。如果在应证事实没有确定下来的情况下先行进行证据准备、收集证据,很可能会让当事人和法院白白耗费在与案件争议无关的事实和证据之上。在未确定争点的情况下先期申请鉴定或者勘查,若鉴定或勘查的对象最终不是争议焦点,将更加浪费程序投入。

争点的确定过程应当围绕实体法规范和要件实施展开。事实争点应当是交换证据的前提,人民法院应当首先明确当事人之间存在争议的事实主张,然后就该争点组织当事人交换证据。[1] 当争议焦点确定后,对应的举证责任才可以分配,证据的收集工作才开始,包括鉴定、勘查等证据调查等。

为此,我们应当重塑庭前会议争点整理的方式,按照"争点确定—举证责任分配—举证"的顺序展开。具体而言,法官可按照以下基本顺序召开庭前会议:(1)明确诉讼请求和答辩意见。当事人交换诉状和答辩状,并且可以申请变更诉讼请求、增加诉讼请求,被告可以提出反诉,第三人与本案有关的诉讼请求也可以提出。经审理后,应当确定请求权、特定化的原因事实以及请求权基础。(2)根据请求权基础分解法律要件,相应的主张责任也得确定。双方当事人根据要件提出事实主张,在此过程中整理出争议事项和不争议事项。此时法官可根据情况先进行一次调解。(3)争点确定后,负有举证责任的当事人应当收集和准备与争点有关的关键性证据,并向法院申请提交。此时,法院须注意平衡当事人的诉讼能力差异,鼓励和保障当事人进行自主的证据交换,必要时,也可由法院组织证据交换。当事人亦有权向法院申请证据的职权调查或者文书提出命令,有权委托鉴定或勘验。(4)证据准备完毕之后,庭前会议进入尾声,法官依照具体案件情况再一次组织调解。庭前会议结束前,法官与当事人一同协商安排开庭期日。庭前会议可进行多次。如果开庭之后发现庭前准备不足的或需另行准备的,法官可裁量返回庭

---

〔1〕 参见奚晓明、张卫平主编:《民事诉讼法新制度讲义》,人民法院出版社 2012 年版,第 213 ~ 214 页。

前阶段,再次召开庭前会议。

(五)配套制度的建设

1. 法官的诉讼指挥权

社会民事诉讼的根本性标志是法官诉讼指挥权的展开。德国法上,诉讼指挥权包括探讨义务、发问义务和晓谕义务。探讨与发问多指向不完备、模糊或矛盾的事实主张、证据手段和诉讼申请,而晓谕多指向被当事人忽略的法律观点或依职权审查的事项。[1] 为了促使争点整理的有效进行,促进审理的尽快展开,诉讼指挥权应积极运用于庭前程序中。

根据司法解释,法官应在庭前会议明确原告的诉讼请求和被告的答辩意见,并审查处理当事人增加、变更诉讼请求的申请和提出的反诉以及第三人提出的与本案有关的诉讼请求。在此过程中,当事人受制于能力所限,可能表述有所模糊、矛盾。现实中因为没有固定主张与陈述而在诉讼后期改变请求和主张的情形十分常见,导致诉讼不断推倒重来。为了避免这一情况的反复发生,法官应有权要求当事人亲自出庭,并要求其及时为澄清、补充或者修正之陈述,完整提出相关诉讼资料,以便在庭前会议早期确定基本的请求和诉讼主张。

现代民事诉讼希冀在法官与当事人之间建立机制化的讨论空间和信息交换通道。防止产生突袭裁判的目标要求法官应适时、适当地表明重要的法律观点和事实观点。在庭前会议阶段,我国法官应当采取合适的方式向当事人表明自己的法律观点,归纳和告知争点整理的结果,防止当事人集中于法官认为并非核心争议的焦点以及不重要的法律观点进行辩论,充分保障当事人提出意见的机会。为此,应当建立法官公开法律观点和争点归纳意见的程序义务,并且通过庭前会议笔录对法官的表述予以记录,如果严重违反该义务的视为程序存在重大瑕疵,应当重审。

2. 适时提出主义和失权制度

我国目前的适时提出主义规定在范围上和严格程度上有名存实亡的危

---

[1] 参见周翠:《现代民事诉讼义务体系的构建——以法官与当事人在事实阐明上的责任承担为中心》,载《法学家》2012 年第 3 期。

险:证据适时提出主义在我国民事诉讼法改革中正在被软化,同时,我国的失权制度仅包括证据的失权,而不涉及提出法律观点和诉讼资料的失权。缺乏完整的失权制度是我国庭审的一大制度障碍。随时提出主义下的当事人虽然可在庭审终结之前随时提出诉讼和证据资料,确保真相的发现,诉讼突袭、程序拖延以及审理散漫化的"副作用"也随之而来。改变这一情况就要求适时提出主义之贯彻,即当事人双方在开庭之前完成主张和证据资料的提出。

基于对实体正义和真相发现的法律文化和价值取向,首先,不应建立绝对的失权制度。但为了真正地促进审理的集中化,我们至少应当强化和扩大失权的适用而非相反。法院应保证当事人知晓适时提出的义务和相应的程序后果,敦促其在法院指定的时间内提出所有的诉讼资料。其次,失权制度必须借助于法庭文书对当事人的主张、陈述以及提出的资料加以固定。实践中,法院应通过庭前会议笔录的方式对归纳的争点和提出的诉讼资料加以固定,由双方当事人签字。如果开庭之后新提出诉讼资料的,法院对主观恶意较大的适用失权,排除当事人开庭时新提出的诉讼资料,而就恶意程度不大的可通过费用调节的方式,在判决时裁量其承担对方的诉讼费用。对于职权调查的事项、开庭之后发现的证据以及主观上没有过错的情况,均构成失权的例外。

3.增设多元化的准备程序

大陆法系国家规定了不同的准备程序以适应不同阶段与不同情况的需要。书面准备程序是庭前准备程序的一种,即由法院命令当事人之间互相交换书状进行庭前准备的程序。当事人应当在准备书状中陈列被告必须知道的攻击防御手段以及当事人陈述的所有内容。[1] 通过准备书状,当事人可对对方的诉讼策略和诉讼资料有基本判断而不至于被突袭,还可以逐渐地整理和发现彼此之间的核心矛盾点,有助于在之后的法庭程序中加速争点整理。我国民事审判中对书状的依赖很大,现实中亦存在通过类似书状交换的

---

〔1〕 参见[德]罗森贝克、施瓦布、戈特瓦尔德:《德国民事诉讼法》(上),李大雪译,中国法制出版社2007年版,第547页。

方式进行开庭准备的,只是实践中还没有形成统一的书状交换的适用。基于此,我们应肯定先期交换书状的意义,对准备书状程序予以制度化。

另外,随着律师群体专业性的进一步加强,适当给当事人庭前互动和律师的庭前调查创造空间有十分之必要,也能方便带动庭前调解与和解。在制度设计上,可将证据交换逐步转化为由当事人和律师自行完成的证据准备和整理争点的程序。法庭必须尊重当事人自行整理的争点协议。为了防止证据交换中一方不配合导致程序无法展开,必须加强法院调查令的权威性以及诉讼强制措施的制裁力量。对于拒不配合的当事人,可以在判决时裁量一方承担对方的诉讼费用。如果拒绝交出关键证据的,可以适用证明妨碍条文作出对其不利的推定,加大其败诉风险。

论我国监察追诉时效制度的完善*

丁朋超** 郑孟孟***

2018年3月全国人民代表大会审议并通过了《监察法》。《监察法》的立法目的是加强对所有行使公权力的公职人员监督,实现国家监察全覆盖,深入开展反腐工作,推进国家治理体系和治理能力现代化。同时《监察法》规定监察委员会独立行使监察权,不受行政机关、社会团体和个人干涉。这意味着国家将原来由检察院负责的贪污贿赂犯罪、国家工作人员渎职犯罪等案件的管辖权转移给监察委员会。贪污贿赂等案件原来由检察院负责时,对其追诉适用《刑法》规定的时效制度,但目前《监察法》对时效制度未作任何规定,由此产生以下问题:监察委在调查国家工作人员违法犯罪案件时是否应适用追诉时效制度以及是否应继续适用《刑法》规定的追诉时效制度。同时,监察委具有监督国家工作人员遵守党纪政纪的职能,在调查违反党纪政纪的国家工作人员时能否适用时效制度及如何适用时效制度。《监察法》未规定时效制度,引起理论界和实务界疑惑。对于监察时效制度的研究,应把握"监察追诉是否应受时效限制——是单独规定还是明确适用《刑法》相关规定——监察追诉时效制度的具体如何设置"这一逻辑主线。本文依照这一主线,对监察追诉时效制度展开阶层式探讨,以期《监察法》在时效制度的空

---

* 本文系广东高校科研青年创新人才类项目《高素质法律职业共同体养成路径研究》的阶段性成果,项目编号:2018WQNCX045。

** 丁朋超,广东财经大学法学院讲师,法学博士,研究方向为诉讼法学、司法制度。

*** 郑孟孟,广东财经大学硕士研究生,研究方向为诉讼法学。

白状态得到填补,促进《监察法》内容的进一步完善。

一、监察追诉应受时效限制

在我国,时效制度存在于《刑法》《民法总则》及《行政处罚法》之中,《刑法》中的时效制度主要是追诉时效,其主要为求刑权消灭制度。[1]《监察法》作为独立部门法,同时监察委的调查和处置职能涉及限制违法犯罪人员人身自由等,则监察有必要和应该适用追诉时效制度。现从人权保障、追诉成本和监察实务3个方面来阐述监察追诉应受时效限制的原因。

(一)保障人权是现代法治应有之义

《宪法》第33条规定"国家尊重和保障人权",《宪法》明确规定尊重和保障人权,体现出国家对人权保障的重视程度不断提高,同时也体现出国家法治文明的不断发展。《宪法》作为国家根本大法,其他法律要以其为基础和根据进行立法,其他法律的立法理念和原则不能与《宪法》理念、原则相冲突,否则无效。既然《宪法》将保障人权作为其基本理念加以规定,[2]则其他法律在进行立法时,其内容必须也应体现保障人权之一的宪法理念。《刑事诉讼法》第2条规定了"中华人民共和国刑事诉讼法的任务是……尊重和保障人权……"则是《刑事诉讼法》奉行保障人权这一宪法理念的体现,即在打击犯罪是兼顾对人权加以保障,打击犯罪与保障人权并重。[3]

反观《监察法》,其既未对律师能否介入监察委的办案活动进行规定,又未对监察追诉的时效进行规定,但律师介入和监察追诉受时效限制是对人权给予相应保障的重要体现。同时,相比较律师介入,监察追诉受时效限制给予违反党纪政纪、违法犯罪的国家工作人员人权的保障更为直观,毕竟相关国家工作人员相应的追诉期限的经过,则会意味着其相应责任会免于法律追

---

〔1〕 参见于志刚:《追诉时效制度研究》,中国方正出版社1999年版,第63~65页。

〔2〕 参见侯瑞雪:《刑事诉讼人权保障水平提升的路径》,载《学术交流》2014年第4期。

〔3〕 参见何泉生等:《论打击犯罪与保障人权平衡原则》,载《中国人民公安大学学报》(社会科学版)2010年第2期。

究。而监察委的职责范围既包括肃清党风政纪,又包含调查职务违法犯罪,无论是违反党纪政纪之人还是违法犯罪之人,其人权应受到相应保障。监察追诉受时效限制,表明《监察法》坚持践行保障人权这一宪法基本理念,同时也是现代法治在《监察法》中的具体体现。

(二)无限追诉成本过大

在《刑法》领域,关于追诉应有时效限制的理由主要为无限追诉会耗费大量司法资源,而我国司法资源是有限的,司法资源的有限性使无限追诉成为不可能,有限追诉才是符合我国司法实际状况的。[1] 有限追诉会减少司法成本,有利于我国司法机关集中力量来解决疑难复杂案件,有利于司法机关利用有限的司法资源处理更多的刑事案件。

无限追诉成本过大也是监察追诉应有时效限制的一个主要理由:一方面,无限追诉会消耗大量的国家资源,监察追诉和刑事追诉一样,证据的收集完整程度与难易程度和证据存在的时间是成正比的。证据存在时间越长,其收集的完整性和难度越大,相应的为收集该证据耗费的资源越多,追诉若无时效限制则会造成大量资源的浪费,而其追诉结果不可预知;另一方面,监察委调查的违法犯罪案件,若需要追究相关国家工作人员的刑事责任,则该类案件最终会进入刑事诉讼程序,如果允许监察追诉无时效限制,会出现监察委移送检察院的案件已过刑事追诉时效的情况,检察院对这些已过刑事追诉时效案件的重复审查,是变相浪费有限司法资源的表现。

(三)监察追诉有时效利于督促监察委积极办案

民法中诉讼时效制度本质上是消灭时效制度,即在时效期限内,若权利人怠于行使权利,则其胜诉权等相关权利会因此丧失。[2] 如前所述,刑法中追诉时效制度的本质是求刑权的消灭,就追诉机关而言,其作用是督促追诉机关对依法需要追究刑事责任的犯罪嫌疑人及时进行追诉,积极履行法律赋予自己的职责。在《监察法》中规定追诉时效制度,就监察委而言,其作用是督促监察委

---

〔1〕 参见刘练军:《监察追诉的时效问题》,载《法学论坛》2019 年第 1 期。

〔2〕 参见陈洪兵:《追诉时效的正当性根据及其适用》,载《法治研究》2016 年第 1 期。

对违反党纪政纪、违法犯罪的国家工作人员及时追究其应负的责任。

监察追诉受时效限制，不仅利于保障被调查人的人权，而且对于督促监察委积极、高效办理监察案件意义重大。“迟来的正义非正义”，监察实务不但要打击违反党纪政纪、违法犯罪之人，而且也要注重打击的及时性，追诉有时效有利于督促监察委及时监督国家工作人员遵守党纪政纪情况和及时追究违法犯罪国家工作人员的法律责任，有利于加快监察委权威、高效形象的形成步伐。

二、优化监察追诉时效制度的路径选择

关于《监察法》追诉时效制度，有两种选择路径：明确适用《刑法》追诉时效制度；在《监察法》中独立规定追诉时效。在分析两条路径的优点与缺陷的基础上，比较、分析二者得出《监察法》较适宜的路径选择。

（一）在《监察法》中明确规定适用《刑法》中的追诉时效制度

我国《刑法》中追诉时效制度由来已久，追诉时效制度在我国最早出现在1905年制定、1911年颁布的《大清新刑律》之中。[1] 在新中国成立后，我国《刑法》对追诉时效制度都作了较为详细的规定，目前追诉时效制度规定在《刑法》第四章第八节之中，内容可谓是更加详细、具体与全面。在《监察法》中明确规定适用《刑法》追诉时效制度，其优点为：第一，《刑法》追诉时效制度内容全面、体系完整，且监察委的工作人员大部分具有检察实务经验，规定适用《刑法》追诉时效制度，实际可行性较高；第二，直接规定适用《刑法》追诉时效制度可使立法成本最小化；第三，《刑事诉讼法》适用《刑法》追诉时效制度，若《监察法》也直接规定适用《刑法》追诉时效制度，在一定程度上利于《监察法》与《刑事诉讼法》在实务方面的程序衔接。但由于《监察法》规定的监察委的职能范围不同于《刑事诉讼法》中检察机关的职能范围，以及监察委办案程序不同于检察机关办案程序，《监察法》直接规定适用《刑法》的追诉时效制度则会产生以下问题：第一，《刑法》中追诉时效制度的适用对象主要是犯罪嫌疑人，[2] 而监察委

---

〔1〕 参见张晋藩：《中国法制史》，群众出版社1991年版，第589～599页。

〔2〕 参见于志刚：《追诉时效制度比较研究》，法律出版社1998年版，第25～26页。

的职能范围包括监督国家工作人员遵守党纪政纪、调查职务违法犯罪等,现有《刑法》追诉时效制度不能适用于全部监察对象;第二,2017 年最高人民法院以个案法律适用答复方式确定了刑事立案侦查为刑事追诉时效的终期点。[1] 若监察追诉时效直接适用《刑法》追诉时效制度,则监察案件应以刑事立案侦查为追诉终期,监察追诉时效以刑事立案侦查为追诉终期明显不符合监察实务操作进程,其忽视了监察立案在监察实务中的作用和功能。

(二)在《监察法》中独立规定时效制度

《监察法》的颁布实施,打破了我国原有的"一府两院"格局,形成"一府一委两院"新格局,在《监察法》中独立规定追诉时效制度具有重大意义。《监察法》单独规定追诉时效制度有以下意义:第一,规定追诉时效制度是完善其内容的应有举措;第二,单独规定追诉时效制度有利于监察委更好地办理实务,更好地履行监督、调查、处置职责。当然,《监察法》单独规定追诉时效也有其缺点:第一,单独规定追诉时效制度属于体系立法,而体系立法成本较大;第二,合理的追诉时效制度需要实践探索和经验总结,需要较大时间跨度,其与监察实务急需时效制度规制形成矛盾。

在《监察法》中独立规定追诉时效制度,可以使该制度适用于全部监察对象,即其可适用于违反党纪政纪国家工作人员,也可适用于违法犯罪的国家工作人员。独立的监察追诉时效制度解决了适用《刑法》追诉时效制度所产生的适用对象不全面的问题,使全部监察对象即国家工作人员的人权都得到相应保障,其更能体现人权保障宪法理念,更加符合中国法治之要求。独立的监察追诉时效制度,总体而言,利大于弊,"两权相利取其重,两权相害取其轻",具体到该制度,单独规定监察追诉时效为更优选择。

(三)《监察法》应单独规定时效制度

通过对以上两种路径的优缺点分析,笔者认为在《监察法》独立规定时效制度是更为适宜的选择。《监察法》第 39 条规定"经过初步核实,对监察

[1] 参见 2017 年 2 月 13 日《最高人民法院关于被告人林少钦受贿请示一案的答复》。

对象涉嫌职务违法犯罪,需要追究法律责任的,监察机关应当按照规定的权限和程序办理立案手续”,则表明监察委在正式进行监察立案前必须经过初步核实程序,“初查”程序是监察立案的前置程序。而监察机关对监察案件进行初查后,案件会转入三种程序:党纪处分程序、政务处分程序、违法犯罪调查程序。[1] 监察案件进入不同的3种程序,则体现出监察委行使监察权,不仅是为了调查国家工作人员的违法犯罪问题,而且也要监督国家工作人员的党风政务问题。《监察法》只有单独规定时效制度,方能使时效制度适用于全体国家工作人员,从而使监察时效制度有别于只适用于违法犯罪人员的《刑法》追诉时效制度。

三、监察追诉时效制度具体规定构想

刑法中的追诉时效制度和民法中的诉讼时效制度,其均包括时效期限、时效的计算、时效中断、时效延长等内容。在《监察法》中独立规定追诉时效制度,其内容可借鉴刑法、民法等法律的相关规定,则监察追诉时效制度具体内容的设置也应包括以下几个方面,即时效期限、时效计算、时效中断、时效延长。接下来,就针对这几个方面的内容展开探讨。

(一)监察追诉时效期限

《刑法》规定的犯罪追诉时效,是以犯罪嫌疑人所触犯的具体犯罪的最高刑罚为基础,如法定最高刑不满5年有期徒刑的,则经过5年不再对该犯罪嫌疑人进行追诉。在《监察法》中,只有违法犯罪的国家工作人员会涉及刑罚问题,而违反党规政纪的国家工作人员则不受刑事追究,因此,《监察法》不应以国家工作人员所犯之罪的最高刑为基础来规定其追诉时效期限,《监察法》应以监察实务中的具体追诉情况为基础,并以法律理性来合理规定监察追诉的期限。

关于监察追诉时效期限,刘练军教授通过比较域外关于监察追诉时效期

---

〔1〕 参见叶青:《监察机关调查犯罪程序的流转与衔接》,载《华东政法大学学报》2018年第3期。

限的规定情况，如新西兰、阿根廷、丹麦等国家规定监察追诉时效为一年；泰国、芬兰、瑞典规定的监察追诉时效期限为二年，同时结合我国“零容忍、重遏制、强高压”的反腐态势，认为我国监察追诉时效期限规定为3年较为合理。[1] 笔者认为3年追诉时效期限过于短暂，3年追诉期限过于侧重人权保障而偏离国家反腐政策，同时与我国监察实务不符。规定监察追诉时效期限应兼顾我国目前的反腐政策和人权保障，同时应以我国监察实务为事实基础。笔者通过对267份监察案件进行量化分析而制成一份量化分析表。[2] 根据表格中的追诉时间间隔和相应监察案件所占比重，以及监察案件随追诉时间间隔的走势变化，尔后结合相关追诉成本理论和人权保障理论，得出监察追诉期限规定为6年较为合适。

表1　267份监察案件量化分析

追诉时间间隔（年）／涉案人数	1	2	3	4	5	6	7	8	9	10	11	12	13	14	15	16	17	18
监察案件数量（件）	16	15	35	29	14	44	24	22	13	13	9	12	6	7	1	2	4	1
案件所占比例（%）	17	16	36	30	15	45	25	23	14	14	10	13	7	8	2	3	5	2
案件累计所占百分比（%）	6	11.6	24.7	35.6	40.8	57.3	66.3	74.6	79.5	84.4	87.8	92.3	94.6	97.2	97.5	98.2	99.7	100
涉案人数（人）	22	16	41	32	16	48	27	22	18	13	9	12	6	7	1	2	4	1
涉案人数所占比例（%）	7.6	5.5	14	11	5.5	16.5	9.3	7.6	4.5	4.5	3	4.1	2	2.4	0.3	0.6	1.3	0.3
涉案人数累计所占百分比（%）	7.6	13.1	27.1	38.1	43.6	60.1	69.4	77	81.5	86	89	93.1	95.1	97.5	97.8	98.1	99.7	100

注：追诉时间间隔为追诉开始日期到监察立案日期时间间隔。

[1] 参见刘练军：《监察追诉的时效问题》，载《法学论坛》2019年第1期。

[2] 案件来源网址：https://law.wkinfo.com.cn/judgment-documents/list?citeId=MTAwMTEwNDU2OTFfWjVUNDQ%3D，最后访问日期：2019年6月12日。

观察表1可以发现，在追诉时间为1～6年中，监察案件数量总体呈上升趋势，而从第七年开始监察案件数量呈下降趋势，同时追诉时间为6年的监察案件累计所占百分比为57.3%，尔后7～18年的监察案件总量所占比例为42.7%，追诉时间6年是监察追诉案件一个大的转折时间点。监察追诉时效期限规定为6年的理由为：第一，符合我国目前反腐政策。6年的监察追诉期限远高于域外规定的1年、2年追诉时效期限，体现出国家对反腐的“零容忍、重遏制、强高压”政策，其中“零容忍”政策强调对腐败行为打击的全覆盖。[1] 但其在打击腐败行为的同时也应对人权给予保护，6年的监察追诉时效期限是国家既坚决打击腐败，也兼顾保障人权的体现。第二，追诉成本的考量。7～18年，监察案件累计所占比例为42.7%，同时涉案人数所占比例为39.9%。该时间段内案件所占和涉案人数所占比大幅少于1年到6年间相应所占百分比，且追诉此段时间内的腐败案件的难度要高于1年到6年间腐败案件的追诉难度，相应的其追诉成本也相对较高，而此时间段内的违规违纪、违法犯罪人员的人身危险性及主观恶性均已变小甚至消解，借鉴刑法中的“比例原则”，[2] 以大成本为代价来追究此阶段违规违纪、违法犯罪人员的责任值得反思。综上，监察追诉期限规定为6年较为适宜。

（二）监察追诉时效计算

监察追诉时效的计算关键是在于对追诉时间节点的把握，具体包括监察追诉起算时间点的确定和监察追诉期限终止点的确定。

1. 监察追诉起算时间点的确定

《刑法》第89条规定：“追诉期限从犯罪之日起计算；犯罪行为有连续或者继续状态的，从犯罪行为终了之日起计算。”刑法理论界对“犯罪之日”的理解有多种学说，如犯罪行为实施日说、犯罪行为发生日说、犯罪行为停止日说、犯罪行为完成日说、犯罪成立日说等，刑法通说赞成犯罪成立说，即在刑

---

〔1〕 参见张旭：《反腐败视域下的“零容忍”：内涵、价值与实现》，载《当代法学》2018年第5期。

〔2〕 参见于改之、吕小红：《比例原则的刑法适用及其展开》，载《现代法学》2018年第4期。

法领域此“犯罪之日”应作犯罪成立之日理解。[1] 借鉴《刑法》关于追诉期限起算时间点的规定,《监察法》可将监察追诉期限的起算点规定为“追诉期限从违反党纪政纪、违法犯罪之日起计算”,其中的“违反党纪政纪、违法犯罪之日”作违反党纪政纪、违法犯罪成立之日理解。

2. 监察追诉期限终止时间点的确定

如上所述,《刑法》中的追诉期限终止点为刑事立案,但监察追诉时效制度不应以刑事立案为监察追诉期限终止时间点,理由为:第一,监察实务中只有违法犯罪案件才能进入刑事诉讼程序,而违反党纪政纪的案件不会进入刑事诉讼程序,若以刑事立案为监察追诉期限终止时间点,则违反党纪政纪案件便不受时效期限限制;第二,若以刑事立案为监察追诉期限终止点,则罔顾了监察立案程序的功能与价值。

监察追诉时效制度应以监察立案为追诉期限终止时间点,[2]理由如下:第一,以监察立案为追诉期限终止时间点,则会使全部监察案件都受到追诉期限的限制。第二,进一步促进《监察法》与《刑事诉讼法》的程序衔接。监察实务中会存在违法犯罪案件在监察立案时未过《刑法》追诉时效,而在移送检察院过程中该案件已过《刑法》追诉时效的情况,[3]则以监察立案为监察追诉期限终止点会避免相关犯罪嫌疑人因《刑法》的追诉时效制度设计而逃脱法律惩处,更好地促进《监察法》与《刑事诉讼法》在程序上的衔接。第三,满足监察委监督、调查工作的实际需要。监察追诉以监察立案为追诉期限终止点,有利于监察委在实务中更好地履行监督、调查职责,使监察委对已过监察追诉时效的案件可作不立案处理,已经立案的则对该案件作撤案处理,以监察立案为追诉期限终止时间点,提高了监察委监督、调查案件的便利程度。综上,监察追诉时效制度应以监察立案为追诉期限终止时间点。

---

〔1〕 参见刘艳红:《刑法学》(上),北京大学出版社2014年版,第423~424页。

〔2〕 参见李丁涛:《监委留置案件如何适用追诉时效的思考》,载《中国纪检监察报》2018年9月12日,第8版。

〔3〕 同上。

(三)监察追诉时效中断

追诉时效中断是指在追诉时效期限已经开始但尚未结束的期间内,由于发生法定事由,导致已经经过的追诉时效期限至于无效,在法定事由消除后,追诉时效期限开始重新计算。[1] 追诉时效中断的内涵主要为:一是追诉时效中断前已经经过的追诉期限不应当计算在总追诉期限之内;二是待法定事由消除后,追诉期限需重新计算,而不是继续计算。关于追诉时效中断制度,《刑法》第89条规定:"犯罪行为有连续或者继续状态的,从犯罪行为终了之日起计算。在追诉期限以内又犯罪的,前罪追诉的期限从犯后罪之日起计算"。从该条规定中,可以得出《刑法》追诉时效中断制度适用的条件有两个:[2]其一,犯罪嫌疑人所犯的前罪与后罪在罪名上应为异种罪名,这是适用《刑法》追诉时效中断制度的实质条件;其二,犯罪嫌疑人所犯的后罪必须发生在其所犯的前罪的追诉期限之内,这是追诉时效中断制度的必要条件。

监察委员会的追诉对象有两类:违反党纪政纪的国家工作人员和涉嫌贪污腐败等违法犯罪的国家工作人员。相应地,在借鉴《刑法》追诉时效中断制度的基础上,《监察法》的追诉时效中断制度应包含以下内容:违法犯罪的国家工作人员追诉时效中断制度,可适用刑法有关规定;违反党纪政纪的国家工作人员的追诉时效中断制度应规定为"违反党纪政纪行为有连续或者继续状态的,从违反党纪政纪行为终了之日起计算;在追诉期限以内又有违反党纪政纪行为的,前违反党纪政纪行为追诉的期限从后违反党纪政纪之日起计算"。同时,应注意违反党纪政纪追诉时效中断前已经经过的追诉期限不应计算在总追诉期限内,待法定事由消除后,违反党纪政纪的追诉期限重新计算。

(四)监察追诉时效延长

追诉时效延长是指在追诉期间内,由于发生法定事由,使追诉期限发生

[1] 参见于志刚:《追诉时效制度研究》,中国方正出版社1999年版,第320~322页。
[2] 参见吴彦坤:《追诉时效中断问题探讨》,载《检察调研与指导》2017年第3期。

延长的现象,或者说追诉时效不再受期限限制。[1]《刑法》规定的犯罪追诉时效延长事由为:在人民检察院、公安机关、国家安全机关立案侦查或在法院受理案件后,逃避侦查或审判的,不受追诉期限限制;被害人在追诉期限内提出控告,法院、检察院、公安机关应当立案而不予立案的,不受追诉期限限制。

如上所述,《监察法》的追诉对象包括两大类,借鉴《刑法》关于追诉时效延长制度的有关规定,《监察法》追诉时效延长制度应包括以下内容:违法犯罪的追诉时效延长制度,适用《刑法》相关规定;违反党纪政纪的追诉时效延长制度应规定为"在监察委员会立案调查后,逃避调查的,不受追诉期限限制;举报者在追诉期限内进行举报,监察委员会应当立案调查而不予立案调查的,不受追诉期限限制"。

四、结语

监察追诉应受时效限制,《监察法》未规定时效制度,其为《监察法》内容不完善之表现。监察追诉受时效限制,一方面使作为国家公权力的监察权受到一定限制和制约,防止监察权作为一种反腐败的权力演变为一种导致腐败的权力;另一方面,法治中国的发展要求监察追诉受时效限制,监察追诉受时效限制是法治文明在《监察法》中的体现。[2] 立法者应根据我国监察实务推进情况,及时、适时为《监察法》"量身"制定配套追诉时效制度,进一步推进我国法治文明的发展和监察实务的进行。

---

〔1〕 参见陈兴良:《刑法学》,复旦大学出版社2003年版,第326~327页。

〔2〕 参见刘练军:《监察追诉的时效问题》,载《法学论坛》2019年第1期。

刑事诉讼开庭程序探析*

孔凡洲**

一、引言

开庭程序是刑事庭审的必经程序，是庭前程序与审判程序的连接程序，具有承启作用。我国《刑事诉讼法》规定了开庭程序的一般规则，可以确保庭审程序的有序进行，对实现司法证明实质化、推进审判中心主义的诉讼制度改革意义重大。但现有规定与我国现阶段司法改革目标尚有差距，特别是对于共同犯罪开庭程序并没有作专门的规定，共同犯罪开庭程序在实践中主要依据现有的一般规定运行。然而，共同犯罪案件有别于单个人犯罪案件，属于刑事犯罪的特殊情形。共同犯罪表现之一就是被告人为复数，因此在人数众多的案件中，开庭程序中核实被告人身份必然会耽误庭审的高效运行。在被告人权利告知程序中，一般应当采用集中告知程序，在集中告知程序中如何能够确保每个被告人对诉讼权利的知悉，如何避免诸如申请回避权等诉讼权利流于形式的问题并没有在现有的法律框架内得到细致的规定。随着诉讼制度改革的不断深入，证人出庭难、出庭率低的困境随着证人出庭保障制度的完善而得到较好的解决，在刑事诉讼程序中，证人出庭作证将成为一种常态。证人出庭前应当集中对其权利和义务进行告知，对证人权利义务的

---

* 本文获“中央高校基本科研业务费资助”，系上海外国语大学校级青年基金项目“比较法视野下的刑事证明实质化研究”(项目编号:201711400044)阶段性成果。

** 孔凡洲，上海外国语大学法学院讲师，法学博士，研究方向为刑事诉讼法、证据法、司法制度。

集中告知程序应当属于开庭程序的重要内容,但现行立法中并没有对此的规定。无论是在单一被告人的案件中,还是共同犯罪并案审理程序中,开庭程序的目的在于尽可能实现司法公正、在保障相关主体诉讼权利的同时提高庭审效率,这是开庭程序设计与运行的价值前提。然而,无论是立法上还是司法实务中,开庭程序所蕴含的价值依然尚未得到充分的体现和发挥。

二、开庭程序的基本理论

(一)开庭程序的内涵

刑事开庭程序,主要是指法官在对控诉方移送的案件审查之后,认为符合开庭审理条件并决定开庭审理,从法官宣布开庭到进入法庭调查之间所应当运作的程序,其内容主要侧重于被告人身份的核实以及当事人和其他诉讼参与人诉讼权利和义务的告知程序。开庭程序是法庭审判程序的重要一环。根据我国《刑事诉讼法》的规定,法庭审判程序应当包括开庭程序、法庭调查、法庭辩论、被告人最后陈述、评议和判决程序。开庭程序是法庭审判的起点,有效的开庭程序可以为后续庭审阶段节省时间,提高审判效率。当法官宣布开庭时,法庭审判正式开始。事实上,开庭程序的最终目的与庭前程序一样都是为了庭审的顺利进行做准备,但庭前程序可能会涉及案件事实层面的问题,而开庭程序则主要侧重于对庭审程序层面的准备,基本不涉及案件事实本身的问题。开庭程序中对共同犯罪案件应当设置特殊程序,主要考虑在被告人为多人的并案审理程序中,如何在开庭程序中体现审判效率原则,但又不减损各被告人的程序权利。开庭程序主要目的在于程序权利的保障,被告人之间、证人之间在此阶段难以出现串供的问题,因此开庭程序中证人以及共同犯罪并案审理程序中的各被告人应当同时在法庭上,等待法庭对其身份进行核实,进行权利义务的告知。在共同犯罪开庭程序中,无论是主犯还是从犯,被告人在法庭上的程序权利都是平等的,因此,在权利告知程序中,各被告人也应当同时在场。在此程序中,法庭可以集中告知所有被告人关于回避申请权、辩护的权利等诉讼权利,但应当依次逐个确认其是否知悉有关权利。法庭有义务耐心细致地告知、解释被告人享有的权利。

(二)开庭程序与公开审理辨析

开庭程序易与公开审理混淆。公开审理是现代刑事司法程序重要的原则之一。1966 年联合国大会通过的《公民权利和政治权利国际公约》第 14 条明确规定:"在判定对任何人提出的任何刑事指控或确定他在一件诉讼案中的权利和义务时,人人有资格由一个依法设立的合格的、独立的和无偏倚的法庭进行公正的和公开的审讯。由于民主社会中的道德的、公共秩序的或国家安全的理由,或当诉讼当事人的私生活的利益有此需要时,或在特殊情况下法庭认为公开审判会损害司法利益因而严格需要的限度下,可不使记者和公众出席全部或部分审判,但对刑事案件或法律诉讼的任何判决应公开宣布,除非少年的利益另有要求或者诉讼系有关儿童监护权的婚姻争端。"公开审理已经是司法公正的重要衡量指标,我国《刑事诉讼法》中也确立了公开审理原则,[1]明确规定对于所有刑事案件均应当公开审理,除非存在特殊价值选择。当然,基于刑事诉讼中的特殊价值考虑,我国《刑事诉讼法》第 188 条[2]也列举了几项不公开审判的情形。公开审理就强调庭审应当以口头的方式进行,与书面审理相对。开庭程序与公开审理关系密切,即公开审理的案件必然经过开庭程序,但并非只有公开审理的案件才经历开庭程序。事实上,开庭审理的案件都需经历开庭程序。法院在对案件审查之后,认为符合开庭审判的条件,作出开庭审理决定的,无论是否进行公开审理,开庭程序都属于庭审的第一阶段。不公开审理的案件,如果需要开庭审理,则案由、法庭组成人员的信息也应当在开庭程序中向当事人公开。共同犯罪作为特殊的犯罪形态,基于被告人人数复数的特征,在庭审中公开与不公开,以及二审中是否坚持开庭原则需要考虑的因素更为复杂,特别是在共同犯罪案件并案审

---

〔1〕《刑事诉讼法》第 11 条规定:"人民法院审判案件,除本法另有规定的以外,一律公开进行。"

〔2〕《刑事诉讼法》第 188 条规定:"人民法院审判第一审案件应当公开进行。但是有关国家秘密或者个人隐私的案件,不公开审理;涉及商业秘密的案件,当事人申请不公开审理的,可以不公开审理。"

理程序中,因一人存在不公开审理的事由,为了审判程序的顺利运行和对特殊价值的保障,应当全案不公开审理。但是,共同犯罪案件被告人人数较多,社会影响较大,公开审判的教育意义更大,因此法庭对不公开审理事由的审核应当更加严格,对不公开审理事由应当细化,增强其可操作性。然而,为了确保庭审的顺利进行,落实庭审实质化,决定开庭审理的共同犯罪案件,无论是否公开审理,都应当遵循开庭规则进行开庭。

(三)开庭程序的基本原则

第一,遵循司法效率原则。特别是在共同犯罪案件的审理程序中,应体现共同犯罪并案审理的效率原则。共同犯罪案件合并审理的主要价值追求在于提高审判效率,减少诉讼资源的浪费。共同犯罪刑事庭审程序的设计,无论是法庭调查还是法庭辩论,都要围绕效率价值展开。对于开庭程序,理所应当体现效率原则。经过科学的程序设计,法庭调查和法庭辩论的效率得到提高,而开庭程序又因为被告人数量较多这个因素得到拖延,那么不仅会影响共同犯罪审判的效率,而且在审判阶段时间比例上的分配也会失衡。虽然开庭程序对于刑事审判而言必不可少,但法庭调查和法庭辩论才是法庭审判的核心所在,在开庭程序中花费大量精力,则会出现本末倒置的现象。开庭程序中,主要进行程序性事项的告知与询(讯)问,互动主体是审判方与被询(讯)问方双方,被询(讯)问方互相之间无交流机会,如此,则可以保证共同犯罪各被告人在开庭程序中串供的可能性较低,因此在向共同被告人以及案件中的多个证人进行诉讼权利和义务的告知程序中,可以集中进行,节约诉讼时间。

第二,权利义务告知平等原则。为了提高开庭程序的效率,案件中存在多个证人出庭作证情形的,以及共同犯罪多个被告人与多个证人出庭作证的,对其权利义务告知程序应当基于被告人与证人的身份不同分别集中进行,但是坚持效率价值的同时也要兼顾公平。在证人人数较多,或者共同犯罪案件被告人为复数时,如何保障每位证人或者被告人明智以及明智其权利义务是无法回避的问题。对此,在开庭程序中应当坚持平等告知原则,作为中立的法官,应当平等地保障被告人确实充分地知悉诉讼权利,平等地保障证人切实知悉作证的权利和义务。对于共同被告人,不能因为主从犯地位或者人数多少的原因而适用不同的权利告知程序。对证人、鉴定人,不能因为其属于控方或者辩方之不同而对其权利义务进行有选择性的告知。权利义务平等告知原则是控辩平等原则在开庭程序中的体现,也是法官中立在一个完整的法庭审判程序中的首次体现。控辩平等对法官中立具有强制性,法官一旦有意无意地、不公正地限制任何一方的诉讼权利,抑或不适当地增加任何一方的诉讼义务,将使法官的不公正立即暴露于光天化日之下。[1]

三、我国刑事诉讼开庭程序的基本构成及局限

(一)开庭程序的基本构成

开庭程序属于开庭审理程序准备阶段的最后程序,为保障法庭审理的顺利进行,我国《刑事诉讼法》第 190 条用一个条文规定了开庭程序:"开庭的时候,审判长查明当事人是否到庭,宣布案由;宣布合议庭的组成人员、书记员、公诉人、辩护人、诉讼代理人、鉴定人和翻译人员的名单;告知当事人有权对合议庭组成人员、书记员、公诉人、鉴定人和翻译人员申请回避;告知被告人享有辩护权利。被告人认罪认罚的,审判长应当告知被告人享有的诉讼权利和认罪认罚的法律规定,审查认罪认罚的自愿性和认罪认罚具结书内容的真实性、合法性。"结合刑事诉讼法司法解释的相关规定,开庭程序应当由以下内容构成。

第一,核实被告人身份。被告人的身份涉及犯罪主体的确认,因而查实和确认被告人身份是刑事诉讼的重要原则。开庭程序应当首先核实被告人身份,即明确主体。核实被告人身份是法庭审判的前提之一,谁犯罪谁承担责任,古代的株连或者父债子还等观念已经退出历史舞台。身份核实的第一步是确定被告人是否到庭,身份核实情况决定庭审是否继续进行。核实被告

〔1〕 参见马贵翔:《刑事司法程序正义论》,中国检察出版社 2002 年版,第 94 页。

人身份,需要遵循依次逐个核实原则。根据《最高人民法院关于适用〈中华人民共和国刑事诉讼法〉的解释》(以下简称《刑事诉讼法解释》)第190条的有关规定,审判长宣布开庭后,主要核实被告人的以下信息:(1)姓名、出生日期、民族、出生地、文化程度、职业、住址,或者被告单位的名称、住所地、诉讼代表人的姓名、职务;(2)是否受过法律处分及处分的种类、时间;(3)是否被采取强制措施及强制措施的种类、时间;(4)收到起诉书副本的日期;有附带民事诉讼的,附带民事诉讼被告人收到附带民事起诉状的日期。同时规定:被告人较多的,可以在开庭前查明上述情况,但开庭时审判长应当作出说明。因此,在部分共同犯罪案件中,由于被告人人数较多,当庭核实被告人身份可能影响庭审效率,比如法庭用半天或者一天都在核实被告人身份,那么对于此类案件,则可以在开庭前对被告人身份进行核实。在法庭宣布开庭前,书记员只需查清各个已经被核实身份的被告人是否到场即可。核实被告人身份也是日本刑事审判开庭程序中的重要任务,在被告人不讲话时,使用照片等适当方式进行确认。[1] 这可以作为我国在刑事审判程序中对被告人身份进行核实的方式。

第二,宣布案由。《刑事诉讼法》第187条规定:“公开审判的案件,应当在开庭三日以前先期公布案由。”根据此条规定可以看出,公开审判的案件,案由应当提前公布。但对于不公开审理的案件,则应当在开庭程序中宣布案由,并且同时公布不公开审判的理由。事实上,即使是公开审理的案件,在开庭程序中宣布案由也是必不可少的程序。对此《刑事诉讼法解释》第191条明确规定:“审判长宣布案件的来源、起诉的案由、附带民事诉讼当事人的姓名及是否公开审理。”既然公开审理的案件在先期已经公开案由,为何在开庭程序中依然要宣布案由。究其缘由,主要在于先期公开案由是公开审理的要求,有利于社会公众以及新闻媒体自主选择是否旁听。开庭程序中对案由的公布,则具有确认性和程序性,以确保开庭审理的案件之信息准确。故开庭

---

〔1〕 参见[日]田口守一:《刑事诉讼法》,刘迪、张凌译,法律出版社2000年版,第207页。

审理程序中对案由的宣布亦不可省略和遗漏。

第三，宣布合议庭的组成人员、书记员、公诉人、辩护人、诉讼代理人、鉴定人和翻译人员的名单。合议庭的组成关涉裁判者能否不偏不倚地进行裁判，中立、合法的合议庭是正当程序的重要指标。我国《刑事诉讼法解释》第192条规定：审判长宣布合议庭组成人员、书记员、公诉人名单及辩护人、鉴定人、翻译人员等诉讼参与人的名单。宣读这些人员的名单除了体现法庭的仪式性之外，主要是确这些人员担任相应角色的资格，接受当事人及社会公众的监督。特别是合议庭组成人员、书记员、公诉人、鉴定人和翻译人员也是回避的对象，而《刑事诉讼法》[1]以及《律师法》等对辩护人的资格也设定了条件，对辩护人也有职业伦理方面的要求。前述人员角色重要，对司法公正有重要影响，能否参与庭审，应当满足法定条件。

第四，诉讼权利告知。权利告知程序是刑事诉讼庭审程序必不可少的程序，除了宣读有关规定之外，还应当确保相关权利主体理解权利所包含的内容，即要让权利主体明知，法庭有义务不厌其烦地向权利主体告知有关诉讼权利。目前关于权利的告知，主要包括对被告方申请回避权、辩护权的告知。根据《刑事诉讼法解释》第193条之规定，[2]审判长在开庭程序中应当告知当事人及其法定代理人、辩护人、诉讼代理人在法庭审理过程中依法享有的诉讼权利，主要包括申请回避的权利，提出证据、申请通知新的证人到庭、调取新的证据的权利，申请重新鉴定或者勘验、检查的权利，被告人可以自行辩护的权利以及被告人可以在法庭辩论终结后作最后陈述的权利。并且《刑事

[1] 《刑事诉讼法》第33条规定了辩护人范围和禁止性条件："犯罪嫌疑人、被告人除自己行使辩护权以外，还可以委托一至二人作为辩护人。下列的人可以被委托为辩护人：（一）律师；（二）人民团体或者犯罪嫌疑人、被告人所在单位推荐的人；（三）犯罪嫌疑人、被告人的监护人、亲友。正在被执行刑罚或者依法被剥夺、限制人身自由的人，不得担任辩护人。被开除公职和被吊销律师、公证员执业证书的人，不得担任辩护人，但系犯罪嫌疑人、被告人的监护人、近亲属的除外。"

[2] 《刑事诉讼法解释》第193条规定："审判长应当告知当事人及其法定代理人、辩护人、诉讼代理人在法庭审理过程中依法享有下列诉讼权利：（一）可以申请合议庭组成人员、书记员、公诉人、鉴定人和翻译人员回避；（二）可以提出证据，申请通知新的证人到庭、调取新的证据，申请重新鉴定或者勘验、检查；（三）被告人可以自行辩护；（四）被告人可以在法庭辩论终结后作最后陈述。"

诉讼法》第31条、[1]《刑事诉讼法解释》第194条[2]规定了申请回避的具体程序,确立了有因回避制度。有因回避是指法律事先列举某些回避事由,申请回避的权利主体在提出回避人员名单时要同时提出回避的事由,在事由成立的情形下,回避申请才能实现。在有因回避制度下,是否能够保障申请回避权利的实效性存在疑问。当然,在无因回避制度中,开庭程序中提出回避事由,更换审判人员等也会对法庭审判的进行造成拖延。[3] 可见,开庭程序中的诉讼权利告知程序主要是对辩护权和回避权的告知,在该程序中,同一权利主体可以一批同时到庭。对各权利主体进行权利告知应当集中进行,但应当逐个询问是否知悉,并且确保每个被告人对此类权利理解其含义且知悉,避免权利告知程序的虚化。

第五,审查认罪认罚的自愿性。2018年10月修订的《刑事诉讼法》正式确立了认罪认罚从宽制度,这是我国刑事诉讼领域探索案件繁简分流机制的重要举措。《刑事诉讼法》第190条第2款明确规定:“被告人认罪认罚的,审判长应当告知被告人享有的诉讼权利和认罪认罚的法律规定,审查认罪认罚的自愿性和认罪认罚具结书内容的真实性、合法性。”因而,针对认罪认罚的案件,法庭在开庭程序中应当审查认罪认罚的自愿性,但如何审查自愿性现行法中并未有明确规定。笔者认为,法庭对认罪认罚的法律规定的告知应当做到让被告人理解具体含义,确保被告人知晓和理解认罪认罚的法律后果,在此基础上询问被告人是否自愿认罪认罚。

(二)我国刑事诉讼开庭程序的主要局限

首先,共同犯罪案件法庭开庭程序无特别规定。共同犯罪案件有别于单

---

〔1〕《刑事诉讼法》第31条规定:“审判人员、检察人员、侦查人员的回避,应当分别由院长、检察长、公安机关负责人决定;院长的回避,由本院审判委员会决定;检察长和公安机关负责人的回避,由同级人民检察院检察委员会决定。……对驳回申请回避的决定,当事人及其法定代理人可以申请复议一次。”

〔2〕《刑事诉讼法解释》第194条规定:“审判长应当询问当事人及其法定代理人、辩护人、诉讼代理人是否申请回避、申请何人回避和申请回避的理由。当事人及其法定代理人、辩护人、诉讼代理人申请回避的,依照刑事诉讼法及本解释的有关规定处理。同意或者驳回回避申请的决定及复议决定,由审判长宣布,并说明理由。必要时,也可以由院长到庭宣布。”

〔3〕关于法官回避程序问题,可参见拙作《审判中心视野下的法官回避程序探析》,载《上外法律评论》2017年卷,第91~105页。

个被告人犯罪案件，在程序运作上应当存在部分区别。然而我国现行《刑事诉讼法》及有关司法解释并没有专门就共同犯罪并案审理的开庭程序作出规定，通常援用《刑事诉讼法》中的一般规定，忽视了共同犯罪被告人为复数，以及证人人数较多的特殊情况，开庭程序中往往耗费较多无必要的时间。

其次，开庭程序形式化倾向严重。开庭程序应当为庭审集中进行，实现司法证明的实质化服务，避免庭审随意中断以及举证质证形式化，同时确保当事人诉讼权利能够实现。然而，目前我国开庭程序过于形式化，内容过于空泛，未能有效囊括开庭阶段应有的内容，比如被告人庭前未认罪，但在开庭阶段同意认罪，我国有关开庭程序的规定对此并无规定。开庭程序在程序上难以保障当事人诉讼权利的实现，比如法官回避问题。审判人员直接关系着案件的审判结果，一个中立合法的审判法庭决定了司法公正性以及公信力，正当的程序以及不偏不倚的法庭对控辩双方，特别是对被告人而言是从内心服判的核心。正义不仅要实现，并且要以看得见的形式实现，这就要求庭审不仅应当坚持公开审判等普遍性原则，也要求法官在控辩双方的视野内是中立的、无偏私的。在开庭时告知法庭的组成人员姓名以及申请回避的权利，但未明确规定应告知回避对象的其他社会信息，由于信息不对称，除了非常明显的回避事由外，当事人申请回避的权利很难实现。特别是我国在回避制度中并未建立无因回避制度，回避属于有因回避，申请人提出回避申请必须说明足够的理由，无疑给回避权利的实现增加了难度。若在随后的庭审中发现回避的事由，如果申请人提出，则可能中断法庭的审理活动。若回避事由成立，更换合议庭成员，则涉及重新开庭的问题，导致司法资源的不必要消耗。

最后，证人权利义务告知程序缺失。长期以来，基于证人不愿作证、不敢作证等原因，我国证人出庭率低，[1]因此有关证人出庭作证的相关程序也一

---

〔1〕 有学者明确指出，证人出庭作证关系司法证明实质化乃至庭审实质化的推进。“庭审实质化意味着庭审不再是简单地对案卷笔录进行宣读和确认，而是要求法官通过庭审对抗亲自判断证据、查明事实、确定刑罚。所有证据都要在法庭上经过双方举证、质证，这意味着必须落实证人、鉴定人出庭制度以及充分运用各种证据规则作出最终的裁判。”参见叶青：《以审判为中心的诉讼制度改革之若干思考》，载《法学》2015 年第 7 期。

直不受重视。2012 年《刑事诉讼法》对证人出庭制度作了较为完善的规定,证人出庭保障制度不断完善,实践中证人出庭率不断提高,[1]有关证人出庭作证的程序也应当与时俱进。特别是对于证人人数较多的案件,现行法律未能针对证人人数较多这一现实情况确立证人身份确认及证人权利义务集中告知程序,往往是在法庭调查阶段,当证人出庭时单独告知证人所享有的权利和应承担的如实提供证言的义务及作伪证的法律责任,有多少位出庭作证的证人,法庭就得核实多少次证人身份以及告知多少次上述权利和义务,这必然会耽误庭审时间。有关鉴定人权利义务的告知程序也存在与证人类似的局限。

四、我国刑事诉讼开庭程序的完善建议

随着我国以审判为中心的诉讼制度改革的深化,现行《刑事诉讼法》有关开庭程序的规定已然不能满足其功能,应当对我国刑事开庭程序进行完善,以服务庭审实质化和集中审理的改革目标。

第一,夯实庭前准备程序。开庭程序在广义上可视为庭审程序,部分工作在开庭程序中完成为时已晚,对此,应当充实法院决定开庭审理刑事案件之时至开庭这一阶段的程序内容。比如,完善庭前会议制度,在此阶段审查被告人的身份,在共同犯罪案件中对各被告人的身份均应核实;对于被告人是否认罪的问题也可在此阶段进行审查,一是审查在此阶段之前已经认罪认罚的案件;二是确认被告人是否选择在开庭阶段认罪,进而确定相应的审判程序。同时,宣布合议庭组成人员的姓名及身份状况,告知当事人申请回避的权利,设立当事人在庭前申请审判人员的回避程序,给予申请人调查是否存在回避事由的时间。根据现行法律规定,在开庭程序中,审判长应宣布合议庭组成人员、书记员、公诉人名单及辩护人、鉴定人、翻译人员等诉讼参与人的名单,并且告知被告人有申请回避的权利。一方面,共同犯罪案件被告

[1] 参见安琪:《刑事证人出庭问题实证研究——基于 A 市"庭审实质化"示范庭为分析样本》,载《河南财经政法大学学报》2018 年第 2 期。

人人数较多,在回避问题上可能纠缠较多;另一方面,当庭告知申请回避的权利,被告人对有关人员的情况并不了解,回避权利很难从实质层面实现。因此,应当构建在庭前告知当事人法庭组成人员名单的制度。同时我国目前《刑事诉讼法》第 187 条第 2 款规定:"在开庭以前,审判人员可以召集公诉人、当事人和辩护人、诉讼代理人,对回避、出庭证人名单、非法证据排除等与审判相关的问题,了解情况,听取意见。"《刑事诉讼法》的规定适用所有案件,从实现庭前会议价值的角度出发,笔者认为在共同犯罪并案审理程序中,由于涉案人数较多,审判人员应当召集公诉人、当事人和辩护人、诉讼代理人,对回避、出庭证人名单、非法证据排除等与审判相关的问题,了解情况,听取意见。也就说,对于共同犯罪案件而言,召开庭前会议是必经的庭前程序。在庭前会议中,应当解决回避问题,开庭之后,除非有新的回避事由出现,否则不得再提起回避申请。另外,虽然在庭前已经公布了法庭审判人员和书记员的姓名,但是在开庭程序中,为了符合庭审的仪式性,也应当对上述人员的姓名进行宣告,但更应当强调其确认功能。

第二,开庭程序中建立针对共同犯罪的被告人身份确认程序。开庭程序第一步,应确认被告人是否到庭。在刑事案件中,被告人能否缺席审判存在一定的争议,[1]从保障被告人庭审权利的角度来看,不应允许缺席审判,然而,如果被告人虽然出现在法庭上,但拒绝配合身份核实,特别是在赋予其沉默权的情形下,则可以通过照片比对等形式核实被告人身份。符合特定条件的,也可以根据被告人自报的内容认定其身份。[2] 由于共同犯罪人数较多,对被告人身份的核实程序应当在庭外进行。在开庭程序中,法庭确认控辩双方全部到庭后,应当对各被告人的身份进行说明,控辩双方对被告人的身份存在异议的,可以启动被告人身份当庭核实程序。对被告人身份无异议,则

〔1〕 有学者认为,部分刑事案件可以进行缺席审判。参见程春华、高峰、孙寒梅:《论刑事缺席审判制度——以东莞市共同犯罪案件为考察对象》,载《南昌大学学报》(人文社会科学版)2007 年第 5 期。

〔2〕 参见陈莫强、李红辉:《按自报认定被告人身份存在的问题与对策》,载《中国刑事法杂志》2007 年第 2 期。

应当由控方宣读起诉书。

第三,控方集中宣读起诉书,集中告知诉讼权利,被告人分别陈述。宣读起诉书属于开庭程序的内容,通过宣读起诉书,根据被告人的答辩,法官应当凝练庭审争议焦点,进而选择适当的庭审程序。在共同犯罪并案审理程序中,控方的指控主要针对整个案件事实。因此,为了避免重复宣读起诉书,提高效率,各被告人可以同时在法庭上聆听控方的指控。在控方宣读起诉书完毕之后,法庭应当进行被告人的权利告知程序。各被告人同时在法庭上听取法官关于诉讼程序权利的告知,法官应依次逐个询问被告人是否知悉并理解其享有的诉讼权利。有被告人对其权利不明确的,法官应当进行解释。随后各被告人离开法庭。针对起诉书,各被告人有权对起诉书进行答辩陈述。为防止出现串供、攀供等情况发生,在所有被告人退庭后,被告人应逐个人庭陈述。陈述主要围绕实体问题和程序问题展开,对案件实体问题的陈述,主要包括承认或否认起诉的事实,存在正当防卫、紧急避险、无刑事责任能力等违法阻却事由、责任阻却事由或减免刑罚事由。日本刑事诉讼开庭程序中的做法值得借鉴,被告人若在罪状承认与否程序中对起诉书记载的诉因,作“有罪陈述”时,法院可以把案件移送简易审判程序。对于程序方面的陈述,则主要围绕无权管辖、移送等各种申请程序。特别是对地域管辖申请无权管辖和申请移送案件,不能在调查证据开始之后提出,必须在这一阶段提出。[1]

第四,优化证人权利和义务的告知程序。证人出庭作证,符合大陆法系的直接言辞原则,也契合英美法系的传闻证据法则。我国在借鉴英美法系经验的基础上,也提出复杂案件、争议较大,法官认为证人有出庭必要的,也应当出庭。因此,虽然目前我国刑事审判中证人出庭作证率较低,但证人出庭作证未来将会是我国刑事庭审的常态。单个被告人犯罪的案件一般都会有多个证人,就共同犯罪案件而言,涉及的案件证人人数就会更多。如果法庭调查阶段证人出庭提供证言时才分别告知证人权利和义务,必然造成诉讼的

---

〔1〕 参见[日]田口守一:《刑事诉讼法》,刘迪、张凌译,法律出版社2000年版,第208页。

拖延。因此,应当在开庭程序中,集中告知证人有关权利和义务。所有出庭的证人都应当出席开庭程序,法官集中告知,但应当依次逐个询问其是否对权利和义务知悉,如有疑问,法庭应当给予解释。权利义务告知完毕之后,证人退庭,等待庭审中作证,证人在庭外等候时不准交谈。

不纯正不作为犯等置问题的理论维度*

杨　军**　赵青海***

一、问题的提出

从卢登区分不纯正不作为犯和纯正不作为犯开始,不纯正不作为犯与作为犯同等处置就成了不纯正不作为犯研究的核心议题。学界将此称为不纯正不作为犯的等置问题。一直以来,刑法学界都将等置问题视为不纯正不作为犯研究必须解决的问题。

为了解决等置问题,刑法学界作出了卓越的努力,形成了丰富的研究成果。总体来看,这些研究成果集中地表现为等置问题的问题意识、等置的体系地位和判断标准三个方面。其中,在问题意识是否成立的问题上,学界存在否定论和肯定论两种立场。基于是否处罚不纯正不作为犯的不同,否定论又分为不可罚论和可罚论。前者认为,不纯正不作为犯与作为犯无法等置,处罚不纯正不作为犯违反了罪刑法定主义,如卡斯东·斯特法妮;后者认为,不纯正不作为犯与作为犯无法等置也无须等置,在不解决等置问题的情况下处罚不纯正不作为犯不会违反罪刑法定主义,如许玉秀。结合不纯正不作为犯事实规范关系的特殊性以及罪刑法定主义的责难,可以看到,不可罚论直

* 本文系四川省教育厅人文社会科学重点研究基地——基层司法能力研究中心立项资助项目(JCSF2018-04)研究成果。

** 杨军,复旦大学法学院博士研究生,研究方向为刑法学、司法制度。

*** 赵青海,四川省三台县人民法院执行庭法官,研究方向为诉讼法学、司法制度。

接以不纯正不作为犯的结构差异为据否定了处罚的合理性,可罚论则绕开了结构差异的问题。二者都在本质上回避了不纯正不作为犯与作为犯在价值判断上的应有联系,这导致的问题是,可罚论无法解释为何二者可以被同一个刑法条文评价,不可罚论更无法解释人类社会既有司法实践的逻辑,将导致不作为的故意杀人罪、不作为的放火罪为例的一些犯罪得不到应有的追责。基于这些不足,本文支持学界的主流观点,对否定论持怀疑和否定态度。

相比之下,肯定论认同将不纯正不作为犯与作为犯等置的做法,并试图通过重构不纯正不作为犯的犯罪论体系来阐释等置的合理性。具体来说,肯定论包括吸收方案和独立方案两种方案,二者立场鲜明、争执不休。吸收方案认为,等置问题可以通过改造某一现有要件使其吸收等置的理论内涵予以解决,如曾根威彦和张明楷。独立方案认为,等置问题的解决需要在不纯正不作为犯中构建实体的等置要素,如日高义博、汉斯·海因里希·耶赛克、托马斯·魏根特、陈兴良等。相比于否定论,目前持肯定论的学者更多,其论据也更具有合理性。其原因在于,尽管肯定论内部观点分歧颇大,但该观点承认司法实践将不纯正不作为犯与作为犯等置的做法,正视不纯正不作为犯相比于作为犯的结构差异,并希望通过等置问题的解决来化解罪刑法定主义对不纯正不作为犯的责难。这种立场符合不纯正不作为犯问题的现实情况。

不过,审视肯定论的内部争论可以发现,尽管多种观点交战正酣,但理论上的众说纷纭实际上却蕴含着一个共同的论证逻辑:通过法教义学的分析在实体维度讨论不纯正不作为犯是否应当满足等置的要求,以及等置应当具备何种理论地位和理论内涵。亦即讨论者始终只在实体维度之上讨论不纯正不作为犯的等置问题。

在本文看来,在实体维度上讨论等置问题有力地推动了不纯正不作为犯的研究。然而,如果仅仅停留在实体维度之上研究等置问题,那么将不可避免地导致刑法教义学对等置问题考察维度的把握严重失衡。而这正是当下研究面临的问题:等置问题被单一地归结为不纯正不作为犯的实体问题,人们有意或无意地忽视了等置问题的方法维度。无论是吸收方案还是独立方案,学者们都无一例外地将等置问题的解决寄希望于实体维度的补正,而进行补正的前提却没有得到应有的说明。事实上,之所以不纯正不作为犯与作为犯相比存在结构差异但却能够等置,是因为在方法分析的视野之下二者都与刑法条文这一相同的已决对象等置。这种方法维度上的等置是讨论所谓等置实体依据的前提。只有满足这一前提,才谈得上确定等置的实体依据。更何况,从等置问题的分析进路来看,不纯正不作为犯相比于作为犯的结构差异在本质上正是事实与规范的不对称性,而按照方法论学者的观点,等置正是处理这种不对称性的重要方法,是法律判断形成的重要模式。[1] 为了使不纯正不作为犯等置问题的研究不至于在考察维度的问题上便走向错误的方向,笔者认为,应当全面澄清不纯正不作为犯等置问题所处的理论维度。

二、等置问题的方法维度

在既有的研究中,学界关于不纯正不作为犯等置问题的起源具有一个基本的共识,即不纯正不作为犯相比于作为犯存在结构差异。而之所以这种差异会导致等置的问题,则是因为不纯正不作为犯与相应作为犯共同所属刑法条文的典型犯罪类型是作为犯,不纯正不作为犯只是其中非典型的一种犯罪类型。这种非典型的犯罪类型在其事实结构上与刑法条文之间存在一种不对称的关系。亦即不纯正不作为犯事实规范关系存在与作为犯事实规范关系不同的特殊性。在这个意义上,解决不纯正不作为犯的等置问题,其本质是消除不纯正不作为犯事实规范关系的特殊性,消除其事实与规范的不对称性。

正如学者们所指出的,“事实与规范不对称”引发了法律方法,[2]“司法个案中显现的规则与事实的不对称性”构成了司法哲学的逻辑起点。[3] 消解不纯正不作为犯事实规范关系的特殊性(不对称性),必然是一个方法问题。要解决其等置问题,不能缺少方法维度的讨论。换句话说,从法学方法

〔1〕 参见郑永流:《法律判断形成的模式》,载《法学研究》2004 年第 1 期。

〔2〕 参见郑永流:《法律方法阶梯》(第 2 版),北京大学出版社 2012 年版,第 13 页。

〔3〕 参见孙笑侠:《基于规则与事实的司法哲学范畴》,载《中国社会科学》2016 年第 7 期。

的形成逻辑看,不纯正不作为犯事实与规范的不对称性决定了必须从方法的维度对等置问题展开分析。在法律判断的理想情境下,事实与规范相符合或完全不符,判断者可以通过大前提、小前提、结论的三段论推论模式得出判断结论。然而,事与愿违,在现实的法律判断中,事实与规范并不必然具有对称性和适应性,相反,不对称性的情况更多。面对这种情况,推论模式既不能证立,又不能证伪。寻求一种合理的法学方法来消解两者之间的不对称性便显得十分必要。甚至可以说,两者之间不对称性的消解构成了法律判断的前提。消解不对称性的任务则是,"将待决案件与那些肯定受相关规范调整的案件进行等置",〔1〕"把新的案件与已经确立了类别归属的案件进行等置"。〔2〕这个过程是运用法学方法的过程。有学者将其称为"法律获取过程的组成部分",〔3〕有学者将其视为法律应用中的法律发现方法,认为等置模式是与推论模式相并列且在绝大多数法律应用中都被采用的判断形成模式;〔4〕也有学者将其称作两种法律思维模式之一,一种为三段论思维方法,另一种为等置模式。〔5〕尽管对等置的具体方法内涵还存在争议,但毫无疑问,学界对以等置的方法来消除事实与规范之间的不对称性这一点已经达成了共识。审视不纯正不作为犯的法律判断过程可以发现,完成其法律判断的关键是消解不纯正不作为犯事实与规范的不对称性,这正是方法维度上的等置所需要解决的问题。在这个意义上,解决等置问题便意味着阐明消解不纯正不作为犯事实规范不对称性的方法逻辑。

从不纯正不作为犯的既有研究逻辑来看,厘清等置问题与刑法所禁止类推之间的关系必须要从方法的维度上对等置问题展开分析。要知道,之所以

---

〔1〕 [德]阿图尔·考夫曼:《法律获取的程序——一种理性分析》,雷磊译,中国政法大学出版社2015年版,第8页。

〔2〕 [德]卡尔·恩吉施:《法律思维导论》,郑永流译,法律出版社2014年版,第62页。

〔3〕 [德]阿图尔·考夫曼:《法律获取的程序——一种理性分析》,雷磊译,中国政法大学出版社2015年版,第168页。

〔4〕 参见郑永流:《法律判断形成的模式》,载《法学研究》2004年第1期。

〔5〕 参见陈骏、林恩伟:《探求行为者意图的法律思维——基于三段论法和等置模式的分析》,载《法律方法》2014年第1期。

学界会提出不纯正不作为犯的等置问题,尽管其源头是不纯正不作为犯事实规范关系之间的不对称性,但之所以这个不对称性会在不纯正不作为犯论中成为关注的焦点,归根结底是因为罪刑法定主义要求不纯正不作为犯的处罚不能是类推的结果。归根结底,类推与禁止类推都是方法论的范畴,其在本质上都是穿行于事实与规范之间的法学方法。在这个意义上,要确保等置问题的解决方案符合罪刑法定主义的要求,首先便需要确保其解决方案不能来自刑法所禁止的类推。那么问题便出来了:建构不纯正不作为犯犯罪构成在方法维度上的依据和前提是什么呢?更需要回答的是:不纯正不作为犯的犯罪构成从何而来?为何要将作为犯的犯罪构成与不纯正不作为犯的犯罪构成进行比较?为何要通过消解二者差异的方式来建构不纯正不作为犯的犯罪构成?诚然,单单从实体依据的角度来展开等置问题的研究是无法回答这些问题的。更重要的是,尽管既有研究都是在实体维度上讨论等置问题,但是,伴随其中的始终有对禁止类推的遵循,这本身就位于方法的维度之上。

一个看似巧合的现象是,一般法学方法论在讨论等置方法所用的"等置"一词与不纯正不作为犯论所用的"等置"一词在汉字的选用上完全相同。而追溯二者的词源则可以发现,不纯正不作为犯论中的"等置"一词最早经由日高义博的《不真正不作為犯の理論》一书的翻译传入我国。该书的日文版明确记载了等置一词的德语表达"Gleichstellungsproblem",而在最早主张等置方法的学者卡尔·恩吉施和阿图尔·考夫曼那里,等置方法的表达语词为"Gleichsetzung""Gleichsetzungstheorie"。通过比对我们足以看到,作为实体问题的等置与作为方法问题的等置在德语词根上完全相同。而阿图尔·考夫曼在研究法学方法时所谈到的表述更有道理让我们相信,不纯正不作为犯的等置问题本就具有方法的维度:"不作为与因作为而实现法定构成要件之情形相当……表达了长久以来支配性的实务见解为何——涉及所谓的'等置难题'"。[1] 基于此,我们就更能理解在方法维度讨论等置问题的特殊意义了。

---

〔1〕 [德]阿图尔·考夫曼:《类推与"事物本质"——兼论类型理论》,吴从周译,台北,学林文化事业有限公司1999年版,第125页。

遗憾的是,到目前为止,不纯正不作为犯等置问题的方法维度始终没有得到足够的重视。仅有的可能涉及方法维度的讨论只有阿图尔·考夫曼在其著作中的“灵光一闪”以及学者们对等置问题可能陷入的类推风险分析。直接在方法维度上展开对不纯正不作为犯等置问题的分析,基本没有得到刑法教义学的关注。

三、等置问题的实体维度

相较于在方法维度上对不纯正不作为犯等置问题的忽视,从注意到不纯正不作为犯的等置问题以来,刑法学界就一直在实体维度讨论这一问题的解决思路。概览当下有关不纯正不作为犯等置问题的研究,尽皆如此。在学者们看来,解决不纯正不作为犯的等置问题,需要主要讨论的内容是:等置是不是不纯正不作为犯必要的成立条件,如果是,是一种独立条件还是非独立条件,如果不是,等置对不纯正不作为犯的成立有何种影响。审视这些讨论可以看到,有关等置问题的讨论始终围绕着解决等置问题的实体依据在进行。质言之,当下有关不纯正不作为犯等置问题的讨论始终位于实体维度之上,其讨论核心在于确定解决等置问题的实体依据。

具体来看,当下的讨论主要包括等置的肯定论和等置的否定论。前文已经提到,学界主流观点对等置否定论持批评和否定态度。否定论的基本理由是,不纯正不作为犯与作为犯存在结构不同、因果关系不同,二者不能被同等处置,因而并不存在所谓的不纯正不作为犯的等置问题。否定论的不可罚论认为“(法律没有明确规定的)‘放弃不为’无论如何不等于‘实行而为’”,〔1〕法国刑法持这一立场;可罚论认为,可以基于保护法益的大原则对不纯正不作为犯施以刑罚制裁。〔2〕 可以看到,即便是不承认等置问题意识

〔1〕 [法]卡斯东·斯特法妮等:《法国刑法总论精义》,罗结珍译,中国政法大学出版社1998年版,第217页。

〔2〕 参见许玉秀:《当代刑法思潮》,中国民主法制出版社2005年版,第733页;刘士心:《不纯正不作为犯研究》,人民出版社2008年版,第182~183页;许成磊:《不纯正不作为犯理论》,人民出版社2009年版,第175~178页;李金明:《不真正不作为犯研究》,中国人民公安大学出版社2008年版,第470~472页。

的否定论者,也主要是从实体内容不能相等的角度来进行论证的。

肯定论的观点则更加明显地体现了在实体维度讨论等置问题的思路。针对等置在不纯正不作为犯成立条件中体系地位的设计,肯定说分为吸收方案和独立方案两种方案。吸收方案包括作为义务构成要素说、构成要件综合评价说、[1]和解释原理说等。独立方案包括阿明·考夫曼和亨克尔所主张的"新保证人说",[2]耶塞克和魏根特所说的"第二个同等地位标准,是第13条第1款规定的等价条款的意义",[3]日高义博所主张的构成要件等价值性说等。肯定说的总体立场将等置视为成立条件之一,尽管有些观点认为等置可以被吸收在现有要件中,但是这种以等置来担保要件成立的方式,同样体现了等置的实体维度。例如,有学者认为,等置是对作为义务的要求,只有对一定程度作为义务的违反才能构成不纯正不作为犯。该观点尽管不将等置视为独立要件,但毫无疑问,也认为不纯正不作为犯的成立必须满足等置这一实体性要求。否定说尽管不承认等置存在的必要性和重要性,但其批判的核心观点则在于,不纯正不作为犯与作为犯在实体内容上存在明显的差异。基于此,我们可以发现,既有的研究从来都是将等置视为判断不纯正不作为犯成立与否的实体依据。

除了当下研究思路所呈现的实体维度的现实性之外,在本文看来,在实体维度讨论不纯正不作为犯的等置问题具有教义学意义的合理性。前文反复提到,不纯正不作为犯之所以会存在等置问题,归根结底在于其事实规范之间的不对称性。通过方法维度的分析,我们有希望找到消解这种不对称性的法律方法。然而,方法逻辑始终不能代替实体依据,不纯正不作为犯与作为犯之间的结构差异并不会因为法律方法的采用而发生事实意义上的变化。

---

[1] 参见张小虎:《犯罪论的比较与建构》,北京大学出版社2006年版,第169页;肖中华:《犯罪构成及其关系论》,中国人民大学出版社2000年版,第364页。

[2] 参见黎宏:《不作为犯研究》,武汉大学出版社1997年版,第109~110页;黎宏、[日]大谷实:《论保证人说》(下),载《法学评论》1994年第4期。

[3] [德]汉斯·海因里希·耶塞克、托马斯·魏根特:《德国刑法教科书》,徐久生译,中国法制出版社2017年版,第850页。

等置的方法作用只能是,通过事实与规范的反复比较,探索规范的本来意义,挖掘事实的规范属性,进而寻求事实与规范的对称。其中所谓规范的本来意义、事实的规范属性都是在方法视野下据以联结事实与规范的某种实体性依据。这种意义和属性并不是作为法律方法的等置本身所具备的内容。换句话说,要消除事实与规范的不对称性,仅有法律方法是不够的,必须有足够的实体依据支撑法律方法的适用。试想一下,如果某种不作为的行为事实本身并不具备与相应的作为犯等置的实体依据,法律判断者又如何可能通过一种法律方法来消除二者之间的不对称性呢?

我们还应当注意的是,在发现不纯正不作为犯的等置问题之初,学界讨论的是将不纯正不作为犯与作为犯等同处置的合理性。但事实上,在最原教旨的罪刑法定主义之下,等置问题应当讨论的是,将不纯正不作为犯归属于某一特定刑法条文的合理性。即不纯正不作为犯为何能够被某一特定刑法条文所评价。在这个意义上,不纯正不作为犯的等置问题存在于判断不纯正不作为犯一般事实与相应刑法条文是否符合的过程之中。在犯罪构成理论的视野下,解决这个问题的关键便是确定不纯正不作为犯是否需要等置这样一个构成要件要素,或者是否需要以等置来对某个构成要件要素进行修正。毫无疑问,这正是一个实体维度的问题。

四、区分理论维度的意义

正如德国学者阿图尔·考夫曼所主张的,等置既是一种法律发现的方式,也是一种不纯正不作为犯成立的条件。[1] 方法维度和实体维度构成了不纯正不作为犯中等置问题的两个理论维度:一方面,等置是消解不纯正不作为犯事实与规范不对称性的某种法学方法,位于方法维度;另一方面,正如既有研究所呈现的,等置是指不纯正不作为犯的某种实体依据,位于实体维

〔1〕 参见[德]阿图尔·考夫曼:《法律获取的程序——一种理性分析》,雷磊译,中国政法大学出版社2015年版,第8页;[德]阿图尔·考夫曼:《类推与"事物本质"——兼论类型理论》,吴从周译,台北,学林文化事业有限公司1999年版,第125页。

度。等置的方法维度侧重于讨论等置的方法逻辑,即等置如何消解不纯正不作为犯事实与规范的不对称性;等置的实体维度侧重于讨论等置的实体性内涵,即何种情形下不纯正不作为犯的等置可以实现,何种情形下不纯正不作为犯的处罚具有等置意义上的合理性。就解决不纯正不作为犯的等置问题而言,区分不纯正不作为犯等置问题的理论维度具有充分的理论必要性和重要性。

区分两个维度主要有两个方面的必要性。一方面,不纯正不作为犯等置问题的实体维度和方法维度的存在具有客观性。前文已经说明,刑法学界已经就不纯正不作为犯等置问题的实体解决办法提出了多种方案,显示了等置问题在实体维度上的解决必要性。而从法学方法的形成逻辑、不纯正不作为犯的既有研究逻辑、等置方法与等置问题在语词选用上的统一性等方面,也足以看出不纯正不作为犯的等置问题确实存在方法的维度。两个维度的客观存在要求必须对二者进行合理、恰当的区分和界定,否则不纯正不作为犯的等置问题存在于何种理论维度将始终难以澄清,建构有关不纯正不作为犯的等置问题的完整内涵将始终难以实现。更重要的是,只有明确地区分不纯正不作为犯等置问题的两个维度,才能让我们清楚地看到等置问题的不同侧面。在方法维度上,等置问题的解决是指通过消解不纯正不作为犯事实与规范之间的不对称性来实现不纯正不作为犯成立与否的判断,研究聚焦于不纯正不作为犯的事实样态与规范基础之间的关系,尤其是通过一种法学方法来确定不作为的事实与相应的刑法规范之间最终能否对称。在实体维度上,等置问题的解决是指通过改造不纯正不作为犯的成立条件来确保处理该类犯罪的合理性和合法性,研究聚焦于不纯正不作为犯的事实样态和规范基础,尤其是通过确定事实样态的标准来实现等置问题的解决。方法维度和实体维度在研究内容、研究对象、研究目标上的差别决定了必须对不纯正不作为犯等置问题的理论维度进行区分。

另一方面,不纯正不作为犯等置问题的实体维度和方法维度之间存在客观联系,只有恰当地区分等置问题的两个维度,才可能找到二者之间的联系。

一则方法维度的讨论构成了实体维度的前提与基础，只有明确了等置的方法论属性，才谈得上在刑法教义学之中进一步分析等置的实体条件，在这个意义上，方法维度上的等置实际上构成了在实体维度分析等置的方法和工具；只有明确了等置在方法论上与实定法的融贯性，才能确保实体条件不会超出罪刑法定主义的基本范畴。从不纯正不作为犯等置问题的原点开始，有关讨论便具有浓重的方法色彩，所谓事实规范关系上的特殊性，正是方法研究中事实与规范之间的不对称性。换句话说，我们不得不承认，目前的研究正沿着方法维度的路线前进。对不纯正不作为犯等置问题方法维度的厘清构成了解决该问题的基本方向。如果方向错误，如对不纯正不作为犯的事实规范关系特殊性的理解或分析错误，问题解决的方案必然存在极大错误风险。〔1〕二则实体维度的讨论，既是方法论的具体运用，也是对方法论分析的充实。尤其是，笔者通过研究发现，等置方法的关键是待决案件与已决案件之间的比较中项，中项承担连接事实与规范，实现等置的关键作用。而所谓比较中项必定是实体性的存在。更何况，现有的研究中即便是纯方法论的研究也从来离不开实体性内容的支撑。正如判断是否构成类推的关键是法律适用对象是否超出可能的文义范围这一实体条件一样，等置方法最终需要依靠一定的实体条件方能实现。此外，一种缺乏实在性内容的方法论讨论，不仅可能陷入抽象与空虚的泥潭，还可能成为空穴来风的“拉郎配”。如果没有关于等置的体系地位、判断标准等实体维度上的讨论，不纯正不作为犯等置问题的解决终究无法在现实司法中落地。

综上所述，有必要区分不纯正不作为犯等置问题的方法维度和实体维度。学者们将不纯正不作为犯事实规范关系的特殊性或不对称性称为不纯

〔1〕 此外，方法内涵的确定还将影响分析问题的具体路径，等置问题的方法维度背后蕴藏着更深层次的事实规范关系的方法哲学。尤其是在一元方法论、二元方法论等多种方法论并存的语境中，不同的方法论将导致不同的理论分析路径。在本文看来，研究等置方法的必要性还在于，等置方法背后蕴藏的是强调事实与规范相互联系、相互调适的方法论。这一分析路径有利于理解不纯正不作为犯事实规范关系的特殊性，也有利于相关分析的展开。本文始终坚持这样的立场：没有“裸”的事实，也没有“裸”的规范，事实与规范相互联系、相互包含。

正不作为犯与作为犯之间结构上的“罅隙”,并希望通过实体条件的建构来消除这一“罅隙”的过程,正是从方法维度向实体维度进发的过程。

区分不纯正不作为犯等置问题的理论维度对于建构、充实等置理论的内涵具有重要的意义。其一,这构成了建构等置理论本体内涵的必要前提。其中一个显而易见的道理是,如果无法清楚地确定讨论所处的维度,理论展开的方向便会存在问题,其结果自然也会饱受质疑。因此,对等置内涵进行方法和实体的区分将构成建构等置理论的前提。更加重要的是,既有的研究对这种划分的忽视正导致了严重缺漏。在笔者看来,由于刑法教义学更偏向于实体的构建,在研究中更加关注不纯正不作为犯构成要件的研究本无可厚非。但是,不纯正不作为犯与相应的作为犯能够在统一构成要件下被评价的原因性问题,显然不只是实体维度的建构就可以完成的。不纯正不作为犯与作为犯之间的关系,不纯正不作为犯与构成要件之间的关系,必须通过方法维度的分析才能实现。

其二,区分方法与实体是充实等置内涵的重要路径。在笔者看来,当前关于不纯正不作为犯等置问题的研究在内涵上具有极大的空洞性。例如,根据《德国刑法典》第13条的规定,不纯正不作为犯需要在构成要件上与作为犯具有相当性,但这种相当性在犯罪的构成要件中具有何种地位,如何实现,判断相当的方法是什么等问题都很难从条文中得到答案。质言之,不纯正不作为犯与作为犯之间的相当性判断应当采取何种标准、何种方法、达到何种程度都没有说明,以致司法实践在面对这种问题时,只能将其判断寄希望于法官的自由裁量权。对等置进行方法和实体的区分,将能够为充实等置的内涵提供明确的方向指引。等置方法维度的确定及其之下的方法塑造,将说明判断不纯正不作为犯与作为犯之间等置的逻辑正当性和方法正当性;等置实体维度的确定及其之下的实体内容塑造,将为等置的判断标准提供实体性的标准。

更进一步看,只有对等置进行方法和实体两个不同维度的区分,才能在形式上和实质上更加准确地说明处罚不纯正不作为犯的逻辑合理性。不纯正不作为犯正受到罪刑法定主义的质疑。不纯正不作为犯的处罚必须在法律方法的选择上和实体依据的确定上具有合理性。于前者而言,必须说明等置方法在不纯正不作为犯处罚中的合理性,尤其是,在刑法禁止类推的时候,何种方法不会构成类推解释,同时又能处理好不纯正不作为犯事实与规范之间的不对称性;于后者而言,必须说明,为何不纯正不作为犯的处罚属于既有刑法规范的内容。

用“法律之门”来关上基因编辑技术的“潘多拉之盒”
——基因编辑技术滥用的法律规制构想

杨　宁*　周　婷**

引　言

2018 年 11 月 26 日，南方科技大学生物系副教授贺建奎在第二届国际人类基因组编辑峰会召开前一天宣布，一对名为露露和娜娜的基因编辑婴儿于 11 月在中国诞生。此举引起科学界哗然，包括清华大学、北京大学、中科院在内的 122 位科学家发表联合声明，强烈谴责并坚决反对该行为。中国遗传学会基因编辑研究分会、中国细胞生物学会干细胞生物学分会均表示，坚决反对这一研究，建议涉事单位、各级政府积极进行调查，采取必要手段厘清事实，对于违反法律法规的涉事人员予以严肃处理。同时呼吁中国科研界团结起来，共同维护科学界的声誉，建设良好的创新环境。在国际国内的医学界和科学界高度关注下，广东省迅速成立了专项调查组。2019 年 1 月 21 日，“基因编辑婴儿事件”调查组公布调查事实：该事件系南方科技大学副教授贺建奎为追逐个人名利，自筹资金，蓄意逃避监管，伪造伦理审查书，私自组织有关人员，实施国家明令禁止的以生殖为目的的人类胚胎基因编辑活动。据调查组介绍，2016 年 6 月开始，贺建奎私自组建包括境外人员在内的项目团队，蓄意逃避监管，使用安全

* 杨宁，浙江中信银行杭州分行律师事务部公司律师、二级律师，复旦大学金融学博士后、华东政法大学法学博士后，研究方向为金融学、经济法、诉讼法。

** 周婷，北京金杜（杭州）律师事务所资深律师，研究方向为经济法、诉讼法。

性、有效性不确切的技术,实施国家明令禁止的以生殖为目的的人类胚胎基因编辑活动。2017 年 3 月至 2018 年 11 月,贺建奎通过他人伪造伦理审查书,招募 8 对夫妇志愿者(艾滋病病毒抗体男方阳性、女方阴性)参与实验。为规避艾滋病病毒携带者不得实施辅助生殖的相关规定,策划他人顶替志愿者验血,指使个别从业人员违规在人类胚胎上进行基因编辑并植入母体,最终有 2 名志愿者怀孕,其中 1 名已生下双胞胎女婴“露露”“娜娜”,另 1 名在怀孕中。其余 6 对志愿者有 1 对中途退出实验,另外 5 对均未受孕。调查组有关负责人表示,对贺某某及涉事人员和机构将依法依规严肃处理,涉嫌犯罪的将移交公安机关处理。对已出生婴儿和怀孕志愿者,广东省将在国家有关部门的指导下,与相关方面共同做好医学观察和随访等工作。[1]

2018 年年底,《自然》杂志将“基因编辑婴儿”试验的始作俑者贺建奎评为“2018 年度十大人物”,并在人物介绍的标题中将他形象地称为“基因编辑流氓”(CRISPR rogue)。大卫·西拉诺斯基(David Cyranoski)评价说:贺某某知道他正在跨越一个新的生命伦理界限,(但)他从世界舞台上消失的速度和他出现的速度一样快。他无视重要的道德考虑因素,将两个女婴暴露于未知风险中以获得不确定的利益。他将留下复杂的遗产——科学家们担心,基因编辑领域(受此影响)现在可能难以获得资金、监管部门的批准或公众的支持。[2]

而在贺某某事件之前,2015 年 4 月,中山大学黄某就团队利用 CRISPR Cas9 基因编辑技术敲除了人类胚胎中引发地中海贫血的异常基因,其研究成果论文发表在 Protein & Cell 杂志上,[3]这被认为是首个公开报道的对人类胚胎的基因编辑。这一事件在国际上掀起了轩然大波,2015 年 6 月 29 日《纽约时

---

〔1〕 参见肖思思、李雄鹰:《广东初步查明“基因编辑婴儿事件”》,载《人民日报》2019 年 1 月 22 日,第 12 版。

〔2〕 David Cyranoski 所撰人物介绍“HE JIANKUI:CRISPR rogue”(Nature,2018,1564(20-27):328)。转引自王康:《“基因编辑婴儿”人体实验中的法律责任——基于中国现行法律框架的解释学分析》,载《重庆大学学报》(社会科学版)2019 年第 3 期。

〔3〕 该研究成果最初投稿到国际顶级科学刊物 Science 和 Nature,但均因伦理争议被拒稿,后发表在国内英文刊物 Protein & Cell 杂志上。参见田野、刘霞:《基因编辑的良法善治:在谦抑与开放之间》,载《深圳大学学报》(人文社会科学版)2018 年第 4 期。

报》刊发了一篇题为《中西科学伦理鸿沟》的文章,认为中国科学家正在跨越西方长久以来公认的伦理边界。[1] 这也在很大程度上影响到了我国在国际科学界的声誉,乃至于成为一部分人指责我国科学家不遵守伦理操守的“证据”。然而,意见并不统一,科学界权威杂志《自然》将黄军就评选为“2015 年度十大人物”。[2]

前后仅 3 年,中国就有两位年轻的科研人员在基因编辑技术上打破全世界对于人类胚胎的基因编辑禁忌,这绝不是简单的巧合。正如《自然》杂志上一篇评论所指出的:“虽然贺建奎没有如愿以偿地获得鲜花和掌声,但没有人怀疑会有更多像他这样不择手段的人出现。这种技术非常简单;它的一些应用带来了惊人的结果;这样做引起的公共关注是无与伦比的。”[3] 对人类的胚胎或者生殖细胞的编辑,容易出现颠覆性研究成果,一旦成功,将可能改变整个人类发展,其科学收益乃至商业收益都是巨大的,这对于全球的科研人员都是巨大的诱惑,但是为何在其他国家并未像中国这样有这么高的“出彩率”?究其原因,除了中国具有基因编辑的技术、资金以及配套医疗设备的支持等“硬件基础”外,更主要的原因在于,目前中国对于基因编辑技术的监管和法律规制尚不健全,很多监管规定都停留在技术层面与伦理层面的要求,[4] 从而导致违规实施基因编辑行为的处罚力度较小,使中国成为这类“基因编辑冒险者”的“东方乐园”。也正因为中国监管较松且处罚力度较小,而其他发达国家在这一领域的监管和处罚都较重,容易导致其他国家科研机构和科研者诱导中国科研工作者在这一科研领域实施冒险行为,甚至不惜给予这类冒险行为以技术和资金支持。比如,在贺某某事件中,就有境外

---

〔1〕 Tatlow D. K., A Scientific Ethical Divide Between China and West, The New York Times, 2015 - 6 - 29(Health& Medicine).

〔2〕 Anon. 365 Days:Nature's 10:Ten People Who Mattered This Year [EB/OL]. (2015 - 12 - 17)[2016 - 05 - 18]. http://www.nature.com/news/365 - days - nature - s - 10 - 1.19018.

〔3〕 David Cyranoski, What's Next for CRISPR Babies, 56 Nature, 440(2019).

〔4〕 我国目前涉及人类基因编辑的立法主要包括 11 部部门规章或者规范性文件,立法层次较低。从规制内容看,涉及人类基因编辑基础研究和临床研究的法规 6 部;涉及人类基因编辑临床研究和应用的法规 5 部。从制定部门看,9 部法规由一个部门单独制定,2 部法规由两个部门共同制定。具体相关规定梳理,参见吴高臣:《我国人类基因编辑监管模式研究》,载《山东科技大学学报》(社会科学版)2019 年第 3 期。

机构提供技术、人员以及资金支持的现象。

鉴于此,为了将人类基因编辑技术的研究、应用控制在合理的范围内,从整个人类福祉的角度,我国急需进一步加强对人类基因编辑技术应用的监管,完善有效的法律规制。但同时,法律在规制技术应用的同时,也需要对科技和医疗技术的研发给予一定程度的保护和鼓励,要保护基因编辑技术在法律设定范围内有序发展,从而推动其朝着全人类社会进步的方向发展。但是对于超越合理范围的基因编辑技术的滥用,法律又必须要给予严厉的惩罚,“冒险者”必须对其不法的行为和后果,承担相应的法律责任。

一、人类基因编辑技术的合法应用的法律边际设想

基因编辑技术在本质上是利用同源重组修复和非同源末端链接途径修复,联合特异性 DNA 的靶向识别及核酸内切酶完成的 DNA 序列改变,以靶向修饰基因组序列,不涉及外源基因导入,实现修复植物、动物或微生物等基因缺陷的目的。近年来,人类基因编辑技术的发展日新月异,包括相对早期的锌指核酸酶(ZFN)和转录激活子样效应因子核酸酶(TALENs),被“Science”杂志评为 2015 年度科学突破之首的基因魔剪 CRISPR /Cas9 技术,〔1〕以及 Rotem Sorek 等。〔2〕 其中以基因魔剪 CRISPR /Cas9 技术为当

---

〔1〕 1989 年,西班牙阿利坎特大学的博士生弗朗西斯科·莫吉卡在研究地中海嗜盐菌的 DNA 片段时发现了一种奇怪的结构:一种几近完美的 30 个碱基的重复序列副本,由大约 36 个碱基的间隔分离开来。他后来将这种序列命名为 CRISPR。到 2000 年,莫吉卡已经在 20 种微生物(包括结核杆菌、艰难梭状芽孢杆菌和鼠疫耶尔辛杆菌)中发现了这种重复序列。但里程碑式的事件发生在 2012 年,珍妮弗·道德娜和伊曼纽尔·卡彭蒂尔带领的一个国际团队证明在细菌中发现的 CRISPR 可以被用来编辑细菌之外的基因。她们还发现 Cas9 不是由一个 RNA 来引导,而是由两个短 RNA,即 CR-RNA 和 TRACR-RNA 组成,她们的研究团队把这两个 RNA 重组成一个向导 RNA,从而可以准确地对一段 DNA 进行双链剪切,并促发细胞的自我修复机制。换句话说,她们找到了一种更简单、更精准的工具,这个工具可以被用来剪断、插入或修复任何生命组织里的特定基因,从而使生命可以被编辑。参见 M. Jinek, K. Chylinski, I. Fomfara, M. Hauer, J. A. Doudna, and E. Charpentier, A Programmable dual-RNA-guided DNA Endonuclease in Adaptative Bacterial Immunity, 337 Science, 816 – 821(2012)。转引自郑戈:《迈向生命宪制——法律如何应对基因编辑技术应用中的风险》,载《法商研究》2019 年第 2 期。

〔2〕 参见张雷、郝纯毅等:《基因编辑技术引发的医学伦理问题及对策思考》,载《中国医学伦理》2018 年第 8 期。

今人类基因编辑技术主流,黄军就和贺建奎进行的人体胚胎基因编辑使用的就是该技术。2016 年,麻省理工学院和哈佛大学双聘教授兰德尔就宣称:“我们很难想到一场比 CRISPR 更加迅速地席卷整个生物学的革命。仅仅 3 年以前,科学家宣布,CRISPR 系统,一种微生物通过记录和精准打击入侵病毒的 DNA 序列来保卫自身的适应性免疫系统,可以被赋予新的用途,变成一种用来在活体细胞中编辑哺乳动物和其他生命体的基因组的简单而可靠的技术。”〔1〕CRISPR /Cas9 技术在临床医疗领域有广阔的应用前景。除了可以预防乳腺癌外,它还可能有如下用途:(1)预防和治疗任何基因突变导致的疾病;(2)修改人类的“正常”基因,人为导致基因突变,从而预防和治疗某些并非基因突变导致的疾病,如艾滋病;(3)修改人类的“正常”基因,人为导致基因突变,从而改良人的体质或智力。〔2〕

2015 年 12 月,由美国科学院、美国医学院、英国皇家学会、中国科学院联合组织的人类基因编辑峰会在美国华盛顿召开,随后成立了人类基因编辑研究委员会。经过一年多的研究与讨论,人类基因编辑研究委员会于 2017 年 2 月 15 日就人类基因编辑的科学技术、伦理与监管发布题为《人类基因组编辑:科学、伦理学和治理》的研究报告。报告明确指出,人类基因编辑技术在基础研究、体细胞研究、可遗传性生殖系统领域的使用必须遵守相应的原则和标准,必须“规矩行事”,不能“为所欲为”。〔3〕根据该报告的分类,目前人类基因编辑技术主要应用场景分为基础研究、体细胞编辑和可遗传性生殖系统编辑 3 种,其中可遗传性生殖系统编辑主要体现为生殖细胞/胚胎细胞编辑。根据该报告相关规制方案,在考虑如何规制基因编辑技术的临床试验和临床应用时,可以在现有的监管框架下进行人类体细胞、干细胞系、人类胚胎

〔1〕 E. S. Lander, The Heroes of CRISPR, 164 Cell, 18(2016). 转引自郑戈:《迈向生命宪制——法律如何应对基因编辑技术应用中的风险》,载《法商研究》2019 年第 2 期。

〔2〕 参见郑戈:《迈向生命宪制——法律如何应对基因编辑技术应用中的风险》,载《法商研究》2019 年第 2 期。

〔3〕 参见李大庆:《人类基因编辑技术有了基本原则》,载《科技日报》2017 年 2 月 16 日,第 1 版。

基因组编辑的基础科学研究试验；对人类体细胞基因编辑的临床试验与治疗应限于疾病与残疾的诊疗与预防，并在事前广泛征求大众意见；对任何可遗传生殖基因组编辑临床研究试验，应以令人信服的治疗或者预防严重疾病或严重残疾的目标，并在严格的监管体系下使其应用局限于特殊规范标准，同时必须以充分、持续、反复评估和公众参与为条件。[1] 于 2018 年 11 月 29 日在第二届人类基因组编辑国际峰会上，由组委会发布的声明中，继续强调目前任何生殖细胞编辑的临床试验都是不负责的。[2] 总结来说，就是目前对于人类基因编辑的应用，在基础科学研究实验和体细胞监管下可以适当开展，但是对于可遗传生殖基因组编辑必须设定严格的标准来管制。从各国法律规范经验来看，英国、德国、法国、美国等都有相应的政策不一的立法，但基本上不允许以生殖为目的而对胚胎进行基因编辑。[3] 而在亚洲，日本是世界上拥有生育诊所数量较高的地区之一，但尚没有专门的法律对基因编辑作出明确规定或限制。2016 年 4 月，日本政府下设的生命伦理专门调查委员会宣布，允许日本相关机构在基础研究中“编辑”人类受精卵的基因，但出于安全和伦理考虑，禁止将该技术用于临床，同时要求胚胎基因编辑的研究进展需及时公开以保证安全、透明。在韩国，《生命伦理法》对有关人类胚胎的研究持高压立场，这与黄禹锡事件的巨大影响不无关系。在该法案下，生殖系基因编辑难有存在的空间。[4] 此外，22 个西欧国家中有 15 个禁止生殖细胞的基因改造。[5]

综观国际上的实践，对于人类基因编辑技术的研究和应用非常谨慎，也

---

〔1〕 See The National Academies of Sciences, Engineering, and Medicine, Human Genome Editing: Science, Ethics, and Governance, The National Academies Press, 2017.

〔2〕 “The committee also stated that it would be irresponsible to proceed with any clinical use of heritable ‘germline’ editing at that time”—Nuffield Council on Bioethics, Genome Editing and Human Reproduction, London: Nuffield Council on Bioethics, 2018.

〔3〕 参见王康：《人类基因编辑多维风险的法律规制》，载《求索》2017 年第 11 期。

〔4〕 参见田野、刘霞：《基因编辑的良法善治：在谦抑与开放之间》，载《深圳大学学报》（人文社会科学版）2018 年第 4 期。

〔5〕 参见周时文、赵利文：《基因编辑技术的风险及法律分析》，载《中国医学伦理学》2017 年第 8 期。

较为偏重伦理、道德和全人类自然风险的考量。我国对于基因编辑技术应用的法律边际的限定,可以借鉴国际科学界的主流意见以及欧美国家、亚洲其他国家的实践经验,将基因编辑技术的应用严格限定在经过国家按照一定标准和要求的许可下,有条件地允许开展基因编辑技术的基础研究以及为了特定疾病与残疾的诊疗和预防而进行的体细胞基因编辑实验,我国应当禁止任何形式的可遗传生殖基因组编辑临床研究试验。

二、对我国人类基因编辑技术的民事法律规制的设想

明确了合法使用基因编辑技术的边界后,对于超过该等法律边界的使用应确定为违法并进行禁止,且需承担相应的民事法律责任。对人类基因编辑技术的民事法律规制的设想,主要从对权利的界定即保护以及对受害人被侵权后的民事赔偿两方面展开。

(一)对基因编辑技术的民事权利法律定性

出于对权利的尊重以及对权利保障的法治化、完善权利保护制度的要求,对于某种权利的定性和界定是首要的。对基因编辑技术在民事法律上确定其法律定位及其权利属性、权利主体,是制定相应民事法律法规的第一步。在我国现有法律体系下,可以将基因编辑技术认定为专利,按照专利来予以保护。[1] 我国《专利法》第25条列举的五种情形不授予专利,其中第一种情形是科学发现,基因编辑技术在本质上是属于一种人类科学研究成果,显然不属于科学发现;第三种情形不授予专利的是疾病的诊断和治疗方法,虽然其最初的目的是利用基因编辑技术来诊治或者预防某些疾病,但其可能应用范围领域更为宽广,并不会仅限于疾病的诊治,目前科学界整体担心的也是该技术被滥用甚至会改造人类基因,因此,基因编辑技术不属于单纯的疾病的诊断和治疗方法,即不属于《专利法》所列不授予专利的情形。因此,法律

〔1〕 国内有学者主张基因专利,是指对以基因为基础的相关疾病的预防、诊断、指令药物和仪器生产方法与技术的一种垄断性保护。参见张小罗:《制定我国〈基因安全法〉的重点与难点》,载《政治与法律》2018年第11期。

上是存在给予基因编辑技术授权为专利的空间的。

当然,基因编辑技术不同于一般的专利技术,具有可能影响全人类福祉的技术,因此不仅中国可以对该技术授予专利,其他参加《巴黎公约》以及《专利合作条约》等的国家或者地区,也应当对该项技术授予专利。对于该专利的专利权人,不宜由一般的民事法律主体来承担,应当为国际组织,首先考虑专利权人为联合国或者世界卫生组织,如果上述主体不便申请,在中国,可以由国家卫生和计划生育委员会来作为专利权人。今后任何主体使用该项技术,必须取得专利权人的许可,并支付一定的专利使用费用;否则视为侵犯专利行为,承担侵犯专利的赔偿责任。这样可以在法律上确定基因编辑技术的法律权利属性以及权利人,便于民事法律对基因编辑技术的规范。

对未经专利权人许可,擅自使用已属于专利的基因编辑技术的,属于侵犯技术专利的侵权违法行为,可以按照《侵权责任法》相关原理以及规定,承担侵权赔偿责任。侵权损害赔偿范围包括直接损失和间接损失,并且允许实施惩罚性赔偿,赔偿金额可以超出该项技术实施者所获的非法收益。赔偿主体包括使用基因编辑技术的申请者,使用该项专利的实施者及其团队以及实施机构,所有侵权主体构成共同侵权,根据现有《侵权责任法》第 8 条的规定,上述共同侵权人需对全部侵权损害赔偿承担连带赔偿责任。通过这种法律责任认定与承担,特别是可以追加惩罚性赔偿,且惩罚性赔偿不设上限。

因此,在前述设想下,针对该等滥用技术的行为,可以确认主张权利的主体,可以纳入法院审理判决的权利范畴内,法院可以依法判定使用该技术的申请者、违法使用技术的实施者及其团队和实施机构承担巨额的惩罚性赔偿。这样可以在法律上杜绝任何个人或者机构企图通过基因编辑技术获利,并且加重申请人、实施者及其团队和实施机构的民事法律责任,提高违法成本。

(二)受害人民事损害赔偿请求权

在非法实施基因编辑技术中,受害人有两类:一是实验参与者的主体,主要是孕育、生育基因编辑婴儿、胎儿生理学上的父母;二是作为试验品的带编辑基因出生的婴儿或者胎儿。

以贺建奎事件为例,第一类受害人可以基于合同法和侵权法两方面来主张损害赔偿请求权,在合同法上,生殖系基因编辑的人体实验合同属于《民法总则》和《合同法》中"违背公序良俗"无效合同的范畴,相关合同应当被认定为无效合同。作为过错方的科研团队有义务赔偿第一类受害人由此所受到的损失,包括人身损害赔偿、精神损害赔偿以及因此产生的财产性损害赔偿。相应法律制度可以对该种情形设置一定的惩罚性赔偿机制,例如实施方是否存在欺诈、诱导、刻意隐瞒等情形,第一类受害人在现有的损害赔偿标准之外可以取得相应的惩罚性赔偿,即给予第一类被害人额外的损害赔偿,这样有利于鼓励第一类受害人积极主张自身权益,但笔者认为,对于部分出于自身利益考虑,存在与科研团队共谋行为的"主动受害人",法律可以设置相应的公益性惩罚措施,不但不保护其受损害的权利,同时应当与共谋者共同承担公益性的赔偿责任。

对于第二类受害人,作为被实施基因编辑的承受者,本身可能面临着基因编辑所带来的一切生理风险及其他精神损害。以贺建奎事件为例,其团队研究项目实验设计是通过编辑志愿者的胚胎 CCR5 基因,实现其后代预防艾滋病,但其研究设计中的科学合理性同样受到同行的质疑。HIV 病毒进入人体的辅助受体不仅是 CCR5,它还可以通过其他机制进入细胞。比如,HIV 病毒有多种亚型,而中国人主要流行的是 CRF01_AE 亚型。[1] 不同的亚型病毒感染人体时涉及不同的辅助受体(CCR5 或 CXCR4 等),中国人感染大多通过 CXCR4 受体,敲除 CCR5 基因无法完全阻断 HIV 感染中国人,因此,理论上完全敲除 CCR5 基因也不能彻底阻断 HIV 病毒进入体内。[2] 而与此同

[1] LI Y, HAN Y, XIE J, et al. CRF01_AE subtypt is associated with X4 tropism and fast HIV progression in Chinese patients infected through sexual Transmission[J]. Aids, 2014, 28(4): 521-530. 转引自章成斌:《人类基因编辑研究伦理审查工作对策探讨——基因编辑婴儿诞生在中国后的思考》,载《温州医科大学学报》2019 年第 6 期。

[2] 参见章成斌:《人类基因编辑研究伦理审查工作对策探讨——基因编辑婴儿诞生在中国后的思考》,载《温州医科大学学报》2019 年第 6 期。

时,已有的研究证明CCR5是人体免疫的主力,CCR5基因缺陷的个体在感染嗜神经黄病毒、西尼罗河病毒和蜱传脑炎病毒时,更容易引发病毒性脑炎等症状,且因流感致死的人群是其他人群的4倍。[1] 除此以外,CRISPR /Cas9自身也存在脱靶问题,而且还存在双链断裂后非同源末端连接修复可能随机产生细胞毒性问题以及可能会使抑癌基因p53缺失,细胞癌变的可能性变大等问题。[2] 可见对于贺建奎团队的基因编辑婴儿实施的技术存在无法防止感染艾滋病的后果,但婴儿自一出生就面临基因缺陷以及由此可能带来的无法估量的风险,这本身就是一种严重的侵权行为。

虽然,目前我国关于胎儿遭受侵权在出生后是否有权主张还有一定争议,[3]但是英国的做法值得借鉴。根据英国《人类受精与胚胎学法》第44条的规定,因生育治疗而出生残疾的儿童适用1976年《先天残疾(民事责任)法》之民事救济。[4] 我国可以在相关的法律以及司法解释中,赋予这类因基因编辑出生的婴儿,对于胎儿期间实施侵权者的终生损害赔偿请求权。由侵权行为人对其承担赔偿责任,且这种终生损害赔偿请求权是法律强制赋予的,无法通过合同、协商等方式予以免除。建立这种强制的终身损害赔偿请求权制度,有利于在民法层面提高实施基因编辑技术的违法成本,一定程度上震慑该等违法行为的实施,约束基因编辑技术在法律给与的边界内研究使用。此外,可以在法律上设定专门的基因权,赋予基因隐私权、基因平等权、基因知情权、基因人格权、基因财产权在内的综合性权利。[5]

[1] 参见史宣玲、张林琦:《免疫艾滋病基因编辑婴儿的问题与危害》,载《医学与哲学》2019年第2期。

[2] 参见章成斌:《人类基因编辑研究伦理审查工作对策探讨——基因编辑婴儿诞生在中国后的思考》,载《温州医科大学学报》2019年第6期。

[3] 目前我国法律对于人的认定,一般主张出生说,对于胎儿的特定保护按照《民法总则》第16条,仅仅停留在遗产继承以及接受赠与等方面。

[4] 参见吴高臣:《我国人类基因编辑监管模式研究》,载《山东科技大学学报》(社会科学版)2019年第3期。

[5] 参见张小罗、刘登高:《论基因权利的法理基础》,载《湖南大学学报》(社会科学版)2017年第4期。

三、基因编辑技术的行政法律规制设想

对基因编辑技术的行政法律规制设想,主要是从加强对基因编辑技术的实施者、实施行为许可以及被实施者的行政管理方面考虑。

(一)基因编辑技术实施的行政审批和监管

英美两国都没有法律禁止基因编辑技术的极端应用场景,即禁止出于改良目的的生殖细胞基因编辑,而是都在审慎监管的名义下给基因编辑技术的发展和应用留下很大的空间。例如,任何类型的基因编辑技术研究和应用在英国都没有被一般性地允许或禁止,而是在英国人类生育和胚胎学管理局及人体组织管理局等监管机构的持续监管下按一事一议的方式处理。[1] 美国则通过普遍设立于医疗机构之中的“机构内置审查委员会”来进行涉及人的生物医学研究伦理审查。[2]

根据相关监管规定,我国人类基因编辑的监管机构包括科技部、食药监管局、卫健委,其中:科技部主管基因工程安全工作,食药监管局主管细胞治疗产品,卫健委主管人类辅助生殖技术应用、涉及人的生物医学研究伦理审查工作。最新监管规定是国家卫生健康委员会于2019年2月26日发布的《生物医学新技术临床应用管理条例(征求意见稿)》,其中专门针对“贺建奎事件”中所涉及的现有法律法规和部门规章未能明确规定的部分作出了规定。首先,它区分了临床研究的风险等级,将“涉及遗传物质改变或调控遗传物质表达的,如基因转移技术、基因编辑技术、基因调控技术、干细胞技术、体细胞技术、线粒体置换技术等”列为高风险新技术,由国务院卫生主管部门直接管理。[3]

---

〔1〕 参见郑戈:《迈向生命宪制——法律如何应对基因编辑技术应用中的风险》,载《法商研究》2019年第2期。

〔2〕 See Amanda Warren Jones, Realizing New Health Technologies: Problems of Regulating Human Stem Cell in The USA, 20 Medical Law Review, 540 – 575(2012).

〔3〕 参加国家卫生健康委医政医管局公布《关于生物医学新技术临床应用管理条例(征求意见稿)公开征求意见的公告》,载 http://www.nhc.gov.cn/yzygj/s7659/201902/0f24ddc242c24212abc42-aa8b539584d.shtml。

对于我国涉及基因编辑技术的临床试验应当采用个案行政许可的模式。[1] 在行政许可的审查上需要从严把握，除了设定必要的基础医疗条件、硬件设施等许可前置条件以外，还应当广泛征求相关领域的专家以及社会公众意见，同时要与参与实施基因编辑技术的被实施者主体进行深入面谈，充分告知现有技术水平以及可能面临的风险，取得其明确的书面同意后方可进入下一步的许可审查审批，且最终有权批准的审批机构至少要在省级以上，所有审查审批的信息应当报国家主管部门备案核查。

对于通过国家法律规定权限内的审批同意后实施的基因编辑技术，审批机构也应当定期对该行为的具体实施进行监管，包括对于实验样本的数据上传、抽样复查、定期或不定期的现场检查、实施情况随访等，同时还要做好跟踪等后续督察和评估工作。对于可能有能力实施基因编辑技术的人员或者机构，国家应当实施准入制和名单制管理，所有掌握基因编辑技术的全部或者部分的人员及机构必须要经过国家的认证和登记，备案在册。所有可能被用于基因编辑技术的核心设备、材料也都要实行登记制和可追溯管理，同时从事该基因编辑技术的机构承担对所属人员具体的监督和管理职责，所有获得基因编辑技术的研究成果均需列入秘密，不得对外公开发表，只限定在有备案登记人群中流转。

（二）违法行为的行政处罚与后续监管

对于违反相关法律法规，擅自使用基因编辑技术，尤其是开展涉及生殖系统的基因编辑技术的，国家相关机关应当予以行政处罚，相应的行政处罚对象包括实施机构、参与的科研与医疗人员以及存在共谋参与的被实施者，具体的行政处罚措施可以包括警告、限期改正、罚款、取消诊疗科目、吊销《医疗机构执业许可证》和吊销医务人员执业证书、开除或辞退，终身禁止从事生

---

〔1〕 英国也是采取了个案许可的法律政策。自英国上院于 2005 年 4 月 28 日对 Hashmi 案作出允许应用胚胎植入前基因诊断（PGD）技术来治疗基因缺陷患者的最终裁决后，《人类授精与胚胎学法》进行修订，强调对人类胚胎基因诊断技术的应用实行个案审批，必须以预防生育先天性疾病的患儿为目的，不得用于非医疗目的（如性别选择）。参见王康：《人类基因编辑多维风险的法律规制》，载《求索》2017 年第 11 期。

物医学新技术临床研究等多方面手段,同时将相关违法行为上传至相关征信档案或系统中。

在贺建奎事件中,广东调查组对于已经出生的婴儿和尚在怀孕的人员,"将在国家有关部门的指导下,与相关方面共同做好医学观察和随访等工作",但是并未说明具体的措施;事实上在现有的法律制度下,对该等人员也没有明确的法律规定可以予以的处罚或监管手段。鉴于这类人群自身基因已经被编辑,除了其未来自身要面临因为基因被编辑可能导致的相关后遗症等以外,还要对这类人群未来对整个人类种群的影响进行密切关注。因此,对这类被基因编辑的人群,有必要建立专门跟踪与后评估体系。在保证这类人群基本人权与生活的同时,也要适当对于其可能对整个人类种群产生影响的行为加以风险评估,尤其是涉及该类人群再生育等问题。鉴于此,国家应当由立法机关制定特别法律,对该类人群部分可能影响整个人类种群的行为加以适当的限制,如要求该类人群在实施婚姻、生育及出入境等行为中,需要提供相关的全部信息包括人类遗传资料信息在备案后方可实施。且在实施前述行为之前,需要医疗专家等专家委员会提供权威的风险评估报告,根据评估报告对其是否适合婚姻、生育提供意见、说明甚至必要的干涉。如该类人群出入境,还需出入境涉及两个或多个国家或地区的政府共同审批同意,并限定出入境时间和地点。除此之外,在工作、就业、学习上,有必要在一定范围公示该类人群的身份和主体,提示风险和警示,但除上述特殊的监管以外,不得有其他歧视性规定等。必须要指出,对于被实施基因编辑技术人的种种特殊限制,属于对人的基本权利限制,应当遵循最小限度限制、最大限度保护的原则,鉴于这类人群本身是为了人类整体福祉而不得不作出的权利牺牲,国家也应当给予其相应的补偿,具体可以体现为医疗、教育等费用补偿等方式。

四、基因编辑技术的刑事法律规制设想

以"惩罚犯罪,保护人民"为使命的刑法需要介入到生命科技领域,为人

类生命科技活动划出一条绝对不容突破和践踏的底线，确保这类技术健康发展，避免给人类社会造成难以挽回的伤害和损失。[1] 对于未认定基因编辑技术为专利的情况下，目前未经过国家医疗部门同意，擅自实施国家限制或者禁止的基因编辑技术，造成一定危害的行为，除了承担上述的民事责任、行政责任以外，还有必要上升到刑事责任的范畴。根据现有刑事法律规定，贺建奎事件中相关人员擅自实施基因编辑技术的行为可能会涉及以下四个罪名：一是非法行医罪，二是医疗事故罪，三是故意伤害罪，四是危害公共安全罪。[2] 但是由于基因编辑的直接危害后果目前难以评估，而上述四个罪都是典型的结果犯，因此在被害人（基因编辑婴儿或胎儿）危害后果目前尚未体现以及无法评估的情况下，现有的刑法体系难以对擅自实施基因编辑行为予以刑事处罚。

卢梭说："刑法在根本上与其说是一种特别法，还不如说是对其他一切法律的规定。"[3] 在任何一个由人组成的社会中，违反各种规范、侵害他人权利的行为总是会不可避免的发生。这就需要国家进行有效的回应，以消弭侵害行为，恢复社会秩序。而国家对反社会行为的处置与惩治具有多层次的结构体系。刑法在一个国家的法律体系中，始终处于一种国家保障法的地位，是社会为了自己的生存条件而采取的最后的社会防卫手段（马克思语），属于一种强制性、制裁性的法律规范，因而具有第二次规范形式的属性。从某种意义上来说，刑法本身并不具有新的社会规范的创立意义，它只是对其他法律规制的违法行为和侵权行为在其他法律无法独立完成制裁和处置的情况

---

〔1〕 参见刘长秋：《准确把握刑法应对生命科技活动的定位》，载《中国卫生法制》2019年第5期。

〔2〕 有学者对贺建奎事件中涉嫌刑事犯罪的分析中，认为应当排除医疗事故罪、故意伤害罪以及以其他危险方式危害公共安全罪，仅可能涉嫌非法行医罪，其主要理由系基于危害后果的无法认定。在对于非法行医的分析中，最后也是因为无法认定危害后果，也认为难以定罪。参见王康：《"基因编辑婴儿"人体试验中的法律责任——基于中国现行法律框架的解释学分析》，载《重庆大学学报》（社会科学版）2019年第5期。

〔3〕 [法]让·雅克·卢梭：《社会契约论》，何兆武译，商务印书馆2003年版，第70页。

下,而通过适用刑罚进行介入的一种强制性干预手段。[1]

人类基因编辑技术的违法滥用,其危害的不仅仅是一个国家的社会秩序,而是整个人类种群的安全与秩序,因此有必要设定专门的刑罚。国际上已经有不少国家将擅自实施基因编辑技术列入刑事犯罪,如英国《人类受精与胚胎学法》以专门章节规定了犯罪,其中,第41(1)条对严重犯罪进行规范,即任何人有下列行为之一的,构成犯罪,处以不超过10年的监禁或罚款:(1)将未经许可的胚胎或者配子植入女性体内;(2)违法签发许可,授权他人在原条出现以后还可以持有或使用胚胎,或者将人体胚胎植入任何动物体内,或者在法律禁止持有或使用胚胎的情形持有或者使用胚胎;(3)违反有关生殖系细胞的禁令;(4)违反有关非人类遗传物质的禁令,将人兽混合胚胎、非人类胚胎、非人类配子植入女性体内,或者未经许可将人类配子与动物配子混合、制造或者持有人兽混合胚胎。[2] 德国于1990年制定的《胚胎保护法》第5条规定,任何人为改变人类生殖基因并用于生育目的的行为均构成犯罪,当罚以5年监禁或罚款。[3] 上述国家对于违法实施基因编辑技术以及类似行为的犯罪认定是以实施行为而非危害结果为标准,即采取的是行为犯模式。

鉴于此,我国在未来的立法中,可以根据不同情形来设定是以行为还是以危害后果作为定罪标准,其中对于未经许可将基因编辑技术应用到基础研究和体细胞治疗的,应当以造成一定的危害后果作为犯罪构成要件;而对于擅自对生殖细胞实施基因编辑技术改造、超过许可范围使用技术等犯罪行为,只要行为发生即可以定罪。

此外,2002年7月1日生效的《国际刑事法院罗马规约》规定了"危害人类罪",并将该罪定义为"是指那些针对人性尊严极其严重的侵犯与凌辱的

---

[1] 参见杨兴培:《刑民交叉案件的类型分析和破解方法》,载《东方法学》2014年第4期。

[2] 参见吴高臣:《我国人类基因编辑监管模式研究》,载《山东科技大学学报》(社会科学版)2019年第3期。

[3] 参见郑戈:《迈向生命宪制——法律如何应对基因编辑技术应用中的风险》,载《法商研究》2019年第2期。

众多行为构成的事实",对于此类涉及整个人类种群的刑事犯罪案件,涉嫌违反上述"危害人类罪"的,应当可以提交国际刑事法院进行国际审判。同时鉴于滥用基因编辑技术的反人类性,对其刑事犯罪管辖应当比照劫持飞机罪等罪行,适用刑事普遍管辖原则,我国可以对任何国家公民或主体实施上述违反行为行使刑事审判管辖权。

结　语

包括清华大学、北京大学、中科院在内的 122 位科学家发表联合声明中指出,滥用基因编辑技术好像打开了"潘多拉盒子",而现有的相关报道也揭示出已经有资本一开始就介入并助推该技术的商业化。因此,如果不立即采取相应的监管措施,会有越来越多的人和组织通过滥用该技术来谋取私利,而其后果可能是整个人类为这小部分人的私利承担无法预估的后果。

如果人类自身可以被随意定制,那么人人就可能生而不平等,整个社会的伦理、民主、自由、法治和经济等都将会被全部颠覆。因此,必须要从源头上控制基因编辑技术的合理合法适用,而最好且最有效的方式就是借助法律之门来加以约束。

治学六心

何勤华*

2002年10月，时值华东政法大学建校50周年大庆。华东政法大学的功勋教授徐轶民老师为同学们写了一篇勉励的文章“治学琐谈”。里面除了介绍自己与华政同呼吸、共命运50年风风雨雨的坎坷经历之外，重点谈了在三十多年外国法制史教学和科研中的心得，就是5个“心”，即“劳心”“耐心”“细心”“虚心”“恒心”。读来很有启发。徐轶民老师是我的研究生指导教师，继承老师的遗志，今天，我就想在老师讲的5个“心”之上，增加一个“雄心”，与老师和同学们一起说一下6个“心”的体会，文章起名就叫“治学六心”。

首先，是“劳心”，指的是学习和写作一定要勤奋刻苦，一定要劳其心神。古语所谓“天道酬勤”，多一分耕耘，就多一分收获。法学是一门古老的学问，早在公元前3世纪左右就在罗马共和国出现了，经过一代又一代罗马法学家的辛勤耕耘，法学不断成长壮大，至公元后3世纪前后便形成了体系。到了中世纪，以意大利博洛尼亚大学的注释法学派（代表人物有阿佐、阿库修斯等）和评论法学派（代表人物有巴尔多鲁等）为中心，在欧洲形成了“罗马法复兴运动”。这场运动，以意大利为中心，逐步扩大到法国、德国、荷兰、西班牙等欧洲大陆国家，从而形成了大陆法系。这样，与在英国形成的英美法系一起，进一步形成了近现代以宪法、民法、商法、刑法、民事诉讼法、刑事诉

---

* 何勤华，华东政法大学教授。

讼法和国际法为主干的法律体系，辅之以法理学、法史学，进一步形成了现代法学体系。针对这一博大精深的学问，有那么多的法典、判例、法学作品，如果我们不勤奋刻苦，不劳其心神，怎么能够学习掌握好呢？

法学是如此，其他学科，如政治学、经济学、社会学、管理学、新闻学、传播学，还有英语、德语、法语、日语、西班牙语等，大学里的每一门学问，若想真的学好、精通，能够熟练掌握，都必须付出艰辛的劳动。

其次，是“细心”，指的是我们的学习必须仔细、认真。无论是听课，还是做作业、背外语、考试、写论文，都必须非常认真、仔细。而要做到细心，以外国法制史为例，必须避免三种错误：一是由粗枝大叶造成的，包括漫不经心、想当然等，如法国是近代行政法的故乡，而法国也是大陆法系成文法典的故乡，但如果粗枝大叶、想当然地认为近现代成文行政法也诞生在法国，就大错特错了。因为法国其他部门法都是成文法典，唯独行政法是不成文法，是由法国最高行政法院的判例发展起来的。二是由于基础较差、学识不足而造成的。如古代罗马的《十二表法》，颁布时间是公元前451年至450年。许多同学往往写成前450年至451年。原因在于粗心，因为公元前是数字大的年份在前，公元后是数字小的年份在前。这些看似小节，但无论应付考试，还是真正掌握知识，或者写作论文，都是不应该发生的。三是出于不了解一些学术上的通用规则所引起。如在外国法制史学习和研究中，当外国人名、地名第一次出现时，后面要附上外文名（包括生卒年月），这样，才不会造成张冠李戴的错误。如在西方，亨利的名字很多，亚当斯的名字也很多，叫约翰、詹克斯的人也很多。在地名上，仅在美国，称麦迪逊的地名就有几十个，所以，遇到这种场合，一定要非常细心，才不会犯错误。而这些学习和写作的习惯，我们在平时就必须养成。

再次，是“耐心”，指的是在学习和写作过程中遇到困难时必须要有充分的耐心，顽强的毅力，百折不挠、坚持到底的韧劲。学习和研究不会一帆风顺，经常会遇到许多一时不易解决的难题，此时，我们就要不断地学习，树立百倍的耐心。例如，由于时代的飞速发展，我们在学习和写作时，经常会遇到社会上发生的事情,教材上都还没有的情况。且不说现在的虚拟世界,网络平台,时时在翻新,我们的知识跟不上。就是一些传统的学科,如宪法,刑法,民法,商法,法制史,法理,知识产权,三大诉讼法,国际法,里面的内容也是经常在变,突飞猛进。教材和专著上没有答案,老师的回答,也可能不能满足自己的需求。此时,就不能急躁,不能放弃,就需要沉下心来,从杂志,报纸(这些媒体上的知识虽然不够系统、完整,但比书本要快得多),网络,微信等知识平台上,耐心地搜索。中文搜索不到,再搜索外文;自己的外文水平不够,再拜托外文好的老师、同学。有了这种耐心,有了这种学习态度。我们的学习和研究就一定能够有成效。

又次,是"虚心","虚心使人进步,骄傲使人落后",这句古语,是人生的至理名言。我们大学生、研究生是如此,我们的老师也是如此。因为人类的知识是无穷尽的,"山外有山,楼外有楼"。在当前知识爆炸时代,我们单个的个人,倾其一生,不要说穷尽全部知识体系,就是对于法学,甚至想掌握比法学更细小的二级学科民法、刑法等,都已经不可能了。在这种情况下,我们每个人的知识格局,即使再强大,在学习和研究成果上再丰硕,也只能是在某一方面,取得一点点的成绩,没有任何值得骄傲的理由。同时,虚心不仅基于我们每个个人是渺小、卑微的,更是在于虚心是一种高尚的人生态度,是人类获得进步的原动力。试想一下,如果一个人认为其他人都不行,只有自己才最优秀,那么,他就会感到已经没有向其他人学习的必要了。而相反,如果一个人能够经常注意他人的长处,观察到别人的优点,那么,他就可以吸取每个人身上的长处,将各个人的优点集中在一起,来充实自己。那么,他就会不停地进步,使自己更加优秀、完美。所谓"三人行,必有我师"就是这个道理。

复次,是"恒心",指的是我们对自己选定的专业,定下来的研究方向,要持之以恒,千锤百炼,使之逐步达到熟练的程度,从而可以应付自如。对学生和青年老师而言,这一点特别重要。这里,最忌讳的就是妄自菲薄,见异思迁。我们经常会遇到这样的年轻人,定下来的论文题目,写了一段时间,就要改变,换题目;决定了的专业方向,过了一段时间,嫌其不够"热门",不够"实用”,就要换。如果老是认为自己选定的是“冷门”,别人的是“热门”,对自己的选择没有信心,变来变去。那么,可能就会一辈子一事无成。因此,我们每位老师和同学想要获得成功,使自己的人生在力所能及的框架下达到最佳状态,就必须要有“恒心”,要学会坚持,对任何自己喜欢的、抱有浓厚兴趣的事情,不要轻易放弃。

最后,是“雄心”,指的是我们每个学生,青年老师,都应该有一点理想,有一点追求,这是上面5个“心”的归宿和落脚点。如果没有雄心壮志,没有一点理想,我们前面的5个“心”就失去了目标。有“雄心”最重要的是要有人生规划。我经常遇到一些年轻人,问及未来想做什么,想成为一个什么样的人时,他们都会一脸茫然,说还没有想好。而一个人如果进了大学,甚至留校当了老师,对今后的人生规划还一无所知,那么青年时代就可能会荒废掉了。就我指导的研究生而言,一入学,我就会和他们明确这个问题,然后根据他们的想法和人生规划,确定培养方案。如果毕业后想马上参加工作的(如想去企业的,或银行的,或政府部门司法机关的,或做律师的),我就注意创造条件,帮助他们多去一些相关部门实习;如果想出国深造的,我会鼓励他们把外语学好,并且在每一门课程中,争取好的成绩,提高各门课的绩点;如果想进一步读博,走学术之路,然后当大学老师的,那我注意让他们多参加一些科研项目,多一些学术锻炼,提升教学和科研水平。但所有这些为每个学生确定的度身定制的培养方案,前提是该学生确立了自己的未来发展方向,明确了自己今后的职业规划。青年教师的情况也一样。因此,“雄心”是其他5个“心”的出发点和基础。

存在于彼此的存在*

张海斌**

又是一个收获季,又是一个离别季。毕业典礼之后,你们即将离开学校,意气风发地踏上人生新的征程,去追逐自己新的梦想。对于我们老师来说,虽然有那么一点点莫名其妙的伤感,但更多的是欣慰、喜悦和幸福。首先,我要代表法学院全体师生对你们表示热烈祝贺和衷心祝福!

今天,在这里,更多煽情的话,都是多余的、苍白的。我相信在上外法学院数年的光阴,日日夜夜,分分秒秒,早已将校园里的一草一木,一砖一瓦,每一栋楼舍,每一张桌椅,每一本书,每一道菜,每一声鸟鸣,每一朵花开,还有清晨里的郎朗书声,球场上的矫健身姿,讲坛上的谆谆教诲……所有关于上外和上外法学院的一切,都将深深镌刻在你们的记忆里,融入你们的血液里,并随着时间的推移、空间的转换,必将酝酿出更加深沉、难溢言表也无需言表的情感。

按照惯例,今天,我想在此给同学们提三点希望,即“三个勇于”,并与大家共勉。

首先,要勇于尝试。勇于尝试,是一种将自己向世界和未来无限敞开的努力与过程,是让我们不断超越自身、过去和现在所“是”之物,而不断面向未来。勇于尝试的精神本质,乃是人之自由意志不断拓展的过程。未来,我

---

* 本文为上海外国语大学法学院2019年毕业典礼致辞。

** 张海斌,上海外国语大学法学院教授,法学博士,研究方向为宪法学、国际人权法。

们将是一个什么样的人，我们将要度过一种什么样的人生，皆非宿命与先定的，而是经由我们自身的选择和努力来决定与塑造的。萨特说，存在先于本质。人的存在，表现为种种可能性，经过领会、筹划、选择、奋斗，而获得本身的规定性。这种“自为的存在”背后，意味着我们必须勇于尝试，在尝试中不断发现自己、发展自己、丰富自己，最后成就自己。尝试与实践之后，我们会发现，这个世界上的许多人和事，包括我们自身，都并非或远非我们原本想象中那个样子。

勇于尝试也是一种生命哲学。判断一个人渐渐迈向衰老的标志，并非年龄、体力和精力，而是是否依旧保持着对世界和未来的好奇心，进而，是不是勇于尝试新的事物，并在新的探索和挑战之中，不断点燃生命新的激情，开拓人生新的境界与新的荣耀。英国作家萧伯纳说得好：“一个尝试错误的人生，比无所事事的人生更荣耀，并且有意义”。希望同学们在新的人生道路上，继续并永远保持一种开放的心胸与气度，保持生命的活力和锐力，勇于尝试，锐于创新，不断展示生命的丰富与精彩，证成最真实、最完美的自己。值得注意的是，按照亚里士多德的说法，勇敢乃是一种介于胆怯与鲁莽之间的中道美德。因此，勇于尝试并非一种鲁莽与冒险的盲动，而是一种理性的积极行动。

其次，要勇于进取。关于进取，古今中外有很多精彩的名言警句，振聋发聩。但最令我心动的，是《三国演义》第四十七回里阚泽说的一句话：“大丈夫处世，不能建功立业，不几与草木同腐乎！”这句话背后的人生观与性别意识我们暂且不论，但里面彰显出来的进取心与进取意志，颇让人血脉偾张，肃然起敬。一个人的人生要有意义，就一定要有理想、有梦想，并在以梦为马的追梦实践中，用一种勇于进取、自强不息的奋斗精神，来证明自己的存在，以及存在的意义。《少林足球》里五师兄说得好：“做人如果没有梦想，和跟咸鱼有什么区别呢！”笛卡尔说：“我思，故我在。”在我看来，“我进取，故我在”。众所周知，人与人之间，天赋的差别是偶然的，也是表面的。真正的差别是是否有梦想，以及有了梦想以后的勇于进取。懈怠了，丧失了进取精神，一切梦想，都将美梦成空。

“无奋斗,不青春。”进取是一种最富魅力的奋斗姿态,是一种最绚烂的生命绽放形式。一个人的人生要精彩,就必须在孜孜矻矻的进取中展示。“天行健,君子以自强不息”,说的是进取;“路漫漫其修远兮,吾将上下而求索”,说的是进取;“到中流击水,浪遏飞舟”,说的也是进取。不久前,法学院组织过一场师生合唱,歌名叫《我的未来不是梦》,歌词里那个“从来没有忘记我\对自己的承诺”“认真地过每一分钟”的追梦人,在我看来,就是一个个不忘初心、砥砺前行的进取者形象。进取者的未来不是梦!

最后,要勇于担当。担当,意味着一种责任和责任感,使命和使命感。一个人是否成熟,是否独立,是否是一个大写的人,重要的标志之一,就是要有具有担当的精神。在某种意义上,担当彰显了人的本质。英国作家毛姆说:“要使一个人显示他的本质,叫他承担一种责任是最有效的办法。”维克多·弗兰克说:“能够负责,是人类存在最重要的本质。”担当是一种人生格局和人生气度,担当的背后是使命,是责任。包括对父母责任,对家庭的责任,对职业和职业共同体的责任,对民族和国家的责任,乃至对整个人类共同体的责任。有多大担当,才能干多大事业;尽多大责任,才会有多大成就。“天下兴亡,匹夫有责”,说的是担当;“吾曹不出如苍生何”,说的是担当;“苟利国家生死以,岂因祸福避趋之”,说得也是担当。每一个追梦人都须有一种担当的精神,才能激发追梦的勇气和热情,才能彻底彰显人之本质与存在之美。托尔斯泰说:“一个人若没有热情,他将一事无成,而热情的基点,正是责任心。”任何畏缩、犹疑、胆怯、冬烘、唯唯否否,以及种种精致的利己主义和佛系哲学,都是我们追梦路上的拦路虎和绊脚石,背后缺乏的,正是这种大无畏的担当精神。

前几天,我听到大家都非常喜爱的张小红老师说的一句话:“一个人把自己喜欢做的事情做得漂亮是享受,把自己不喜欢做的事情做得漂亮是成长。”这句精辟和精彩的话,让我感触颇深。在我看来,勇于去做一件自己不喜欢做但基于伦理、责任和使命又应当做、必须做的事情,并且戮力把它做得漂亮、做得完美,这种成长与成熟背后,所彰显的,正是一种坚韧的责任感和担当精神。当然,勇于担当,还须善于担当,希望同学们在今后的工作中要继续加强学习和实践,努力提高自己的担当能力和素质。

同学们,毕业典礼结束后,你们即将离开这片熟悉的土地,和这片土地上的熟悉的人群,奔赴祖国乃至世界各地,去追逐你们新的梦想。每年,此时,此刻,校园里上演的都是“一场别离”。套用捷克小说家米兰·昆德拉的一句话:“这是一个流行离开的季节,但是我们都不擅长告别。”伤感总是难免的,甚至是必要的。美国小说家雷蒙德·钱德勒在《漫长的告别》里曾写道:“每一次分离,我们挥别的不止是一些故人、一片土地,我们告别的更是一段岁月、一份割舍不去的情感,一个再也回不去的自我。”这般深情乃至煽情的话,总让人读之唏嘘。但是,令人欣慰的是,受益于科学和通信的发展,真正的告别是不可能的。今天,即便你们挥别了校园,但对法学院来说,你们永远不会真正离开,你们永远在线着,在场着。时间的流逝,空间的转换,不过是变换了一种存在的形式。你和法学院,你们和我们,必将永远存在于彼此的存在!

最后,再次衷心祝福每一位追梦人,你们的未来不是梦,愿你们前程似锦,美梦成真。谢谢!

新的时间开始了〔1〕

告别了高中或大学的峥嵘岁月,你们意气风发地来到了上外,来到了上外法学院。对你们每一位而言,人生新的时间开始了。这是一个美好而光荣的时刻,从这里起步,你们将开启人生新的多彩的追梦之旅。首先,我代表法学院全体师生,对你们的到来表示热烈欢迎和衷心祝贺!

新的时间开始了,这意味从现在开始,你是一名大学生,或研究生了。在欣喜与欣慰之余,你们应当站在这个新的时间节点,来重新审视和规划你们的人生,来重新理解自己的梦想、追求和身负的使命。新角色,就要有新气

〔1〕 本文为上海外国语大学法学院2018年开学典礼致辞。

象,新境界,新情怀,新追求。套用一句俗话:大学生就要有大学生的样子,研究生就要有研究生的样子。

新的时间开始了,还意味着从现在开始,你是一名上外人了。你们要继承和发扬上外的光荣传统,秉承“格高志远、学贯中外”的校训精神,“诠释世界,成就未来”,将个人的理想追求和职业规划,与上外的办学定位、愿景和使命融合起来,努力将自己塑造成为一个“会语言、通国家、精领域”的新时代卓越国际化人才。

新的时间开始了,也意味着从现在开始,你是一名法律人,而且是一名上外法律人了。你们要按照上外“多语种 +”涉外法律人才培养的要求,不断增强国家意识,拓展国际视野,树立法治信仰,培育法治精神,德法兼修,知行合一,努力提升自己的法律理论素养和法律职业能力,将自己塑造成一名卓越的上外法律人。

下面按照惯例,我想结合法学院的院训,即“持志、崇法、明辨、笃行”,向大家提几点希望,并与大家共勉。

第一,持志。持志,源于明代朱熹的居敬持志一句,这是朱熹的道德修养之法,也是他重要的读书之法。我们所言的持志,乃是希望同学们在新的人生阶段,要树立崇高理想和远大志向。古人说得好,有志者事竟成。关于立志和持志,古代有许多经典名句,振聋发聩。孟子说:“志,气之帅也”;王阳明说:“志不立,天下无可成之事”;王夫之说:“人之所以异于禽者,唯志而已矣”。这些名言既深刻又犀利,切中肯綮,令人警醒。一个人有了志,就有了人生奋斗的方向,这叫志向;就有了奋斗的精气神,这叫志气。朱光潜先生曾感叹:“从前的青年人病在志气太大,目前的青年人病在志气太小,甚至于无志气”,这句话在今天看来,依旧切中时弊。因此,希望在座的各位新同学在新的人生阶段,要继续树立远大理想,立志为新时代中国特色社会主义法治努力奋斗。

持志,还有另外一个来源。大家可能知道,上外虹口校区原址曾创办有上海持志大学,其法学院乃沪上法学教育重镇,在 20 世纪 30 年代,持志法科四分天下有其一,持志法科出身的毕业生被称为“持志系”,引领一时潮流。其中涌现了许多著名校友,如新中国第一位国际大法官、中国当代国际法学家倪征燠,中国罗马法泰斗、被誉为当今中国法学界“罗马法的活字典”的周枏,曾当选为海牙国际法学院在世界范围内评出的50位杰出法学家之一、通晓英、法、德、意等八国外语的哈佛法学博士杨兆龙,等等。因此,我们将“持志”作为法学院的院训内容,有接续与弘扬持志法科精神与传统之意。

第二,崇法。作为一个法律人,要树立法治信仰,弘扬法治精神。要尊重法律,热爱法律,敬畏法律,以实际行动捍卫法律的尊严,维护法律的权威。大家知道,罗马神话里的司法女神朱斯提提亚的雕像背后,大多刻有一句古罗马法律格言:“为了正义,哪怕它天崩地裂”。这背后彰显的,就是对于法治和法律的至高信仰和无限尊崇。卢梭曾经说:“一切法律中最重要的法律,既不是刻在大理石上,也不是刻在铜表上,而是铭刻在公民的内心里。”美国法学家伯尔曼也说:“法律必须被信仰,否则它将形同虚设。”可见人民,特别是我们法律人,对法律的崇敬和信仰,对于一国法治事业之成败何其重要。

对于新时代的法律人,崇法,首先,尊崇法治精神和法律价值,包括自由、秩序和正义等基本价值,和其他一般法律价值。要在法学研习和法律实践中,不断树立法治世界观,善于并惯于运用法治思维和法治方式、方法去分析问题和解决问题,认同、尊崇并捍卫法律的基本价值,进而用法律捍卫我们共同的价值观。最近发生在江苏昆山反杀案的处理结果,我个人认为就是以具体的个案,捍卫法律的基本价值,并通过法律捍卫了我们的共同价值观的生动体现。

其次,要尊崇传统法律文化的优秀成果。对于传统法律文化的尊崇,是对一国人民生生不息的法律实践和法律智慧的尊崇,是对传统法律文化中所蕴含的法律思想和法律价值的尊崇,更是当代中国建构法治信仰、推进法治实践的重要基础和背景。对于上外法律人而言,除了要了解丰富多彩的世界法律文明以外,更要深刻把握中国传统法律文化的特色和精髓,了解其规范体系、观念体系以及法律机制,增强法治的文化自信、制度自信和道路自信。

在此基础上,才能更深刻地理解当代中国特色社会主义法治的理论逻辑和实践逻辑,才能更好地学好法律、运用法律,并在国际舞台上更准确、更精彩地讲好中国法治故事。

最后,要尊崇法律职业。罗马法学家乌尔比安说:“法乃善良与公正的艺术。”法律职业乃是一门关于善良与公正的职业,责任重大,使命光荣。费尔德说:“法律职业的社会地位是一个民族文明的标志”,这在世界法治史上已经是一个不争的事实。当然,对于法律职业的尊重和热爱,也有一个在具体的法律实践中遭遇困惑、矛盾、挣扎、反思,最后自我超越的凤凰涅槃的过程。特别是对法律初学者而言,更是如此。德国著名法学家拉德布鲁赫说:“没有任何一个年轻的法律职业人逃脱得了内心与其学问之间的冲突,他们中间有些人直接经历过憎恨其职业的阶段,这本不是什么最坏的事情。”“假如在法律职业人身上,每时每刻不再思考其职业生涯,同时不再迫切地思考其职业深刻的问题性,那么一个较好的法律职业人就不是一个较好的法律职业人了。”

第三,明辨。明辨,是正确的世界观、人生观、价值观的重要内容,也是一个法律人法律专业素养和法律职业能力的重要体现。

首先,要明辨立场。作为法律人,我们的立场就是要坚定地站在正义一方,捍卫法律的尊严和权威,为权利而斗争。日本著名作家村上春树在领取耶路撒冷文学奖时,曾说了一句让人振聋发聩的话:“在高大坚硬的墙和鸡蛋之间,我永远站在鸡蛋那方。”这句话具有深刻的道德力量,但我觉得作为法律人,我们的立场,更精确一些讲,应该永远站在正义一方。因为如果是臭鸡蛋,是不应当也不值得去捍卫的。

其次,要明辨是非。什么是对的,什么是错的,什么是善的,什么是恶的,就像朱熹所言:“凡事皆用审个是非,择其是而行之”。我们在今后的法学研习和法律实践中,经常需要作出道德判断和价值判断,这需要我们养成一种健全的正义感和道德感。按照德国法学家耶林的说法,即要培养一种“自然的法律感觉”抑或“法律良知”,他曾提醒法官:“先听听你们法律感觉的声音,然后才开始做法律上的理由构成,倘若论证结果与法律感觉不一致,则说明这项说理就没有价值”。这种法感,实质上就是明辨是非的素养和能力。

最后,要明辨真伪。作为一个法律人,应当培养明辨审慎的法律判断能力和法律职业素养,不断提升自己的法律思维能力,法律表达能力和对法律事实的探索能力。研习了法律,成了法律人,在办案过程中,我们经常就会被人问:“元芳,你怎么看?”这就需要我们具有法律上的明辨能力,善于利用自己的知识、经验、智慧,在错综复杂乃至扑朔迷离的案件中,去发现法律事实,揭示法律真相,捍卫法律正义。

第四,笃行。法学是一门实践科学,法学专业学习中既要注重理论与实践相结合,更要尊崇知行合一,将法治理想与法治追求转化成具体的法律实践和法律行动。荀子曰:“知之不若行之。学至于行止矣。”陆游说:“纸上得来终觉浅,绝知此事要躬行”,强调的都是笃行的重要性。费尔巴哈还特别指出:“理论所不能解决的疑难问题,实践将为你解决”,我想这句话对于在座的研究生来说,在接下来的法学研究过程中,必然会有更深切的体认。许多错综复杂的法学理论问题,如果走出书斋,进入具体的法律实践中去观察和思考,往往能柳暗花明,问题迎刃而解。甚至会发现自己念兹在兹的,压根儿就是一个伪问题。

笃行,不仅意味着要理论联系实践,还意味要真诚、踏实、不懈地实践,这是持志、崇法、明辨以后的逻辑结果。对于法学专业来说,笃行,也是法律研习的必要环节和重要内容。笃行,不仅能提高法律人的专业实践素养和能力,也能提高其一般实践能力,比如交流沟通能力、管理能力、变通能力、组织能力、抗压能力甚至创新能力等,这些能力也极为重要。记得上次读到法学院“法意人物”栏目对于外交部处长张颂院友的采访,里面有一个细节让我印象深刻。他提及,初到罗马尼亚大使馆工作时,大使馆布置给他的工作与法律无关,也和英语无关,甚至和外交的关系也不大,做的是发请帖、宴请帮厨、机场接送、处理侨民纠纷等琐事,但正是这些不起眼的琐事,磨砺了他的心智,锻炼了他法律以外的能力,让他受益匪浅。

对于法学专业的学生来说,法律实践是法学专业培养方案的重要内容。希望同学们高度重视法律实践的意义,在研习理论和制度之余,充分利用各种平台和机会,积极参与各类法律实践活动。只有在法律实践中,我们才能更深刻地把握法律理论和制度背后的价值和精神,才能更深切地体会到中国法治发展的脉搏、困境及其出路,以及美与不足;才能更好地提升我们的法律综合素养和职业能力。

同学们,新的时间开始了,新的挑战和新的光荣也开始了。希望你们在新的人生阶段,能秉承"持志、崇法、明辨、笃行"的院训精神,德法兼修,知行合一,广泛阅读,勤于思考,勇于实践,努力把自己塑造成具有上外特色的涉外法律人才。

最后,祝大家学业顺利,生活愉快,硕果累累!

谢谢。

从律政剧看美国法律职业女性的崛起

王伟臣*

由于经费有限且篇幅较长,早期电视剧很难有能力像电影一样去展现历史、战争、科幻等题材。因而,可以最低成本地讲出(只需要语言描述)惊心动魄故事(杀人、强奸、蒙冤、死刑)的律政剧(legal drama or courtroom drama)自诞生伊始便成为美国电视剧的重要类型,至今长盛不衰,且受众面极广。美国前国务卿希拉里曾表示,曾利用空闲时间跟克林顿在家中观看热门律政剧《傲骨贤妻》(The Good Wife)。作为一部由女律师担任主角的律政剧,《傲骨贤妻》最终季的一集中甚至出现了女合伙人试图将律所改为"纯女性合伙人律所"(All-female firm)的情节。而事实上,这并非编剧子虚乌有般地纯粹臆造,因为在现如今的美国,女法学博士生、女法学院院长、女律师、顶级律所女合伙人(权益合伙人)所占的比例已经分别达到了47%、20.6%、32.9%、29%(19%)。[1] 除此之外,还有数十家纯女性合伙人律所。今日的规模是通过几十年的时间逐渐发展起来的。有趣的是,长达60年的美国律政剧的发展史恰好见证了这一伟大的历史进程。本文拟通过对历史上若干

* 王伟臣,上海外国语大学法学院副教授,法学博士,研究方向为比较法律文化、法律人类学。

〔1〕 截至2014年的统计。参见 American Bar Association, "Enrollment and Degrees Awarded 1963 - 2012", http://www.americanbar.org/content/dam/aba/administrative/legal_education_and_admissions_to_the_bar/statistics/enrollment_degrees_awarded.authcheckdam.pdf; American Bar Association, "Commission on Women in the Profession, A Current Glance at Women in the Law February 2013", http://www.americanbar.org/content/dam/aba/marketing/women/current_glance_statistics_feb2013.authcheckdam.pdf,最后访问日期:2016年3月7日。

经典律政剧的分析展现出美国法律职业中女性地位的崛起,并对电视形象与法律职业的相互关系进行讨论。

一、“美丽女秘书”

《傲骨贤妻》的制作方——美国哥伦比亚广播公司有悠久的律政剧传统,1957年便推出了美国历史上第一部具有重要影响的律政剧——《佩里·梅森》(Perry Mason),改编自厄尔·史丹利·贾德纳(Erle Stanley Gardner)的同名小说集。贾德纳1889年出生于马萨诸塞州,毕业于印第安纳州维尔帕瑞索法学院,1911年获得了加利福尼亚州律师资格。闲暇之余开始撰写侦探通俗小说,创造了一系列的人物形象,其中就包括著名律师佩里·梅森。贾德纳在1970年去世之前一直保持着20世纪美国最畅销作家的头衔,关于佩里·梅森就有80余部小说问世。这些小说无一例外地都属于侦探推理小说,所以佩里·梅森与其说是一位律师,还不如说是一位侦探,在案件的结尾处,他都会找到证据发现真凶从而证明其当事人的清白。所以他是一位正义的永远不会败诉的辩护律师。[1] 由著名影星雷蒙德·布尔(Raymond Burr)所饰演的佩里·梅森,其形象是如此深入人心,以至于在2010年由《美国律师协会杂志》(ABA Journal)评选的史上25部最佳法律电视剧的排名中,该剧高居第二。[2]

由于1933年以后贾德纳放弃律师工作成了一名专职作家,所以他关于美国律师行业性别比例的经验便停留在20世纪30年代。此时的好莱坞刚好进入黄金时期,女律师也已经登上了大银幕。1930年,美国第一家电影公司(First National Pictures)拍摄了史上第一部关于女律师的电影——《大红页》(Scarlet Pages)。[3] 随后几年,哥伦比亚电影公司又接连推出了《安·卡

〔1〕 Elayne Rapping, *Law and Justice as Seen on Tv*, New York University Press, 2003, p. 22.

〔2〕 Stephanie Francis Ward, “The 25 Greatest Legal TV Shows”, *ABA Journal*, 2009, August 1th.

〔3〕 Carolyn L. Galerstein, *Working Women on the Hollywood Screen: A Filmography*, Taylor & Francis, 1989, p. 227.

佛的职业》(Ann Carver's Profession)、《辩护完毕》(The Defense Rests)等几部关于女律师的电影。这几部影片都有一个共同的特征——猎奇,把女律师当作噱头,在质疑女性胜任律师职业的能力。例如,哥伦比亚公司向美国电影协会提交《安·卡佛的职业》的剧情简介这样写道:"一位女律师的故事,她的工作几乎毁掉了家庭生活。"[1]1930年,妇女占全美就业市场的比例为23.6%,这个数据较之经济大萧条以前已经是大为增加了。因为经济不景气,很多已婚妇女不得不参加工作以帮助丈夫养活整个家庭。[2] 但是由于各方面条件的限制,1930年,全美拥有律师职业资格的妇女只有3385人,占全国律师的比例不到2%。在当时美国人的观念中,律师是为数不多的带有极强的男性化特征的职业。所以作为小说家的贾德纳在创作《佩里·梅森》时根本就没有考虑女律师的问题。顺理成章,在律政剧《佩里·梅森》中也就没有出现女性法律职业者的形象。虽然没有女律师或女法官,但是仍然有一位重要的女性角色——黛拉·斯特里特(Della Street),梅森律师的秘书。贾德纳将其描述为一位家境优越、衣食无忧的富家女,但是在1929年的股灾中倾家荡产,被逼无奈只能找一份秘书的工作。而且贾德纳在最初设计这一角色时,斯特里特还不是佩里·梅森的秘书。在《合理怀疑》的书稿中,斯特里特的形象为:

> 27岁,安静,走路极快,颇有见识。在以一家游乐场里工作,了解所有的游玩线路,外表干练,做事很有效率,对律师的回答困惑不解,栗色头发,身材匀称,眼角有一丝疲倦。[3]

当贾德纳将书稿寄给编辑威廉·马罗(William Morrow)之后,后者便建

---

[1] Ric S. Sheffield, "On Film: A Social History of Women Lawyers in Popular Culture 1930 to 1990", *Loyola of Los Angeles Entertainment Law Review*, 1993, Vol. 14, p. 75.

[2] Claire M. Renzetti and Daniel J. Curran, *Women, Men, and Society*, Allyn & Bacon, 1992, p. 178.

[3] Francis L. Fugate and Roberta B. Fugate, *Secrets of the World's Best-Selling Writer: The Storytelling Techniques of Erle Stanley Gardner*, William Morrow & Co, 1980, p. 178.

议认为,让黛拉·斯特里特仅仅当一个游乐场的秘书实在是太可惜了!在这部小说正式出版时,贾德纳听从了马罗的建议,让斯特里特成了佩里·梅森的秘书。所以在1957年开始播出的《佩里·梅森》中,由女星芭芭拉·黑尔(Barbara Hale)饰演的黛拉·斯特里特便成了整部剧中最重要的女性角色。斯特里特不仅在工作上协助梅森完成了各项工作,而且自然而然地与梅森产生了感情,经常会出现两人深情凝视、亲吻的镜头。而梅森曾多次向她求婚但是均遭到了拒绝,因为斯特里特希望成为梅森生活的一部分,而对电视剧里的梅森而言,工作就是生活的全部,所以一旦成为全职太太,那么也就意味着远离了梅森的生活。但在美国芝加哥肯特法学院教授菲利斯·贝特兰(Felice Batlan)看来,斯特里特所扮演的角色其实也是妻子,如果律师是有妇之夫,那么女秘书就是"小蜜"。贝特兰在一篇名为《"傻子才会成为他的小蜜":大型律所中法律秘书的角色、观念以及工作条件的范式转变》的文章中认为,大量的女性秘书与老板(男律师)之间的关系均带有明显的私人化、家庭化的特征,可以称为"小蜜综合征"(second-wife syndrome)。正是因为患有这种症状,女法律秘书们在美国法律职业中几乎是隐形的。[1]所以洛杉矶女律师维多利亚·品钦(Victoria Pynchon)在《福布斯》的法律博客上向80年前也曾在加利福尼亚州执业的贾德纳发问:"谁想成为黛拉·斯特里特?"[2]

其实早在《佩里·梅森》之前,女律师就已经上了电视。1954年,哥伦比亚广播公司推出了第一部女律师情景喜剧《威利》(Willy)。故事的主角名叫威尔玛·威利·道奇(Wilma Willy Dodger),是一位来自新罕布什尔州的乡下女律师,因为没有案源,所以搬到了纽约,成了一家马戏团的代理人。在英

---

〔1〕 FeliceBatlan,"'If You Become His Second Wife, You Are AFool': Shifting Paradigms of the Roles, Perceptions, and Working Conditions of Legal Secretaries in Large Law Firms", in Austin Sarat eds., *Special Issue Law Firms, Legal Culture, and Legal Practice*, Emerald Group Publishing Limited, 2010, p. 169.

〔2〕 Victoria Pynchon,"Women Lawyers and their Secretaries: An Emotional Sweatshop?", *Forbes*, 2011, OCT 23th.

语的俚语中,“Willy”意指男性生殖器,用这样一个词汇作为女律师的中间名,本身就体现了对女性法律职业者的蔑视和侮辱。更有甚者,编剧担心观众没有领会其讽刺的用意,专门给这个单词加上了引号。在20世纪50年代,美国观众发现法律中有许多好玩的笑话,而一旦有女性参与进来,那就更加好笑了。〔1〕所以当时关于女律师的电视剧无一例外的都是情景喜剧。这种现象并非偶然。第二次世界大战以后,虽然女性开始在法律职业领域初露头角,但是她们“在法学院与法律职业中不仅所占比例很小,而且已经进入法学院和法律职业的女性处于被边缘化和丑化的境地”。〔2〕20世纪60年代初,在法学院攻读法律学位的女性仅占3.4%。

二、“巾帼合伙人”

从1970年的《前台律师》(The Storefront Lawyers)开始,正剧中出现了女律师的角色。5年之后播出的《凯特·麦克谢恩》(Kate McShane)是美国历史上第一部由女律师担任主角的律政剧。〔3〕在警察父亲和法学教授哥哥的帮助下,由安妮·米拉(Anne Meara)饰演的凯特·麦克谢恩成了一名爱尔兰裔的女律师。也许是因为这种角色安排太过超前,该剧播出仅两个月就被砍掉,只留下了短短的11集。不过在接下来上映的《诺顿的女儿》(McNaughton's Daughter)、《罗塞蒂和赖安》(Rosetti and Ryan)等律政剧中,都安排了女律师作为配角。

1981年7月里根总统提名亚利桑那州上诉法庭法官桑德拉·戴·奥康纳(Sandra Day O'Connor)为联邦最高法院大法官,后者因此成了美国历史上首位联邦最高法院女法官,这一任命,突出地反映了席卷整个美国法律职业的大变动:法律职业越发难以被男性垄断了。奥康纳既然是九位大法官之

〔1〕 Ric S. Sheffield, "On Film: A Social History of Women Lawyers in Popular Culture 1930 to 1990", *Loyola of Los Angeles Entertainment Law Review*, 1993, Vol. 14, p. 95.

〔2〕 刘小楠:《走出私人领域:法学教育与法律职业中的女性》,载《政法论坛》2008年第6期。

〔3〕 Tim Brooks and Earle Marsh, *The Complete Directory to Prime Time Network and Cable TV Shows, 1946—Present*, Ballantine Books, 2003, p. 631.

一,那么她就是美国联邦最高法院法官成员的11%。而此时,女律师在美国的比例已经从十年前的3%提高到了13%。与此相关的,法学院中的女学生的人数已经达到了4.2万人,占34%。不仅如此,女学生开始质疑法学院的课程设置对强奸、性骚扰、家庭暴力、就业歧视等妇女问题的忽视。作为回应,许多法学院开始了"妇女与法"等与妇女权利相关的课程。这些课程的开设又反过来促使更多的女性性别意识的觉醒。[1]

这种局面在律政剧中自然也有所体现。20世纪80年代律政剧中的女性已经不再是曾经的那种毛手毛脚、缺乏经验的边缘角色了,她们的形象正变得越发积极和正面。这种转型的代表作是美国国家广播电视台于1981年开始播出的《希尔街的布鲁斯》(Hill Street Blues)。在这部被誉为"现代电视剧艺术形式鼻祖"的警务剧中,维罗妮卡·哈默尔(Veronica Hamel)饰演的乔伊斯·达文波特(Joyce Davenport)是一位为老百姓提供法律援助服务的聪明伶俐的公设辩护人。这一角色标志着女律师的电视形象完成了历史性的蜕变:剧中角色在事业上的成功已经不再取决于外表上的性别魅力。从此,电视上的女律师都沿着乔伊斯·达文波特的道路继续前进。[2]

《希尔街的布鲁斯》完结的前一年,即1986年,美国国家广播电视台播出了律政史上难以逾越的经典——《洛城法网》(L. A. Law)。在2009年《美国律师协会杂志》评选的史上25部最佳法律电视剧的排名中,该剧高居第一。[3] 而且它还曾四夺艾美奖最佳剧情类电视剧奖,这一纪录至今无人打破。该剧集中反映了美国20世纪八九十年代社会与文化思潮,其中许多剧集探讨了当时的诸多热门话题,如堕胎、种族歧视、同性恋的权利、恐同症、性骚扰、艾滋病和家庭暴力等。由于它的普及程度,此剧对于美国人如何看待

---

〔1〕 参见刘小楠:《走出私人领域:法学教育与法律职业中的女性》,载《政法论坛》2008年第6期。

〔2〕 Ric S. Sheffield, "On Film: A Social History of Women Lawyers in Popular Culture 1930 to 1990", *Loyola of Los Angeles Entertainment Law Review*, 1993, Vol. 14, p. 97.

〔3〕 Stephanie Francis Ward, "The 25 Greatest Legal TV Shows", http://www.abajournal.com/magazine/article/the_25_greatest_legal_tv_shows/,最后访问日期:2016年3月7日。

法律和律师产生了深刻的影响。当时甚至有律师表示,任何律师在出庭之前如果不观看前一天晚上的《洛城法网》,那么他就是傻子。《耶鲁法律评论》等期刊曾发表过数篇专门讨论此剧的学术论文。

《洛城法网》也是第一部群戏律政剧,安排了三位女律师作为常规角色。其中,由吉尔·艾肯伯里(Jill Eikenberry)扮演的律所合伙人安·凯尔西(Ann Kelsey),是一位集聪慧、能干、美丽、勇敢、果断于一身的,同时也兼具女性独有的敏感特质的女律师。她成了美剧历史上首位深入人心的女性律师形象。"《洛城法网》中的女律师,不同于过往其他电视剧中的女性角色,她们像男性一样的复杂而且具有坚毅的品格。"[1]除了常规主角之外,该剧几乎每一集中都会至少出现一位客串女律师或者女法官。在某些集中甚至出现了全女性法庭的情节,换言之,双方律师和法官都是女性。《洛城法网》的意义还在于,通过它的热映使数以万计的美国女孩意识到作为女性的自己也能够胜任法律职业。就在播放第一季的1986年,女学生在法学院的比例首次超过40%。

三、"律政女超人"

值得一提的是,从《洛城法网》第一季开始,编剧史蒂文·布奇科(Steven Bochco)就雇用了年仅30岁的波士顿律师大卫·凯利(David E. Kelley)。这也成就了后者的编剧传奇。第一部造成轰动的以女律师为主角的律政剧就是大卫·凯利于1997年制作的《甜心俏佳人》(Ally McBeal)。"艾丽·麦克比尔"不仅是剧中女律师的名字,而且也是剧名,从中就可以看出这是一部完全以女律师为主角,男律师甘当绿叶的"女权主义"律政剧。中文译名"甜心俏佳人"显然是受到了4年之后的电影《律政俏佳人》(Legally Blonde)的启发,对于中国观众而言,首先接触的是2001年的电影,而"甜心"是因为剧中女律师可爱、俏皮、小清新。

---

〔1〕 Jane Hall, "Laying Down the Law: Television Gets a Sizzling Series and New Rules for Treating Life and Love", *People*, 1987, Feb. 3th.

艾丽·麦克比尔和《律政俏佳人》中的艾里·伍兹(Elle Woods)的成长历程几乎一模一样:本来并不愿意学习法律,但是因为男朋友而考入哈佛大学法学院。可是男朋友后来却背信弃义,另觅新欢。无奈之下,重新鼓起生活的勇气,顺利从法学院毕业,成了一名成功的女律师。由此可见,电影《律政俏佳人》在故事结构上肯定受到了电视剧《甜心俏佳人》的启发。[1]《律政俏佳人》是一部喜剧电影,《甜心俏佳人》也同样带有明显的喜剧风格,换言之,它是第一部律政轻喜剧。[2] 在法庭上,艾丽·麦克比尔是一位优秀、自信的女律师,为了客户的利益而无所畏惧,出了法庭,她却成了一个害羞的小女人,在寻找爱情的道路上缺乏安全感,需要获得其他闺密女律师、女检察官的帮助。案件与艾丽的感情生活成了此剧并行的两条主线。《甜心俏佳人》是如此的标新立异,以至于很多观众都忘记了它其实是一部律政剧。女权主义发展到20世纪末在某种程度上已经走到了终点:如果两性真正平等了,那么就不再需要女权主义了。既然女性可以和男性一样完全胜任律师这份职业,那么律政剧也可以从容地展现女律师的私人生活了。《甜心俏佳人》之所以与众不同,也是因为它对于女律师个性的塑造和展现,而不是法律案件。[3]

除了《甜心俏佳人》以外,大卫·凯利制作的另外两部知名的律政剧——《律师本色》(The Practice)和《律师风云》(Boston Legal)被很多中国的律政剧爱好者奉为经典,尽管两部剧一个严肃、一个活泼,但剧中的女律师却都是不可或缺的重要角色。虽然律政电影不在本文的梳理范围之内,但《律政俏佳人》能够出现在2001年并非偶然。根据2000年的统计,美国法学

---

〔1〕 有学者经过对比指出,电视剧中女律师的形象要比电影中女律师的形象更为积极。参见Diane Klein,"Ally Mcbeal and Her Sisters: A Quantitative and Qualitative Analysis of Representations of Women Lawyers on Prime-time Television",*Loyola of Los Angeles Entertainment Law Journal*,1998,Vol. 18,pp. 259 – 305。

〔2〕 Brett Kitei,"The Mass Appeal of The Practice andAlly McBeal: An In-Depth Analysis of the Impact of these TelevisionShows on the Public's Perception of Attorneys",*UCLA Entertainment Law Review*,1999,Vol. 7,p. 181.

〔3〕 Ibid. ,p. 184.

院中,女学生的比例已经达到了 47%,女律师的比例已占 28.9%。此后,任何一部律政剧中都不可能缺少女律师的身影了。比如 2006 年《金牌律师》(Justice)、2008 年《神奇律师》(Eli Stone)、2009 年《美女上错身》(Drop Dead Diva)等。

女律师也是需要家庭的。所以 12 年后,《甜心俏佳人》的单身女律师艾丽·麦克比尔就变成了《傲骨贤妻》中的艾丽西娅·弗洛里克(Alicia Florrick)。作为由大导演雷德利·斯科特(Ridley Scott)担任制片人的律政剧,《傲骨贤妻》自开播以来好评不断,被认为迎合了美国中产阶级的主流价值观,收视率一直维持在 900 万左右。除了得到观众的喜爱之外,该剧还获得专业人士的认可,曾 39 次获得美国电视艺术与科学学院艾美奖的提名。该剧的两位编剧罗伯特·金与米歇尔·金夫妇(Robert and Michelle King)虽然并非律师出身,但是身后有着庞大的律师顾问团,完整的 7 季 156 集堪称美国司法制度百科全书,每一集的案例都百转千回,让人过目不忘。

当然,该剧获得成功的一大关键因素就是由朱丽安娜·玛格丽丝(Julianna Margulies)扮演的女律师艾丽西娅·弗洛里克。在最后的第七季中,她支持并配合丈夫去竞选美国副总统。但是她在剧中的角色绝非"贤妻"那么简单,她是一位重生的职业女性,在当了 13 年家庭主妇之后重新走上法庭,并一发不可收拾,仅用 5 年时间就成了芝加哥一家顶级律所的冠名合伙人。但是她并没有满足现状,而是不断地挑战自我,在竞选州检察官失败之后,再次白手起家,另立门户。剧中几乎没有她不擅长的案件,无论是杀人放火,还是打家劫舍,抑或是离婚继承、违约侵权,无一不精,堪称"律政女超人"。

随着人生阅历的丰富,执业经验的增加,老年女律师的能量会越发的强大。于是在 2011 年,大卫·凯利打造了一部以老年女律师为主角的律政剧——《律政俏师太》(Harry's Law)。由奥斯卡及金球奖双料影后凯西·贝茨(Kathy Bates)饰演的哈里特·哈利·科恩(Harriet Harry Korn)是一位

60多岁的顶级专利法律师,功成名就之下,对于平常的法律业务早已失去了激情。在被律所炒掉之后,她打算重新挑战人生,租了一家鞋店开设了私人律所,转行成了一名刑辩律师。这种转行获得了巨大成功,甚至超越了律师的职能,以其丰富的经验摆平了黑帮火拼,维护了街区的稳定。从《甜心俏佳人》到《傲骨贤妻》,再到《律政俏师太》,对于律政剧中的女律师而言,老去的只是容颜。

四、"黑人女教授"

《律政俏师太》并非是律政剧女律师的发展终点,因为从肤色上讲,2011年60岁的哈里特·"哈利"·科恩与1954年25岁的威尔玛·威利·道奇并没有本质的区别,她们都是白人女律师。在很长的一段时间里,律政剧中几乎看不到黑人女律师的形象。这也是社会现实的真实写照,1940年,在全美4000名女律师中,黑人仅有57位。从美国建国之日起,黑人妇女就一直处在社会阶梯的最底层,忍受着来自白人男性、白人女性和黑人男性的重重压迫。黑人妇女在影视作品中的角色不是女仆就是妓女,一直到20世纪70年代以前,普通观众根本就不认为黑人妇女也可以成为律师。

随着20世纪七八十年代黑人女权运动的兴起,美剧中陆续出现了与法律相关的由黑人妇女扮演的角色。在1970年播出的《年轻律师》(The Young Lawyers)中,黑人女星朱迪·佩斯(Judy Pace)扮演一名法学院的学生。此时美国观众才意识到,黑人妇女也有成为律师的可能性。而这种可能性直到12年后才变成现实:在侦探片《西蒙与西蒙》(Simon & Simon)中,珍妮·威尔森(Jennie Wilson)扮演的珍妮特·福勒(Janet Fowler)成了美国电视史上第一位黑人女律师。[1] 这一年距离夏洛特·雷伊(Charlotte Ray)获得哥伦

〔1〕 Ric S. Sheffield,"On Film:A Social History of Women Lawyers in Popular Culture 1930 to 1990",*Loyola of Los Angeles Entertainment Law Review*,1993,Vol. 14,p. 107.

比亚特区律师资格成为美国第一位黑人女律师已经过去了整整 110 年。[1]

1990 年,黑人女律师的规模已经超过 1 万人,但是电视剧中常规出现的黑人女律师的角色却依然只有一位。情景喜剧《考斯比一家》(The Cosby Show)中的母亲克莱尔·赫克斯特布尔(Clair Huxtable)在最初的剧本中是一个纯粹的家庭主妇,不过考虑到故事描写的是一户上层中产阶级的黑人家庭,所以在最终播出时,母亲从家庭主妇变成了律师。而她的丈夫是一位医生,剧中有大量的关于医院的镜头,与之形成鲜明对比的是,律所的描写却非常罕见。尽管如此,这个角色依然成了广大黑人妇女了解律师职业的重要窗口。[2] 进入 21 世纪后,黑人女演员率先在大银幕上发力,2002 年,哈莉·贝瑞(Halle Berry)成为第一位获得奥斯卡最佳女主角的黑人女性。相应地,美剧中黑人女演员扮演的角色也越发重要。2012 年由黑人女星担任主演的电视剧《丑闻》(Scandal)被认为"实现了美国主流电视节目中黑人妇女的重大突破",[3] 赢得了观众和影评人的一致好评。

《丑闻》的制作人正是有着"黑旋风"之称的金牌编剧珊达·瑞姆斯(ShondaRhimes)。作为有色人种的瑞姆斯认为,既然在《丑闻》中黑人妇女可以扮演总统新闻顾问,那么为什么不能扮演法学教授呢?所以两年之后,她又制作了一部由黑人女性担当主角的律政惊悚剧——《逍遥法外》(How to Get Away with Murder)。所谓律政惊悚剧,亦即不仅有案件,而且还加入了悬疑以及些许恐怖的元素。其实这种题材并不新鲜,2007 年首播的《裂痕》(Damages)同样也是一部由女性律师担任主角的律政惊悚剧。而《逍遥法外》的特殊之处在于,作为主角的黑人女律师的本职工作是虚构的米德尔顿大学(Middleton,在费城大学拍摄)法学院的教授,她在业界享受极高的威

[1] Karen Berger Morello, *The Invisible Bar: The Woman Lawyer in America: 1638 to the Present*, Beacon Press, 1986, p. 146.

[2] Ric S. Sheffield, "On Film: A Social History of Women Lawyers in Popular Culture 1930 to 1990", *Loyola of Los Angeles Entertainment Law Review*, 1993, Vol. 14, p. 108.

[3] M. Mask, "A Roundtable Conversation on Scandal", *Journal of Black Studies and Research*, 2015, Vol. 45, p. 8.

望,只有极为优秀的男同学(包括一位有较多戏份的黑人男同学)才可以进入她的辩护团队,接受她的亲自指导。

剧中,由维奥拉·戴维斯(Viola Davis)扮演的法学教授安娜丽斯·基廷(Annalise Keating)虽然在事业上风光无限,但婚姻生活却不够美满。她的丈夫是一名白人心理学家,被发现和多名女学生发生不正当关系,最后死于非命,在剧集中是一个相当反面的角色。心灰意冷的基廷教授找了一个同样肤色的情人,名叫奈特·莱希(Nate Lahey)的警察。这位警察也是有妇之夫,妻子被诊断罹患癌症已到晚期。但就是这样,基廷与情人的这段不伦之恋却被描写得充满了温情和浪漫。此剧不仅在能力上,更在道德上通过压低白人男性来拔高黑人女性,这样的对比似乎有些矫枉过正了。当然这也并不奇怪,自从奥巴马夫妇入主白宫后,肤色已经成了美国更加政治正确的公共话题。有着这样的政治背景(奥巴马的夫人同样也是一位黑人女律师),该剧作为历史上第一部由黑人女教授担任主角的律政剧,获得了极大的成功。在2015年的艾美奖颁奖典礼上,女演员维奥拉·戴维斯(Viola Davis)成为第一位赢得艾美奖电视剧最佳女主角的黑人女性。

也许是受到了《逍遥法外》的启发,《傲骨贤妻》在最终季才回过神来,安排了一个常规的黑人女律师角色。她的戏份甚至超越了前几季的"白人伙伴",成了主角白人女律师艾丽西娅·弗洛里克的左膀右臂,并合伙开了一所"黑白配"的二人律师事务所。在被芝加哥的一家顶级大所招安之后,该所的冠名合伙人、白人女律师戴安(Diane)还积极拉她入伙,共同筹备组建"纯女性合伙人律所"。因为在现实生活中,也许存在完全由白人组成的"纯女性合伙人律所",但是在如今坚持政治正确的美剧中,如果有制作公司胆敢遗漏黑人女律师的角色,那么肯定会受到黑人女权组织的严重抗议。

五、结语:作为女权运动的律政剧

1987年,美国著名女权主义法学家凯瑟琳·麦金农(Catharine Mackinnon)在其代表作《未被修改的女权主义:生活与法律的话语》中提问:

“现在,假设你是一名女律师,是否感觉到些许的人格分裂?”[1]麦金农的言外之意是指,一直以来女律师被当成“女人”中的“男人”。确实,通过不断的努力,女性已经逐渐打破了男性对于律师行业的垄断。长达半个多世纪的律政剧史完整地见证了这一伟大的历程。从最早的作为“小蜜”的女性法律秘书,到喜剧中主要起搞笑作用的乡下女律师;从需要父亲兄长帮助的爱尔兰裔的女律师,到集聪慧、能干、美丽、勇敢、果断于一身的成为律所合伙人的女律师;从甜美可人、努力寻找幸福的年轻女律师到下得厨房上得厅堂的律政女超人;从有充分的资本可以重新挑战人生的老年白人女律师到德才兼备、受人敬仰的黑人女教授,律政剧展现了美国女权运动对法律教育和法律职业产生的巨大影响。

另外,律政剧不仅如实反映了女权运动,它反过来还促进了法学教育与法律职业中的女权运动。除了睡觉之外,看电视是美国人最喜欢做的事情。[2] 美国著名传播学者乔治·格伯纳(George Gerbner)甚至把电视称为“新宗教”。[3] 这种新宗教的影响力在于它可以加强或者改变民意。就律政剧而言,这种影响非常强烈。尽管律师和医生是传统上美国人最喜欢、收入最高的两种职业,但是在现实生活中,和医生相比,普通人很难能够有机会接触到律师或法官。有一项研究表明,95%的美国人都是从大众媒体上获取关于犯罪知识的。[4]《洛城法网》前几季的平均收视率竟然达到了2450万,占当时美国人口的1/10。[5] 所以,律政剧大大改变了美国普通大众对于女律师的看法和认识,也极大地改善了女律师在整个法律行业的处境,从而形成

---

[1] Catharine Mackinnon, *Feminism Unmodified: Discourses on Life and Law*, Harvard University Press, 1987, p. 75.

[2] F. Mankiewicz and J. Swerdlow, *Remote Control: Television and the Manipulation of American Life*, Ballantine, 1978, p. 7.

[3] George Gerbner, “The Dynamics of Cultural Resistance”, in G. Tuchman, A. Daniels and J. Benet eds., *Hearth & Home: Images of Women in the Mass Media*, Oxford University Press, 1978, p. 47.

[4] Charles Winick and Mariann Winick, “Courtroom Drama on Television”, *Journal of Communication*, 1974, Vol. 24, p. 67.

[5] Diane M. Glass, “Portia in Primetime: Women Lawyers, Television, and L. A. Law”, *Yale Journal of Law & Feminism*, 1989, Vol. 2, p. 372.

了良性循环。比如,在《甜心俏佳人》的剧迷中,有60%以上的观众在接受采访时表示,如果需要聘请律师时会雇用艾丽·麦克比尔或者其他女律师。[1]此外,儿童关于职业选择的启蒙也来自电视。1986年美国法学院的女性申请入学比例大幅度提高,显然是受到了《洛城法网》的影响。[2] 30年后《逍遥法外》的播放又将激励着许多黑人女孩选择走进法学院。从某种意义上讲,律政剧已经成为美国女性选择法律教育和法律职业的重要依据。

---

〔1〕 Brett Kitei, "The Mass Appeal of The Practice and Ally McBeal: An In-Depth Analysis of the Impact of these Television Shows on the Public's Perception of Attorneys", *UCLA Entertainment Law Review*, 1999, Vol. 7, p. 186.

〔2〕 Diane M. Glass, "Portia in Primetime: Women Lawyers, Television, and L. A. Law", *Yale Journal of Law & Feminism*, 1989, Vol. 2, p. 407.

《能言善辩的农夫》所见古埃及中王国时期诉讼法

华瑀欣*

一、《能言善辩的农夫》的历史背景

自阿塔纳修斯·基歇尔出版《科普特与埃及的历史》[1]以来，学者已发现比较丰富的古埃及法律文献，包括多边条约、买卖合同、公证文书和缴税记录等。除此之外，亡灵书、故事集和神话传说也都反映了古埃及的法律文化。其中，《能言善辩的农夫》（以下简称《农夫》）是现存最长的古埃及故事之一，迄今已发现四份纸莎草上以圣书体象形文字进行了记载。这则故事本没有名称，因故事中高级官员告诉法老"我发现了个能言善辩的农夫"（古埃及圣书体象形文字为[illegible]，下同）而得名，有些学者译作《雄辩的农夫》。[2] 该文献最完整的一份莎草纸现存大英博物馆，文件编号EA10274，长72厘米，宽13.7厘米，为古埃及第十二王朝作品。故事本身发生在中王国时期（西元前2040年至前1750年），因文中提到的奈布卡拉法老（[illegible]）约第九王朝或第十王朝时期统治者，恩尼纳苏是其首都。《农夫》创作于中王国时期，其间王权旁落、宰相夺权、诸侯崛起、奴隶解放，因此出现了自由民阶层，文学上也出现了口语化的世俗文学。《农夫》正是其中以自由民口吻揭露古埃及社会黑暗的长篇智者文学的代表。1970年，埃及导演萨

* 华瑀欣，上海外国语大学法学院讲师，法学博士，研究方向为比较法。

〔1〕 Athansius Kircher, *Prodromus coptus sive aegyptiacus*, Typio S. Cong, 1636.

〔2〕 参见李政：《神秘的东方》，中国青年出版社1999年版，第155页。

拉姆曾拍摄过20分钟的同名电影。[1]

《农夫》的故事不但情节生动,而且写作技巧娴熟。第一,情节层层递进。普通农民胡恩纳普用驴队驮运贵重货物进城,途中因地方长官用衣物阻塞官道,导致驴队误食作物,连货带驴被当地长官没收。胡恩纳普义愤填膺,九次向高级长官申诉,最后经法老授意,案件改判,胡恩纳普获得了更多的财物。虽然农夫申诉九次,但重点各有不同。第一次赞美长官是正义的化身,第二次警告不公正会遭天谴,第三次既赞美长官的仁慈又斥责长官的残暴,第四次诅咒长官得不到荷瑞莎夫神的保佑,第五次祈求长官可怜穷人,第六次痛斥整个司法环境的腐败,第七次请求长官宽恕反复申诉,第八次告诫富有的长官莫贪婪,第九次威胁死后要去冥界告状。第二,写作技巧娴熟,引用、排比、比喻和夸张等手法随处可见。例如,农夫表达赞美时说“您的舌头是天平的指针,心是秤砣,唇是横梁”,表达谴责时则说“您是没有首脑的城市、没有主席的会议、没有船长的大船、没有首领的军队”,虽然申诉次数较多,夸张成分较大,但是老成的法老、圆滑的宰相、贪婪的长官和精明的农民无不栩栩如生。

世界各国研究该文献者甚多,但多从埃及学出发,探究文字、历史和文学命题,直接分析其法律意义者并不多见。[2] 本文将在直接翻译古埃及象形文字的基础上,归纳分析《农夫》所反映的古埃及诉讼法的特点。译文附于正文之后。

---

〔1〕 1970,الفلاح الفصيح ، شادي عبد السلام.

〔2〕 Sir A. Gardiner, The Eloquent Peasant, *JEA* 9(1923):5 – 23. S. Herrymann, Zum Verständis der “Klagen des Bauern’ als Rechtsforderungen, *ZÄS* 82(1957):55 – 7; A. Théodoridès, A propos de la loi dnas l”Egypte pharaonique, *Revue international des droits de l’ antiquité* 14(1967): 131 – 9; M. Lichtheim, *Ancient Egyptian Literature*, *Volume* 1: *The Old and Middle Kingdoms*, University of California Press, 1977, pp. 169 – 84; E. Perry, A Critical Study of the Eloquent Peasant, Ph. D. diss., The Johns Hopkins University, 1986; S. Nili, A New Source for the Study of the Judiciay and Law of Ancient Egypt: “The Tale of the Eloquent Peasant”, *JNES* 51(1992):1 – 18; R. B. Parkinson, *The Tale of Sinuhe and Other Ancient Egyptian Poems 1940 – 1640 BC.*, Oxford Univeristy Press, 1997; H. Goedicke, Comments Concerning the “Story of the Eloquent Peasant”, *ZSA* 125(1998): 109 – 125; A. J. van Loon, *Law and Order in Ancient Egypt*, *The Development of Ciminal Justice from the Pharanoic New Kingdom until the Roman Dominate*, M. A. thesis, Leiden University, 2014.

二、《能言善辩的农夫》反映的古埃及诉讼法特点

“诉讼”是古埃及以来就存在的法律术语，圣书体象形文字作。其中，表示接近，表示嘴，表示指着嘴的人，三部分组合为动词，指“前来言辞陈述”。通过对《农夫》的分析，本文认为古埃及诉讼法具有如下五个特点。第一，法律处于多神教统治下，宗教与法律不分，玛亚特神处于中心地位。第二，以不成文法为主，法老言辞具有最高法律效力。第三，自由民享有诉讼地位，可自行主张权利。第四，司法与执法不分，刑事与民事不分，法院实行多级管辖，宰相或法老享有终审权。第五，遵循口头辩论程序，法院制作庭审记录，并向当事人宣判，但并不记录被告意见。

(一)多神教下的古埃及诉讼法

古埃及历史跨越3000年，大小国家有40多个，均信奉多神教。上下埃及统一后，神祇多达2000多个，形成了复杂的神话体系。《农夫》中主要涉及九个神，即荷瑞莎夫()、拉()、玛亚特()、托特()、塞赫特()、欧西里斯()、荷鲁斯()、阿努比斯()和哈碧()。其中，冥王欧西里斯是大地之神盖布和天空之神努特之子，与婚姻神伊西斯生了法老守护神荷鲁斯，与生育神奈芙蒂斯生了冥界判官阿努比斯。拉是太阳神，在古埃及晚期神话中与欧西里斯混淆。正义女神玛亚特是拉之女，智慧神托特之妻；战争女神塞赫特也是拉之女，工匠神普塔之妻。哈碧是尼罗河河神，荷瑞莎夫是河岸神，相对独立。其实，拉在赫利奥波利斯、普塔在孟菲斯、荷瑞莎夫在赫拉克莱俄波利斯都是最高神，这使多神崇拜更为复杂。在由此构建的道德法律文化中，古埃及人相信此生来世，尊重报应轮回，希望最终解脱，不敢违法犯罪。

就法律而言，诸神中最重要的是玛亚特，古埃及道德与法律女神，头顶鸵鸟毛，太阳神拉之女，智慧神托特之妻。圣书体名字中，代表镰刀，代表平台，代表前臂，代表面包，代表手指，代表纸莎草卷，这一组合不但指“玛亚特”，也指“正义”，并用于相关派生词。古埃及人认为，死者

在杜阿特会受到冥王欧西里斯的使者阿努比斯的天平审判。天平一端放着死者心脏，另一端放着玛亚特的鸵鸟毛。如果心脏比羽毛重，则死者有罪，会被鳄头狮胸河马腿兽阿米特吞噬，不得往生雅芦，将永远在杜阿特受苦。阿米特是神兽，不算神祇，因此《农夫》并未提到阿米特。古埃及人相信，玛亚特神代表了宇宙的公正和秩序，不仅是为人的楷模，还是为神的标准，因此《农夫》中的农夫反复恳求高级长官遵从玛亚特的意志，“说正义，行正义”。在各语种的众多译本中，译者多将玛亚特意译为“公正”“公平”“正义”等，但其实在圣书体原文中，这些词语都是指玛亚特神本身。在《农夫》中也出现“法律”（ ）和“道路”（ ）这两个词，他们都是实现正义的工具。在新王国时期第十八王朝（西元前约 1575 年至前 1308 年）的《霍朗赫布敕令》中，该法老宣称他不仅告诉法官如何依照“法律”审判，还告诉他们如何正确走好生活的“道路”，从而实现玛亚特的“公正”。[1]

在《农夫》中，宗教对法律的影响还有多处体现。第一，践踏他人衣物是违法行为。衣物即使沾水遮麦、和泥裹沙，也不得被他人践踏。《农夫》中，纳姆提纳哈特用自己的披风阻塞官路，导致农夫无法前行，这是因为古埃及人认为，私人衣物附有主人的灵魂。踩踏长官衣物是践踏贵族灵魂，属于以下犯上的违法行为。[2] 第二，河边案件应求助水神。古埃及神祇众多，导致神有分工，民无所从，所以简单可行的办法是就近求神。《农夫》中，由于农夫在河边被劫，因此他不但经常用码头、航船、风浪和鳄鱼做比喻，称赞高级官员是尼罗河河神哈碧，而且第四次申诉时就直接把高级长官堵在水神荷瑞莎夫的神庙门口，诅咒他得不到水神庇护。有趣的是，虽然全文看不出农夫是否精通稼穑，但他很熟悉航行，对船舵和桅杆的位置和功能都很了解。总之，古埃及的法律观念和术语都在神权笼罩之下，玛亚特是正义的化身。

---

〔1〕 J. H. Breasted, *Ancient Records of Egypt*, *Volume* Ⅲ, The University of Chicago Press, 1906, pp. 45 – 67.

〔2〕 A. Jirku, Zur magischen Bedeutung der Kleidung in Israel, *ZAW* 37(1917 – 18): 109 – 25.

（二）不成文的古埃及诉讼法

《农夫》成文时期的古埃及法律渊源主要是不成文法，不成文法的主体是法老的命令。第一，古埃及至今尚未发现成文法典。虽然金字塔、亡灵书和纸莎草文件中零星记载了官员的职责和事迹，但并未发现成文法律规范。[1]《农夫》中，无人引用法条，农夫从始至终只是强调神圣的正义观。同时，农夫虽然反复申诉，但是高级长官也找不到惩罚他的诉讼法依据，也只能派人鞭笞而已，未见下狱。

第二，周边文明稍晚才出现法典。如果认为《农夫》成文于西元2040年前后，则横向比较相邻文明，成文法典也处于萌芽状态。例如，现存世界上最早的成文法典是西亚苏美尔文明乌尔第三王朝的《乌尔纳姆法典》，法典包括序言和正文寥寥29条，现仅存23条；[2]世界上现存第一部比较完整的法典是古巴比伦王国的《汉谟拉比法典》，大约在西元1776年前后才颁布，晚于《农夫》故事刻画的时期；[3]郑国公孙侨铸刑书则更是鲁昭公六年（西元前536年）之事。[4] 总之，古埃及中王国时期诉讼的主要法律渊源是不成文法。

（三）古埃及自由民的诉讼地位

虽然一般认为古埃及属于奴隶社会，但是中王朝前的分裂社会依然保留了大量自由民。第一，自由民享有人身权和财产权。奴隶不享有人格地位，被视为财产，因此更不具有诉讼地位。对于人身权，在《农夫》中，农夫曾两次被打，第一次是被贵族纳姆提纳哈特亲手鞭笞，第二次是在第三次申诉时被高级长官润瑟官邸的守卫抽打。农夫未曾受过奴隶的攻击，可见古埃及奴

---

〔1〕 P. Lacua, Une Stèle juridique de Karnak, *Supplément aux Annales du Service des Antiquités de l'Egypte*, Cahier No. 13, 1949, pp. 1–54; W. Schenkel, Eine neue Weisheitslehre?, *JEA* 50(1964): 6–12.

〔2〕 O. R. Gurney and S., N. Kramer, Two Fragments of Sumerian Laws, *Assyriological Studies* 16 (1965): 13–9.

〔3〕 Dietz-Otto Edzard, *Die altmesopotamischen lexikalischen Listen-verkannte Kunstwerke*? In: Claus Wilcke (Hrsg.): *Das geistige Erfassen der Welt im Alten Orient. Sprache, Religion, Kultur und Gesellschaft.* Harrassowitz, Wiesbaden 2007, SS. 17–26.

〔4〕《左传·昭公六年》。

隶不可无故伤害自由民。高级长官也曾被提醒过,农夫可能原来是逃逸的奴隶,后来成了自由民。但是高级长官对此表示沉默,并未下令惩罚,看来自由民地位受到法律保障。对于财产权,农夫在第二次申诉中曾提到“强者只取无主物”,可见古埃及承认无主财产的先占制度,而自由民可以行使先占权。在故事的最后,奴隶作为赔偿财产也赐给了农夫,可见农夫不仅享有财产权,而且实际占有了大量财产。

第二,自由民享有婚姻自由权、迁徙权和经营权,享有诉讼地位。《农夫》中,农夫不仅有妻子,妻子居然还有自己的姓名,未冠夫姓,可见也不是奴隶。农夫虽然在长官眼里是农夫,但他不仅精通航行,贩卖金钱豹皮、蛇纹石甚至各种草药,而且了解习语、熟悉神祇、出口成章,所以本文认为他其实是一个自由商。作为自由民,他有权自由使用官道,因此他反复告诉纳姆提纳哈特“我的路是对的”([illegible]),后者也不得不抓紧时间用披肩封锁道路。作为自由民,他有权站在神庙口、官船旁、官邸前,甚至朝堂上进行诉讼,只要他不侵权在先,不直接诅咒高级官员,就无人可以处罚他。

第三,古埃及允许自由民进行私力救济。《农夫》中有一个有趣的情节,纳姆提纳哈特不敢直接抢劫自由民的驴子,于是设下陷阱,待农夫侵犯他的财产权后,他再出手占有农夫的货物。本文认为,这可能体现了古埃及私力救济制度,当自由民的财产权被侵犯时,被害人有权靠自己的力量获得超过损害的物上担保。[1] 虽然本质上纳姆提纳哈特是不怀好意的抢劫,但是他依然希望披上合法的外衣。总之,古埃及自由民阶层享有诉讼地位,受到法律保护,不可任意剥夺。

(四)古埃及的诉讼法院

虽然古埃及3000年中诉讼法院的变迁比较复杂,但是《农夫》依然反映了中王国时期诉讼法院的若干特点。第一,中王国时期的埃及并未区分行政

〔1〕 E. Seidl, *Einführung in die ägyptische Rechtsgeschichte bis zum Ende des neuen Reiches*, Verlag J. J. Augustin, 1951, p. 48.

与司法，地方长官、高级长官和法老都享有审判权，行使法官（[illegible]）职能。[1]《农夫》中，受害的农夫并未向任何职业法官寻求过帮助，可见行政权与司法权混同。

第二，古埃及未区分刑事案件和民事案件。《农夫》中纳姆提纳哈特的故事如果发生在当代中国，其行为大概构成侵犯财产权的侵权行为或犯罪行为。因此，农夫既可是民事诉讼的原告，也可是刑事诉讼的自诉人。由于古埃及刑民不分，因此《农夫》中的救济途径重合，最重逮捕纳姆提纳哈特并处以惩罚性赔偿，具有刑事附带民事案件的特点。

第三，古埃及法院实行级别管辖。虽然具体审级不详，但至少包含三个级别，即低级法院、高级法院和最高法院。首先，低级法院由地方长官自行担任法官。[2] 在《农夫》中，佩尔夫费地区的长官就是打劫的纳姆提纳哈特本人，因此农夫向他申诉兼求情十日。其次，高级法院由高级官员负责。在《农夫》中，农夫九次申诉的对象就是高级官员润瑟。值得注意的是，润瑟的行政级别极高。其一，农夫称他为长官（[illegible]），而他不但有奴仆代行刑罚，而且有下属（[illegible]）出谋划策。其二，润瑟住在豪宅，乘坐官船，出入荷瑞莎夫神庙，行止尊贵。荷瑞莎夫神庙位于王国首都恩尼纳苏城内，因此润瑟是京官。其三，润瑟与法老关系密切。法老先不让润瑟回答农夫，后又要求记录诉状，最后又下令润瑟判决，可见润瑟的职责当直接向法老负责。考中王国时期能享此等显赫官位者，唯有宰相，因此宰相是实质上的高级法院负责人。《农夫》中提到宰相坐船出入，当属巡回法庭。[3] 最后，法老本人负责最高法院。法老是上下埃及的统治者（[illegible]），是神祇的后代和人间的代表，因此他的话就是判决，具有最高法律效力。《农夫》中，虽然宰相草拟了判决书，但是依然需要法老首肯才能向原告宣读。值得注意的是，《农夫》似乎暗示宰相具有相

〔1〕 G. P. F. van den Boorn, *Wd^c-ryt* and Justice at the Gate, *JNES* 44(1985):5; R. Parant, *L' Affaire Sinuhé*, Aurillac, 1982. p. 55.

〔2〕 J. Pirenne, *Historie des instituions et du droit privé de l' ancienne Egypte*, *Tome I*, *Des origines à la fin de la IVe Dynastie*, Revue belge de Philologie et d' Histoire, 1932, pp. 175, 199 – 200.

〔3〕 H. D. Schneider, *Shabtis*, Rijksmuseum van Oudheden te Leiden, 1971, p. 180.

对独立的权威性。[1] 在古埃及历史中,宰相原由王族成员担任,但在第五王朝后逐渐由其他贵族担任,甚至出现了族内继承,架空甚至颠覆法老的情形,类似于三家分晋、田氏代齐和幕府政治。至第二中间期的第十三王朝的一百多年期间,六十多位法老几乎都在宰相们的控制之下。因此,《农夫》结尾处,法老让梅汝之子自行宣判,可能暗示了梅汝宰相家族垄断了王权,法老只是傀儡的事实。

总之,古埃及中王国时期的行政机关兼具司法功能,政府官员兼任法官,法老是最高裁判者,宰相可能是实际控制人,由此构成了多级审判体系。

(五)古埃及的诉讼程序

《农夫》勾勒古埃及的诉讼程序的轮廓。第一,原告可以口头陈述,不需要提交诉状。象形文字复杂多变,农民几乎不识字,因此口头陈述有利于诉讼。《农夫》中,农夫未请助手,始终口述,记录由法院做出。

第二,法院会制作庭审记录,但不记录被告意见,经原告确认后生效。[2]《农夫》中,原告陈述多达九次,分别在宫门外、官船旁、神庙门口和朝堂之上,但陈述均被一一记载下来,最后也经过确认核对程序。

第三,原告申诉的内容应该包括被告的姓名住地、基本案情和损害结果等内容。《农夫》中,虽然原告陈述部分自始至终没有说明原告货物遭受的实际损失的价值,但是在故事开篇已经详细列举了货物的品种。作为文学作品,既然已经罗列了塞赫特赫马特的金钱豹皮和法拉法尔哈的树枝等珍贵特产,也就证明了货物价值不菲,就没有必要在九次申诉中再重复说明了。

第四,法院可以采取强制程序,拘传被告、抚慰原告,甚至严肃法庭纪律。《农夫》中,高级长官不但拘传了纳姆提纳哈特,还派朋友给农夫及其家人送慰问品。当农夫在诉讼中诅咒法官时,他命令门卫进行鞭笞,但未限制人身

---

〔1〕 R. O. Faulkner, The Installation of the Vizier, *The Journal of Egyptian Archaeology* 41(1955): 18–29.

〔2〕 E. Seidl, *Einführung in die ägyptische Rechtsgeschichte bis zum Ende des neuen Reiches*, Verlag J. J. Augustin, 1951, p. 25.

自由。

第五,判决书采用书面形式,写在纸莎草上,并向原告宣判。[1]《农夫》似乎还暗示,只要当事人上诉,法院有可能改判。值得一问的是,为什么申诉了九次?对于古埃及是否真正允许同一原告向同一法官就同一案件九次申诉的问题,不但至今尚未得到任何史料直接佐证,而且违反人类一般常识,因此这种重复低效、旷日持久的争端解决方式当属极端个案,笼罩在艺术加工的色彩之下。那为什么作者选择数字九作为农夫申诉的次数?因为在古埃及文化中,九表示终结。例如,太阳神的崇拜中心赫利奥波利斯供奉九柱神,托勒密王朝祭司曼涅托(Μανεθων)为古埃及历史分期时为多个朝代凑齐九位法老。

第六,法院的执行程序。由于古埃及行政权与司法权不分,因此法官可以直接行使国家强制力。《农夫》中,法官不但退还了原告财产,还逮捕了被告、没收了被告财产给予原告,实现了惩罚性赔偿。

总之,古埃及中王国时期诉讼法允许原告口头起诉,法院制作的记录经原告核对后,法官可径直作出判决书向原告宣判,并执行惩罚性赔偿。

三、总结

《农夫》不但反映了古埃及中王国时期的法律文化,也体现了该期诉讼法的若干特点。神权飞天,玛亚特代表正义;王权在上,诉讼法并未成文。官道畅通,自由民可起诉讼;宰相垂帘,行政权主导审判。原告陈述、法庭记录,被告事实清楚;书面判决、当庭宣判,惩罚执行有力。由此可见,农夫悲惨遭遇或许不公,但人类诉讼制度已见雏形。

---

〔1〕 H. Goedicke, *The Protocol of Neferyt*, Johns Hopkins University Press, 1977, p. 110.

法律故事叙述与标准的批判

谢晓河 *

引　言

自20世纪末期以来,在美国学界,批判性法学研究(critical legal studies)开始盛行。由此衍生而来的是"外部人法学"(outsider jurisprudence),如女性主义法学(feminist jurisprudence)与批判性种族理论(critical race theory)。与这些理论相辅相成的则是法律故事叙述运动(legal storytelling),即用现实中真实个体的真实故事对传统法学中的形式平等权等概念进行批评,以倡导实质平等概念。在法律话语中,故事与叙事无所不在,起着重要的作用。无论是有意识还是无意识,是明或暗,人们在法律诉讼中无时不在讲述故事。而按照一些学者的观点,法律本身也是故事。怀特认为,"从根本上说,法律是叙述现实世界中真实发生的故事的一种方式"。[1] 那么,故事与法律之间到底存在何种关系?法律故事叙述运动对法律形式标准的批判是否合理?其诉求是否具有现实性呢?

一、作为故事的法律

众所周知,故事作为人类基本认知模型,既是回溯性结果,也是了解新事

---

* 谢晓河,上海外国语大学法学院副教授,文学博士,研究方向为叙事学与法律语言学。

〔1〕 James Boyd White, *Heracles' Bow: Essays on the Rhetoric and the Poetics of the Law*, U. Wis. Press, 1985, p. 36.

件和现象的认知方式,既是内容,也是形式。如果我们接受上述观点将法律本身也视为故事,则法律在本质上也是具有叙事性的,也会讲述其自身的故事。“法律,同任何其他文化制度一样,是人们相互传播关于我们与自身,与他人,以及与权力之间关系的故事之处。”〔1〕佩特森认为,“法律论证(legal argument)无论是在内容还是形式上采用对之前的法律实践的叙事记述来支持如何处理当下或未来法律实践的法律论证”。〔2〕从这个意义上说,所有的判例均为叙事故事,原有判例对后来判例具有示范性和参照性。具象的故事抽象成为法律规则之后,发挥着教化功能,规范大众对社会生活性质的理解,指导如何处理现实的社会问题或特定的事实。

据此原则,一些法学家试图描写不同领域的法律原则中所包含的“叙事故事”。在其对上诉意见书中的故事叙述问题的研究中,帕克普认为可以从异常丰富而多样的上诉意见书文本提炼出所谓的“大叙事”(master narratives),而这些“大叙事”可以算是真正意义上的故事。〔3〕以消费者破产(所谓的第7章破产)案件为例,帕克普认为,典型的上诉意见书从本质上其实是这样一个人的故事:

由于债务以及糟糕的财务管理,这个人被提起了破产立案。各种纠结不清的法律问题使破产程序进展缓慢,甚至导致法庭中止破产程序。但更为常见的是,债务人及其律师设法克服了种种困难,最终获得了破产解除令。没了债务的羁绊,解除债务的破产人可以翻开其人生的新一页,重新开始新生活。〔4〕

〔1〕 Clare Dalton,“An Essay in the Deconstruction of Contract Doctrine”, *Yale Law Journal*, 94, 1985, p. 997.

〔2〕 Dennis M. Patterson,“Law's Pragmatism: Law as Practice & Narrative”, *Va. L. Rev.* 76, 1990, p. 937.

〔3〕 David R. Papke,“Discharge as Denouement: Appreciating the Storytelling of Appellate Opinions”, in *Narrative and the Legal Discourse* (David R. Papke ed.) Deborah Charles Pubs, 1991, p. 208.

〔4〕 David R. Papke,“Discharge as Denouement: Appreciating the Storytelling of Appellate Opinions”, in *Narrative and the Legal Discourse* (David R. Papke ed.) Deborah Charles Pubs, 1991, p. 210.

如果我们对这个破产大叙事进行简单的分析,可以发现这样一条情节线:压迫—解放—新生。这跟俄国形式主义学者普洛普对俄国民间故事的分析非常相像。如果我们再深入探讨一下人物的功能,比如律师作为助手(helper)的功能,情节是否过于线性等问题,那几乎就是结构主义文学分析。当然,我们也可以从文学样式或体裁的角度来讨论一下这些法律大叙事。韦斯特曾借用加拿大文学理论家弗莱(Northrop Fryes)在《批评的解剖》(1957年)中所提出的文学叙事模式,即罗曼司、讽刺、喜剧、悲剧、喜剧,认为这些叙事模式正好对应着四大法理学传统,即自然法、法理实证主义、自由主义,以及国家主义。[1] 按照帕克普的观点,在破产法这个例子中,其大叙事应该是喜剧,因为其故事的结局是完美的。[2]

虽然法律与文学叙事之间存在类比性,我们还是要意识到二者之间存在差异的。就上述意见书而言,尽管其存在文学特征,但本质上依然是国家权力所支持的法庭指令,与法律和政府法规之间的相似之处显然多于其与诗歌或小说的相似之处。作为国家权力行使的体现,各种法律的大叙事必然与国家的经济和政府产生社会政治方面的联系,受限于帕克普所谓的"意识形态批判"(ideology critique)。比如,在消费者破产例子中,当个体消费者认为幸福源于不断购买越来越多的商品,从而成为美式消费思潮的牺牲品时,其大叙事"为因此而导致的个人财务崩溃洒上一束抚慰之光"。[3] 这个法律给现实洒上"抚慰之光"的说法,说白了,就是法律试图减轻或调解社会或政治冲突,在法律叙事研究中还是一个较为普遍的观点。

但这种"抚慰之光"似乎仅存在于大叙事之中,现实的经济生活中破产经历通常又是很艰难痛苦的,所谓的破产解除令也是存在例外的,经常被否

---

〔1〕 Robin West, "Jurisprudence as Narrative: An Aesthetic Analysis of Modern Legal Theory", *New York University Law Review*, 60, 1985, pp. 145–147.

〔2〕 David R. Papke, "Discharge as Denouement: Appreciating the Storytelling of Appellate Opinions", in *Narrative and the Legal Discourse* (David R. Papke ed.) Deborah Charles Pubs, 1991, p. 215.

〔3〕 David R. Papke, "Discharge as Denouement: Appreciating the Storytelling of Appellate Opinions", in *Narrative and the Legal Discourse* (David R. Papke ed.) Deborah Charles Pubs, 1991, pp. 213–214.

决，破产人信用丧失，名誉扫地，更别说什么开始新生活了。从某种程度上说，大叙事作为意识形态的体现并不具有真实性，而仅仅是理想化的情节线，并不符合现实生活中人们的真实体验。

在现实生活中，法律的故事（大叙事）与人们的真实故事之间的关系似乎更为复杂。一方面，法律的叙事，由于其与人们的真实体验相互抵触，某种程度上说是掩盖或压制了“真相”（truth），但同时法律叙事又在帮助人们塑造“真相”。很多对法律的意识形态功能感兴趣的学者认为，法律故事与其他社会意象一样，限制我们体验情感和生产生活的方式，压缩我们在重构共享存在空间方面能够想象的可能性。“我们所使用的法律形式限定了我们能够想象得到的现实选择…… 不仅限定了我们获取我们想获得的事物的能力，也限定了我们想获取的事物（或者我们认为自己能够获取的事物）本身。”[1] 从这个意义上看，法律所表达的故事建立了一个复杂的规范性环境，对我们如何想象以及如何描述我们同现实世界的关系产生影响，同时也限定了我们自身身份的形成。

这就形成了一个悖论：与我们的真实体验或经历相互抵触的法律叙事或法律故事反过来又在某种程度上决定我们在现实生活中的体验或经历。欲理解此悖论，我们可能得把法律叙事和个体的真实故事置于动态的关系中来解读。法律大叙事是个体真实故事的背景，二者之间的冲突更加强化了个体故事的真实性，而这种真实性反过来挑战法律大叙事的压制性和控制性，从某种程度上改变法律叙事，增加其真实性。

二、作为规约的故事

外部人法学所倡导的故事讲述运动（the storytelling movement）的一个重要理论支撑点是人们用故事来“建构”其世界。密歇根大学法学院教授詹姆斯·怀特就曾指出：故事是人们组织其经验并赋予其意义的最基本方式。[2]

---

〔1〕 Robert W. Gordon, “Critical Legal Histories”, *Stanford Law Review*, 36, 1984, p. 111.

〔2〕 James Boyd White, *Heracles' Bow: Essays on the Rhetoric and the Poetics of the Law*, U. Wis. Press, 1985, p. 169.

科罗拉多大学法学院教授理查德·德尔加多也认为:我们通过故事、叙事、神话以及象征符号来构建我们的社会性世界。[1] 卡尔并认为,叙事并非是我们加诸我们所体验或经历的事件和现象之上的某种东西,而是我们体验这些事件和现象的方式。[2] 通过叙事的方式,人们将其生活体验或经历转化为可理解的故事,从而形成人们对世界运转方式、对社会中个体的行为模式以及对各种可能的因果关系的规约性故事(conventional stories)。这些规约性故事构成我们对所生存于其中的世界的基本理解,同时反过来又进一步影响我们看待世界的方式。我们可以将所谓的规约性看作自然性。叙事将我们所经历的事件和现象归化为我们习以为常的自然性叙事习惯和认知模式,潜移默化地影响着我们的选择、偏好、目的以及认知角度,决定了我们的所见,从而决定我们所构建的社会现实。从这一点来看,故事既是人类认识世界的结果,又是人类认识世界的方式。作为理解世界的结果,故事无疑具有回顾性,而作为理解世界的方式,故事影响着我们的行为。

这些理论前提对于我们研究法律具有重要的意义。无论是法律之中还是法律之外,故事叙述均依赖于特定文化所设定的背景假设和预期(background assumptions and expectations)。温特认为,生活于同一文化中的人们会无意识地共享特定的文化认知模式,而从认知论的角度来看,这些理想化的认知模式无非是人们可以用来对自身经验或体验进行组织并赋予意义的文化理论而已。[3] 如果没有这些共享认知模式,不同的个体对于社会和法律现象的认知以及对其社会意义的解读就可能完全不具有相似性与可比性。所以,我们的任何阐释行为,我们能说什么,我们会说什么,我们怎么说,皆受制于背景假设与预期,无论其是经验性的还是意识形态的。背景假设与预期在很大程度上首先决定一个特定的叙述能否被人们接受为一个故

---

〔1〕 Richard Delgado, "Shadowboxing: An Essay on Power", *Cornell Law Review* 77, 1992, p. 813.

〔2〕 David Carr, *Time, Narrative, and History*, Indiana University Press, 1986, pp. 57 – 72.

〔3〕 Steven L. Winter, The Cognitive Dimension of the Agon between Legal Power and Narrative Meaning, Michigan Law Review, 87, 1989, p. 2252.

事，其次决定这个故事是否可信或具有说服力。所以，故事有好的故事，也有不好的故事。不同的群体对于社会及其规范具有不同的理解，对于同一故事的可信度就会有不同的看法。在法律场景中，法庭人员与犯罪嫌疑人可能会具有完全不同的背景预期。犯罪嫌疑人自认为真实的故事，很有可能无法获得法官或陪审团的认同，从而被认为是非真实的而受到压制，自然无法转化为具有法律意义的事实。

这意味着，制约故事叙述过程的背景假设与预期反映并包含了关于人们预想的世界观以及现实的世界观的规范（norms）。由于宗教、种族、人种、性别、政治、文化背景等因素的影响，并非所有的社会成员均共同享有一致的规范，从而导致观察和解读事件与现象会有不同的视角。本涅特与费尔德曼的研究就发现，对于同样的故事，来自不同社会背景的陪审员会对其意义和可信度有不同的意见。[1] 而且，如果某一个体或群体的背景假设和预期不同于社会的主流规范，则其声音通常会受到压制。比如，“与内部人（insiders）相比，外部人（outsiders）经常具有不同的历史、不同的背景经历以及不同的认知”，[2]因此，一旦脱离语境，人们通常会觉得其行为离奇怪异，其叙述也因其与社会传统的或主导的规范不相吻合而被认为不可信。

故事叙述的这种选择性逻辑在法律领域中尤其明显。法律中的故事是按照实质性原则（substantive principles）排除诸多“非相关”信息严密组织而成的。法律的相关性标准（standards of legal relevance）压缩了法律故事的边界。案件事实决定案件应适用的法律范畴，而法律范畴又反过来决定哪些事实具有相关性，哪些事实不具有相关性，从而决定案件适用哪些法律条款，如此形成了一个循环的过程。[3] 法律的目标即为通过创立法律范畴以使审判参与者对于哪些事实与争端的解决具有潜在相关性具有基本的共识。证据法

〔1〕 Bennett, Feldman, Reconstructing Reality in the Courtroom: Justice and Judgment in American Culture, Rutgers U. Press, 1981, p. 171.

〔2〕 Kim Lane Scheppele, “Forewords: Telling Stories”, *Michigan Law Review*, 87, 1989, p. 2096.

〔3〕 Kim Lane Scheppele, *Legal Secrets: Equality and Efficiency in the Common Law*, The University of Chicago Press, 1988, p. 95.

将证据的收集限定为“麻烦”产生之时所发生的事情(what happened at the time of “the trouble”),从而将当事人认为能够解释其观点的诸多证据或信息排除在外,这也是法律实质性原则与相关性标准的体现。合同法中的口头证据规则(the parol evidence rule)也是此类实质性原则的另一种体现。按照这一规则,如果当事双方之间存在书面协议,则法庭不会接受任何与此书面协议相抵触的口头协议证据,即使法庭从直觉上认为这次口头证据可能有用。这些规则显示,法律教义和规则均对人们能够带入案件审理的事实和信息进行限制。

法律不仅只认可特定类型的故事,而且也对法律场景中叙述故事的方式施加很强的限制性要求。贝兹德克发现,在房东诉房客欠租的案件审理过程中,通常会有两个不甚协调的对话场景。[1] 首先,法官会按照一般的民事法律纠纷程序,以符合法庭规范的方式复述房东的诉求,比如欠租金额,要求立刻支付,或者要求收回房屋等,最后法官一般会说,“房东声称有300美元房租到期未付。对吗?”其次,法官会问房客类似下面的问题:“你是否有什么要说的?”根据贝兹德克的观察,许多房客此时都会向法庭解释其为何没有支付房租。通常,房客会说自己或者家里有人突然失业了或者生病了,导致经济困难,所以付不起房租,说话的语气自然也是低调博同情的那种。法官在听完房客的故事后,都会告诉房客她所说的东西跟案件无关,然后判决房客支付房东租金。从这个例子我们可以看出,由于房客采用的叙述方式是非制度性场景中一般人叙述其困境的方式,与法律制度性场景中法律规则所设定的言语规范是存在冲突的。

孔莱与欧巴在对小额索赔案件庭审中自我代理人(self-represented litigant)的叙事方式研究中也发现,这些自我代理人在向法官陈述争议事宜时所采取的叙事模式基本可以分为两类:规则导向型(rule-oriented)和关系导向型(relation-oriented)。[2] 规则导向型陈述的典型特征是将重点放在规

〔1〕 Barbara Bezdek, “Silence in the Court: Participation and Subordination of Poor Tenants' Voices in Legal Process”, *Hofstra Law Review*, 20, 1992, p. 586.

〔2〕 John M. Conley, William M. O'Barr, *Rules versus Relationships: the Ethnography of Legal Discourse*, University of Chicago Press, 1990, p. 179.

则与法律上,紧密围绕存在的争议以及对责任的理解而展开。自我代理人在此类型陈述中通常不会涉及动机、情感等感性内容,也不会祈求法官对其违约责任的理解或同情。而在关系导向型陈述中,自我代理人则会强调争议的来龙去脉,以及诉讼当事人过往的关系等大量的背景性细节。这些细节看似对叙述者非常重要,但对法庭来说却不尽然。孔莱与欧巴认为,这两类叙述其实都是规则导向的,只不过前者是以法律规则为导向,后者是以社会规则为导向,但二者对法官的影响却是截然不同。一般来说,法庭倾向于不采信关系导向型叙述,往往会认为其内容与案件无关,不准确,东拉西扯,偏离案件的核心问题。

如果我们回到上面的房客欠租问题上,也会发现房东和房客看待争议的方式也是遵循孔莱与欧巴的分类。房东认为这件事完全是一个商业问题,而法律规则是解决商业纠纷的最好途径,自然会使用规则导向型陈述,而房客面临的是一个社会关系问题,潜意识中认为自己已经努力了,试图博得法官的同情与理解,因而采用关系导向型叙述。按照一般社会交流标准来说,房客对争议的关系导向型叙述是完全适当的,而其叙述可能也完全反映现实状况,但这种叙述从法律的角度来看却又是欠缺的,因为法律对于法庭中如何叙述故事以及如何判定责任是有其预设的。法律范畴对争议的界定会导致关系导向型叙述丧失与案件的相关性。

三、作为交际策略的故事

不管法律规则中的叙事与人们的现实故事之间的复杂关系如何,法律是人们日常生活中每日践行之事。未受过法律训练者就其认为涉及法律的问题寻求法律专业人士的帮助。对于非律师而言,法律实践中的语言、习惯以及程序,因其与我们日常生活中的语言、习惯以及程序大为迥异,而显得专业化,甚至有点神秘。这种差异常常会让人好奇法律到底是如何运作的;或者说,在法律场景中,参与者之间的互动交际是如何进行的。

大量的实证研究表明,在各种不同的法律场景中,故事叙述是法律实践的一个核心部分。例如,欧巴与孔莱发现,在小额索赔或债务案件审理中,由于可以免除正式审判所适用证据约束性要求,诉讼当事人往往会在审判过程中采用"跟他们在一般社会交往中所使用的叙事策略相同的叙事策略"。〔1〕梅纳德对辩诉交易的研究也发现,律师在进行辩诉交易谈判时"会用叙事的结构将事实、个人经历、法律以及其他因素引入判决程序中"。〔2〕斯尼达克发现在正式的庭审过程中,开庭陈述成功与否取决于故事形式的交际策略。〔3〕彭宁顿和哈斯迪通过对陪审团决策过程的研究认为,陪审员是用叙事故事的形式来组织其接收的庭审信息。〔4〕

这些研究的焦点并不在于其所描述的法律场景中所叙述的任何特定故事,而是故事叙述作为司法体系内的一种交流方式。长久以来,学者们对于法律专业化的规则与人们生活中的日常实践之间的关系深感兴趣,因为法律实践中的参与者如律师、当事人以及法官等毕竟都是活生生的人。在解决法律问题时,这些参与者不仅依赖专业的法律技能,也依赖于他们作为社会成员所具有的总体能力。而这种能力的一个核心成分就是以叙事的方式理解和解释世界。人类生活的一个最基本的特征就是,我们无时无刻不在叙述故事,并用故事来说服他人改变其观点或理解。可以说,故事是人类最有说服力、最容易理解的交际方式,是我们基本的交流策略,是"具有普遍性的认知模型"。〔5〕由于法律问题从本质上说也是人的问题,因此,解决法律问题,跟解决其他人的问题一样,同样涉及叙述和倾听故事。优秀的律师,如果真切希望能够有效为其当

---

〔1〕 William M. O' Barr, John M. Conley, "Litigant Santisafaction versus Legal Adequacy in Small Claims Court Narrative", in *Narrative and the Legal Discourse*(David R. Papke ed.) Deborah Charles Pubs, 1991, p. 87.

〔2〕 Douglas W. Maynard, "Narratives and Narrative Structure in Plea Bargaining", in *Narrative and the Legal Discourse*(David R. Papke ed.) Deborah Charles Pubs, 1991, p. 126.

〔3〕 Kathryn Snedaker, "Storytelling in Opening Statements: Framing the Argumentation of the Trial", in *Narrative and the Legal Discourse*(David R. Papke ed.) Deborah Charles Pubs, 1991, p. 133.

〔4〕 Nancy Pennington, Reid Hastie, "A Cognitive Theory of Juror Decision Making: The Story Model", *Cardozo Law Review* 13, 1991, p. 519.

〔5〕 W. Lance Bennett, Martha S. Feldman, *Reconstructing Reality in the Courtroom: Justice and Judgment in American Culture*, Rutgers U. Press, 1981, p. 62.

事人提供服务，则应对此有充分的认知，努力做一个好的倾听者和讲述者。

但是，强调故事叙述作为法律实践的交流策略的重要性也会扭曲法律与事实真相之间的关系。故事叙述技巧固然有助于有效地揭示法律实践中当事人的真实故事，但律师的当事人同样可以用故事叙述来撒谎。固然，如果当事人没有撒谎，而以法律认可的方式叙述其真实故事，这些故事有可能会成为法律认可的事实。但有时以法律认可的方式叙述故事又会改变真实故事本身的"事实"。[1] 由于诸多原因，一个故事可以叙述得非常有效、非常具有说服力，但同时又可以是完全虚假的。

有趣的是，研究故事的交流策略功能的学者往往对法律场景下故事的真与假漠不关心。比如本涅特和费尔德曼认为，"故事的叙事形式对于读者或听者对其可信度的感知具有相当的影响，而无论其故事本身是否真实"。[2] 波斯纳持有类似的观点，"故事不必是真实的，但必须是连贯的，可理解的，且有意义的"。[3] 彭斯也认为，在庭审环境中，在相互竞争的故事中，那些看上去最有可信度的故事对于陪审员决定"事实真相"影响最大，而连贯性最强的故事同时也就是那些看上去最有可信度的故事。[4] 彭宁顿和哈斯迪通过两组模拟法庭实验[5]得出的结论是，同样的事实，同样的信息，不同的叙事形式，显然具有不同的说服力。故事的真实性对于多数听者判断故事的真伪并无显著影响，对故事的说服力具有影响是故事结构。

四、作为批判工具的故事

在传统上，司法界认为法律应以追求客观公正（impartiality），独立而又

---

〔1〕 Kim L. Scheppele, *Legal Secrets: Equality and Efficiency in the Common Law*, University of Chicago Press, 1988, pp. 97 – 98.

〔2〕 W. Lance Bennett & Martha S. Feldman, *Reconstructing Reality in the Courtroom: Justice and Judgment in American Culture*, Rutgers U. Press, 1981, p. 89.

〔3〕 Richard Posner, "Legal Narratology", *The University of Chicago Law Review* 64, 1997, p. 738.

〔4〕 Robert Burns, *A Theory of Trial*, Princeton University Press, 1999, p. 167.

〔5〕 Nancy Pennington & Reid Hastie, "Explanation-Based Decision Making: Effects of Memory Structure on Judgment", *Journal of Experimental Psychology: Learning, Memory, and Cognition*, 14, 1988, p. 521.

不带偏见为终极目标,应致力于法治,摒弃所谓的“人治”。在此目标影响下,司法界通常对法律过程中带个人色彩以及情感色彩的叙述或行为持怀疑态度。例如,律师在代理案件时,即使从情感上对其当事人的行为有所厌恶,也要维护当事人的合法权益,因为律师必须认为自己的职责是摒弃个人感受,寻求事实,即现实世界中真实发生的事件。而要看清事实,就必须客观地看待事实,看清其本相,就必须抛弃带有自我目的的主观之眼。根据客观主义者的观点,所谓的“真相可以通过移除在不公正过程中获益者的带有自我目的的叙述而获得”。[1] 也就是说,只有剥离所有的偏见、倾向或者个人视角,我们才能获得真相,到达真理所在。如此一来,我们看到的是将客观公正、独立无偏见以及保持距离与“事实”或“真相”之间等同起来。

但长久以来,这一点受到知识界的广泛质疑。[2] 作为观察者与决策者的社会个体因其不同的社会身份、不同的社会立场、不同的兴趣所在,其理解事物的能力与角度是受到影响的,这跟法律对客观性的显性要求就构成悖论。即使我们能够不带个人偏见看待事物,对客观性的追求本身也是一种立场。“中立观察者的视角并不比其他人的视角更中立。”[3] 如果所谓的中立者宣称自己是公正客观的,从而将自己的立场强加于他人,那就要求他人与自己保持一致,这本身也构成真正的风险。

法律自然也不能幸免这种质疑。所谓的客观公正是否存在可能性。任何一个决策(包括司法裁决),均不能免于决策者的个人信念以及利益的影响。因此,所谓的“事实”并不能截然分明地区分于“判断”:“我们的所闻所见是经过我们基于个体习性以及过往经历而构造的认知框架的过滤的”。[4] 我们的认知框架中的概念图式,各种预设以及预期均影响我们解读所闻所见的方式。从这个角度来看,也有学者指出,对客观公正性的追求本身也是一

---

〔1〕 Kim L. Scheppell,“Forward:Telling Stories”,*Michigan Law Review*,87,1989,p. 2090.

〔2〕 Richard Rorty,*Philosophy and the Mirror of Nature*. Princeton University Press,2008.

〔3〕 Kim L. Scheppell,“Forward:Telling Stories”,*Michigan Law Review*,87,1989,p. 2090.

〔4〕 Catherine Wells,“Situated Decisionmaking”,*S. Cal L. Rev.* 63,1990,p. 1727.

种偏激立场,因其掩盖或压制了人必然存在的认知视角,反而变得更加危险。[1] 在此意义上,所谓的客观公正无非是隐藏各种倾向性偏见使其免于暴露的伪装而已,而"法律表面上的中立性掩盖了法律以强权者利益为基本前提的程度"。[2]

即使能够在司法实践中实现所谓的公正客观,人们依然有理由质疑我们在多大程度上需要所谓的公正客观。显然,客观公正、不带偏见固然能够隔绝决策者的一己之利,但同时也切断了决策者对自我的认知,切断了他对自己与那些受其决策所影响的人之间关系的认知。现行的法庭辩论和证据认定模式就抑制或排除了作为法庭辩论和决策客体的案件当事人作为人类个体的情感与经历。"证据规则以及相关性概念所起的作用在于排除那些通常具有个人色彩,无法被任何证据规则覆盖从而不具有法律标识的信息。"[3] 从这个意义上看,对客观性与公正性的追求事实上演变为隐蔽的关联性规则,从而将当事人的许多个人信息排除于法庭的考虑之外。

外部人法学利用故事叙述对此展开批判。故事叙述作为批判工具,其要点是通过具有个人色彩的真实故事揭示那些在法庭上对当事人故事的可理解性和说服性具有强大影响的准则并非是无可争议的绝对标准,尤其是那些评价性标准。任何人对任何事进行评价均是以一定准则为参照物,无论该准则是明还是暗。因此,任何评价行为均始于特定的、或然性的视角。在很多情况下评价行为人并不会明示其视角,但这并不意味着其视角是中立的,只是由于其没有明示故显得其视角似乎具有必然性而已。也正因如此,评价的出发点并非总是无可争议的,不带任何个人偏见的中立标准这种理想状态也是难以维持的。

如果所谓的中立性和客观性在实际中无法实现,则意味着所有的判断标

---

〔1〕 Martha L. Minow, "Foreword: Justice Engendered", *Harvard Law Review*, 101, 1987, p. 45.

〔2〕 Kathryn Abrams, "Hearing the Call of Stories", *Cal. L. Rev.*, 79, 1991, p. 975.

〔3〕 Walter D. Weyrauch, "Law as Mask-Legal Ritual and Relevance", *Cal. L. Rev.* 66, 1978, p. 707.

准都必然反映判断者的视角,因而均是带有偏见的。既然如此,则问题转换为是否存在"好的"偏见和"坏的"偏见。有些学者认为,"好的"偏见和"坏的"偏见毋庸置疑是存在的,而问题的关键是如何区分"好的"偏见和"坏的"偏见。[1] 这是因为,在现实社会中,并非所有的人群均具有共同的规约或标准,所谓"好"与"坏"便成为争夺的目标。不同的人群通过故事的方式对主流标准提出质疑。此点亦为外部人法学中许多故事叙述的核心诉求。有些故事会叙述现存法律条文没有认定的一些伤害或损害情况,以质疑到底什么样的法律规则能算作"好的"法律规则,例如常见的故意碰瓷对车辆驾驶人造成的损害,或者企业对已婚未孕女性员工的隐性歧视;有些故事会叙述律师与其客户之间的互动细节,以质疑到底怎样才能称得上"好的"法律代理。此类故事叙述的关键在于对各种理所当然的标准提出挑战,认为所有的标准均处于可竞争状态。外部人法学的故事叙述提出标准的可竞争性并非是否认约定俗成的判断标准的存在,而是认为很多标准之所以成为标准仅仅是因为这些标准是约定俗成的,而实际上却有可能是充满争议性的。

针对这种对所谓客观性的追求所存在的争议,外部人法学提倡的修正做法是回归现实中真实个人的真实故事,例如对案件中属于社会边缘群体的当事人的经历予以特殊考虑,或者积极寻求从多视角看待问题以寻求解决之道,同样充满争议,虽然两者性质有所不同。

事实上,故事叙述在法律中并非新鲜事。在不同的法律场景中,我们都可以看到法庭要求真实的个人讲述真实的故事,比如证人在庭审中对其目击的车祸现场情况进行作证。但此类故事叙述与外部人法学的故事叙述是存在差异的。在传统的法律故事叙述中,故事是被视为案件事实的来源,比如从证人证词中提取的交通事故中两车相对位置。我们在上文也提到,法律客观主义的观点认为真相是去除所有的偏见、倾向、视角之后存留的事实。因此,如果这个交通案件的现场有监控摄像头,则法庭可能完全不需要此类目

[1] Patricia A. Cain, "Good and Bad Bias: A Coment on Feminist Theory and Judging", *S. Cal. L. Rev.* 61, 1988, p. 1946.

击证人的故事,因为传统的法律真相观点关注的是事实,而非故事。外部人法学则认为现实中真实个人所叙述的故事本身就是事实,就是真相,而非仅是事实的来源。这就意味着一种完全不同的真相概念。外部人法学所谓的真相之所以为真显然正是因其个人感情色彩,因其个人视角,因其为个人的切身经历、切身感受。

外部人法学认为,尽管法律宣称其目标是寻求事实真相,但法律对事实真相的界定过于狭隘,反而将很多关于事实真相的信息置于考虑之外。既然法庭裁决者追根究底都是具有一定立场的,置当事人的切身经历不顾而作出的司法裁决必然反映裁决者的隐蔽立场或偏见。所以,法庭上面临的选择并非是介于"事实"与"谎言"或者"客观性"与"主观性"之间,所有的选择都是对故事的选择,问题的关键是谁的故事被选中了。

结　语

法律中的故事叙述运动涉及的主题非常广泛,但这些主题的共同点是对传统的法律制度和准则的批判态度,并试图为其提供解决方法。这个运动的总的观点是,无论是在法学院教室、律师事务所里,还是法庭上,真实个体的真实故事总是被压制的,个体的声音总是缺失的。在法律场景中,个体是不允许不加职业性修饰即使用一般性的概念和日常的语言来分析法律问题或纠纷的。哥特曼认为,这导致法律话语缺失了其所谓的"人性之声"(human voice)。[1] 例如,在法学院课堂里,标准用语通常是充斥着单调的、技术性的法律辞藻;法学学术话语通常是排除个人自我意识,否定个人色彩;从之前的讨论中,我们也可以看到证据法对日常话语的排斥。总体来说,法律研究人际关系,同时却又与人类的情感反应保持距离。

也许解决问题的途径非常简单:法律缺失什么,我们就将缺失的东西补回去,就像汤如果太淡了,就加点盐。总体来说,故事叙述运动倡导者主要关

〔1〕 Julius G. Getman. "Voices". *Tex. L. Rev.* 66,1988,p. 582.

注如何恢复法律话语中缺失的“人性之声”,而真实个体的真实故事的可贵之处正是在于普通人故事中的“人性之声”,这正是法律所述说的意识形态故事所压制或忽略。因此,他们认为故事叙述正是解决问题之道。比如,德尔加多认为,“故事赋予我们人情味……故事叙述让文本有了情感”;〔1〕沙弗与艾尔金斯则提出,“当我们审视自己的故事,将客户的叙述当故事来听”,则律师才有可能“将我们的服务对象视为有血有肉的人来看待”;〔2〕邓维尔则从更广泛的角度上宣称,“文学能够有效矫正现代法学教育中具有极大影响力的实证主义法学对规则核心论的过分强调”。〔3〕

但故事叙述运动对于如何达到这些宏大的目标却是语焉不详。但无论故事叙述的这些目标是否能够实现,我们都不应轻视。隐含这些目标之中的重新思考“判决”或“判断”标准的诉求,应当是值得我们思考的。

〔1〕 Richard Delago,“Storytelling for Oppositionists and Others:A Plea for Narrative”,in *Narrative and the Legal Discourse:A Reader in Storytelling and Law*(David R. Papke,ed.)1991,p. 312.

〔2〕 Thomas Shaffer & James Elkins,“Solving Problems and Telling Stories”,in *Narrative and the Legal Discourse:A Reader in Storytelling and Law*(David R. Papke,ed.)1991,p. 100.

〔3〕 John Denvir,William Shakespeare and the Jurisprudence of Comedy,in *Narrative and the Legal Discourse:A Reader in Storytelling and Law*(David R. Papke,ed.)1991,p. 195.

被压榨的受害者还是获得自由的女性?

——哈罗德-品特戏剧《回家》中的人物露丝分析

张守进*

西方传统戏剧从古希腊戏剧以来就秉承一个原则,作者应该对其戏剧作品中的人物有全知全能的视角。英国戏剧家萨缪尔-贝克特的《等待戈多》从某种意义上来说改变了这种传统,而哈罗德-品特也背离了这种戏剧传统,与贝克特不同的是,品特的戏剧作品往往将人物置于具体、现实场景中,他会告诉我们一些相关的事实和证据,然后让读者自己去决定与这个人物相关的那些元素。同时,品特也改变了戏剧语言,传统的戏剧语言是华丽的诗歌或现实主义散文风格,而品特则是将日常语言(包括语言行为中的犹豫、重复、间断性的粗口、令人不安的寂静)呈现在读者面前,展现出不同的诗歌画卷。

在《回家》这个戏剧作品中,从表面上看是一个在美国大学里做哲学教授的泰迪回到了自己英国伦敦的原生家庭,由此引发了戏剧中一系列的人物冲突。这些冲突既表现在父子之间,也表现在兄弟之间;当然更重要的是泰迪的妻子露丝与这些男性人物角色之间的冲突。这些人物冲突不仅以现实而具有审美意义的方式诠释了在这个家庭内部的权力和性别政治,而且让露丝这个女性角色在剧中得到突出展现。品特的早期戏剧以其神秘且充满歧义而著名,因此对露丝这个角色的理解往往也是各种学术争论的源头。

---

* 张守进,上海外国语大学法学院讲师,英语言文学博士,研究方向为西方文学批评。

一、《回家》中男性成员之间的传统权力结构以及露丝与男性之间的权力关系

对于权力政治而言,是品特通过语言这个戏剧手段来渲染的重要主题。[1] 在《回家》一剧中,我们可以看到的权力关系主要有四种:第一是父子之间的权力关系;第二是丈夫与妻子之间的关系;第三是在性方面具有诱惑力的女性和有性欲的男性之间的关系;第四是有智识能力的男性和体力劳动者之间的关系。本文主要关注的露丝这个女性角色与丈夫泰迪之间的关系,以及她与泰迪原生家庭中其他男性角色之间的关系。评论家们讨论这些关系的时候,父权制度是被提及最多的。

从社会学[2]的角度来看,父权制度是一种社会制度,男性拥有权力并在政治领导、道德权威、社会特权和财产控制方面占据主导地位。从家庭领域来看,父亲或父亲形象的男性对女性和孩子有绝对权威。有些父权制度社会在继承制度方面也是如此,也就是财产和名望由男性继承。从历史角度来看,父权制度在不同类型社会中的社会、法律、政治、宗教和经济领域里都得到体现。即使当代社会没有清晰地通过宪法和法律来确定,这些社会实际上也是父权制度社会。[3] 《回家》这一戏剧作品中体现的就是这种父权制度下的家庭生活。麦克斯作为父亲,是一个典型的父权形象,他虽然已经年老体弱,仍然在竭力维持自己作为父权的强力形象,"……听着! 你跟我这样说话,我会弄断你的脊柱,你明白吗? 跟你肮脏邋遢的父亲这么说话!"[4] (Metheum, p. 8)在提及自己的妻子的时候,"你可要记住,她可不是一个坏女人。尽管我看到她那张烂臭脸就感到恶心,她并不是那么坏的婊子。我可是

〔1〕 John Russel Taylor, Anger and After: A Guide to the New British Drama, Harmondsworth: Penguin Books, 1963, p. 287.

〔2〕 查阅社会学角度对父权制度的理解。

〔3〕 Lockard, Craig (2007). Societies, Networks, and Transitions. 1. Cengage Learning. pp. 111 – 114. ISBN 9780547047669 – via Google Books.

〔4〕 本文中引用原文剧本的文字皆为笔者翻译。

给了她我最好的年华”（Metheum，p. 9）。麦克斯对于女性的这种父权认识影响了他对剧中女主人公露丝的看法。无论是死去的妻子还是至少名义上是麦克斯儿媳的露丝，在麦克斯的眼里就是在两个极端形象之间来回摇摆，也就是“母亲—厨子—妻子”的家庭贤淑形象和放荡多变这个形象之间来回摇摆。贤淑形象意味着露丝是一个被动的角色，而不是一个能够操控局面的女性。但是有很多批评者们认为该剧展现了露丝挑战男权，揭露了男性的弱点。与其说是以麦克斯为首的男性为主的家庭成员实现了恋母情结，还不如说该剧是女性对男性权利结构进行的挑战而且取得了胜利。

二、对露丝人物角色的不同认识

Prentice（penelope）[1]认为露丝是最被批评家和读者们误解的人物角色，很多人觉得这个女性角色令人震惊，下流而且有女色情狂的嫌疑。她认为露丝最后变成了应召女。Austin Quigley[2]的解读认同Martin Esslin的说法，认为露丝在与泰迪结婚之前就是妓女，而她同泰迪一起回到伦敦的家实际上是她找回自我的过程，也是她回归原先身份的过程。因此，矫正人们对露丝这个角色的认识对于理解剧中所有任务非常必要。

三、控制还是被控制？露丝如何逐步占据主动、获得自由

剧中露丝被这个男性群体误解而且被利用，但是最终她还是获得了某种自由，剧中结尾部分读者很难揣测她是否会去希腊街当应召女，但是即使是这样，我们看到露丝也是在提出自己的条件，“如果你们想玩这种游戏，我可以玩得跟你们一样好”。她使用的语言是条件性、合约性的，“这可能会证明是一个可行的安排”或“听上去是很吸引人的想法”。当莱尼问她是否需要现在就敲定的时候，她的回答是“让我们后面再来探讨吧”。这样露丝就把谈判的条件和结果都牢牢把握在自己手里。

---

〔1〕 Gender trouble，Judith Butler. 1999 Routeledge.

〔2〕 Ibid.

剧中露丝最后拥有的自我掌控以及在未获得这种掌控力前的沉默,是批评家们争议最多的地方。因为露丝对于这些男性成员的提议没有明确接受,但也没有表达出哪怕是表面上的道德愤慨,因此批评家和读者们往往据此认为露丝是一个没有道德原则的女性。然而,品特戏剧中的女性人物很多都是男性不能支配的角,露丝一旦了解了形势,就静待变化进而掌控局面。这些男性并不理解露丝为什么这么做,而露丝却理解这些男性想要显示自己在家庭里的权力和地位,还有男性对女性的优势,所以她想方设法地确立自己在这些男性成员中的优越感,让他们产生挫败感和困惑迷茫。她的这种做法实际上是对男性成员试图侵犯她的一种防御机制,而且重要的是,她认为"我玩这个游戏可以玩得跟你们一样好"。

在这个对权力、地位与等级迷恋的家庭里,露丝是一个变量。只有麦克斯最后意识到他们可能被露丝利用了。麦克斯通过贬低儿子莱尼和乔伊,在语言上将他们女性化,称呼他们"母狗",而把自己弟弟称呼为"乳头"。儿子们试图在爸爸麦克斯那里寻找失去的母爱,矛盾的是麦克斯自己也靠死去的妻子杰西追忆往昔,对自己过去的活力和能力颇为自得。只是杰西一会被吹捧为圣人,一会又成了"荡妇"。

莱尼对女性认识扭曲变态,他甚至跟弟弟一起做"拉皮条"的勾当成了无脑下流鬼。由于父亲的恨和母爱的缺失,使他对女性认识仅限于商业上的剥削与情感上的暴力举动。而另一个儿子乔伊则把女性当作性满足的对象,大儿子泰迪则是大学教授,剧中展现出他屈尊降贵而且更希望露丝活在他的影子中。或许,麦克斯所说的话我们应该反向去理解,"他们生活所依赖的每一条道德准则都是他们的母亲教给他们的"。如果真的是这样,说明杰西这个剧中偶尔提及的人物的道德水准着实可疑。

也就是说,戏剧也充分展现了这种圣母—妓女两极的任意性和情绪化。麦克斯对理想妻子的定义是"这些年我一直哀求这俩年轻人找个名声好信誉好的好女孩;这让生活有意义",同时他又把女性物化,认为她们是妓女。如果这两种形象都存在于一个女性角色身上,那么就产生了权力和权威。死去的杰西和现在的露丝超越了男性对女性的界定，她们既是母亲，又是性符号。剧本因此就有了朱迪斯—巴特勒所说的身份颠覆性。[1] 也就是看似根深蒂固的母亲和妓女身份实际上是灵活的，不断变化而且相互兼容的。在《性别问题：女性主义与身份的颠覆》中，她说“对于性的两元解释压制了那些可能会颠覆异性恋，再繁殖等方面的霸权体制”（p. 25）。露丝在到达泰迪伦敦的原生家庭后与家里男性成员的交流中都表现出这种身份的颠覆性。

读者不免对于剧中的安排感到震惊：露丝怎么会放弃家庭而让这些像贪婪猎手一样的男性们将其当作代理母亲和妓女呢？而她的丈夫泰迪又怎么会袖手旁观，任其发生呢？细读之下，剧中的露丝并非是一个任人宰割的受害者，她更像是一个精明的掌控者。丈夫泰迪并非是一个悲剧人物，他是有着铁石心肠的冷眼旁观者。该剧的实质是露丝的胜利和她最终获得的权力。而在露丝和泰迪的夫妻关系中，缺乏身体上、情感上的同步性，他们到达伦敦的家后，露丝非常疲惫而泰迪非常清醒。虽然泰迪是名义上的哲学家，但是我们发现露丝的语言更具精确性。泰迪提出想看看他小时候的房间是否还在，而露丝说，“它不可能动过”。剧本的题目为《回家》，从表面来看是泰迪回家，但露丝一开始就从身体上、空间上和情感上占据了主动。露丝拒绝了泰迪让她坐下的提议，她总是慢慢地在房间里踱步，她想在凌晨出去呼吸下新鲜空气，这些都是一些她寻求独立的迹象，这些迹象让夫妻关系中的权力平衡发生了转变，打破了对于性和身份的“母亲—荡妇”这种二元认识。

在与其他家庭成员见面后，露丝成了具有破坏性的力量，对泰迪的弟弟莱尼总是具有语言上的战术优势，当莱尼想拿走水杯的时候，露丝说，“如果你拿走这个，我就要了你”。这就威胁到了莱尼的男性尊严，而且随着交流的不断深入，露丝揭露出莱尼是一个对女性有暴力倾向的无赖，露丝通过邀请莱尼躺在自己的腿上，让莱尼对女性性的身份的恐惧暴露无遗。露丝进而剥夺了莱尼引以为豪的男性阳刚之气。莱尼为了吸引露丝的注意力，语言时而

〔1〕 Gender trouble, Judith Butler. 1999 Routeledge.

温柔,时而粗暴,譬如有时他会礼貌地问,“你介意我握住你的手吗?”但是有时在叙述他与女性的交往时又炫耀自己是如何暴力对待那些女性的,目的都是为了在两性关系中占据主动和控制。

在剧本中,露丝展现出冷静沉着,不受其他因素影响的素质。有时她以沉默为武器,甚至当她刚到达的时候麦克斯辱骂她为妓女、臭婆娘和患天花病的荡妇时,她也不动声色。即使在泰迪数次强调露丝是他的妻子,麦克斯依然恶言相向,他的目的是维持自己在这个家庭中的男权主导地位。

而当她真正说话的时候则有搅局的颠覆性效果。当莱尼和泰迪进行伪哲学对话的时候她将探讨内容从哲学转移到她的身体,将“移动我的腿”作为转移他们注意力的绝佳手段。这种赤裸裸的性的吸引力让泰迪和莱尼的哲学对话显得苍白无力。

根据剧本描述,露丝婚前做过人体模特,但是婚后生了孩子就不再从事模特职业了。这说明,露丝对自己的人生曾经也是有掌控能力的。她主动放弃跟泰迪回到美国大学,对于泰迪来说,美国意味着游泳池、阳光,而对露丝来说这种环境加上要辅助泰迪做学术活动的事实,美国意味着石头、沙土和昆虫。在露丝眼里,他们美国的生活环境有着艾略特式的干燥与荒芜。美国生活对于露丝来说,是她从属于自己丈夫,站在丈夫背后辅助,是小女人、卑微妻子的角色。而泰迪说话的口吻与易卜生戏剧《玩偶之家》里的教授颇为相似。“你喜欢威尼斯。你可以帮我做些讲座的辅助工作。”

娜拉出走广受赞扬,同样是离夫弃子,露丝这么做也是为了自我生存。因为丈夫不会作出改变,而且露丝受到泰迪弟弟和父亲攻击和设计的时候,泰迪都唯唯诺诺,无法为露丝辩护或主张权力,显示出其懦弱的一面。与娜拉不同的是,露丝从来就没有把丈夫当作英雄或想从泰迪那里期待奇迹。她或许对婚姻还有所保留,在泰迪即将离开之际说,“别成了陌生人”。

露丝也不是麦克斯所说的荡妇、妓女。她利用自己性和身体的颠覆性行为,譬如与乔伊在沙发上的厮混,楼上房间中的亲行为,都是她为了在这些男性成员中获得全面掌控的手段。当她问莱尼拿一个高脚玻璃杯的时候,她实际上是在用性来获取权力和掌控。品特甚至用详细的舞台说明来说明露丝的这种意图："露丝在房间里来回走动，仿佛在对她新获得的空间进行确认"。她与乔伊斯混却没有让他得到满足，这并非说明她是在调戏玩弄乔伊，实际上她是把性当作控制男性的工具。乔伊在其他女性那里可以得逞，而在露丝这里却一筹莫展。

戏剧结尾露丝答应留下也并非屈从于男性成员对于女性的两元认识，而是取得反控制、反支配的手段。男性成员之间对于让露丝成为应召女的交谈非常露骨，让泰迪从美国介绍客户等，而在露丝面前他们则躲躲闪闪，尽量用委婉语来让露丝知道她要做什么。而露丝则成了制定规则的人。她要求他们提供卧室、衣橱和女佣。她甚至像个律师一样讲话，"就业协议和条件的所有方面……"她得到了自己想要的东西，只有麦克斯保持警惕，"她会利用我们。她会利用我们的"。露丝最后坐在了麦克斯的椅子上，这把椅子从露丝一开始进入这个家庭就已经关注了良久，它象征着家庭权力的王座。到此为止，这个家庭的男性成员已经被露丝掌控于股掌之中。剧中台词表明莱尼站在外围，意味着他已经不是掌控者，而仅是一个小角色，露丝无论从计谋还是行动上都比他更聪明，更有效果。而乔伊则完全被露丝震慑，从其他女性那里唾手可得的东西在露丝这里却无法获得。即使麦克斯保持警惕，身体却中风而软弱无力，哀求露丝给他一个吻。露丝失去的是毫无生机的家庭和婚姻（文本并没有暗示露丝是否以后会回到美国跟泰迪一起生活），得到的是自由和对男性成员的支配。通过身体、性与权力揭露了男性权力的虚伪和脆弱，达到了戏剧效果，颠覆了男性与女性间存在的权力架构。

四、结语

《回家》一剧中露丝这个人物并非典型意义的女性受害者，相反她处处占据上风，支配着以麦克斯为首的男性成员家庭，从性别角度来说她颠覆了男权社会对女性的"母亲—荡妇"这个两极化的标签式偏见，从语言、舞台说明以及身体语言方面都压制了剧中的男性角色。露丝针对泰迪以及其家庭成员的支配在文中处处可见,男性角色用语言威胁、语言暴力和暗示等来压制她;甚至谋划让她去当应召女,试图织就牢笼使她臣服;但露丝将计就计,不断地提出对自己有利的条件,反而获取了相当程度的自由,这种自由也让她在男性角色面前取得了控制和支配权。显然,回家对于露丝来说不仅仅是回到泰迪的家,而是脱离了跟随丈夫大学生活的束缚,这与易卜生作品中的娜拉出走也有不同,因为露丝不仅获得了某种程度上的自由,而且对于男性角色形成了反控制、反支配。

Applicable Law before the WTO Disputes Settlement Body

Zhang Qi and Yenkong Ngangjoh Hodu *

As with other areas of international law, the public international law of trade is derived from a variety of sources that are not all of equal significance. In other words, the body of rules that may be regarded as sources by a World Trade Organization (WTO) panel or Appellate Body (AB) are not hierarchically of equal significance when it comes to practical application. While municipal law is principally produced by national parliaments in the most countries, the same does not apply at international level because there is no international parliament. Due to this lack of a centrally elected international legislator, the international legal system is a decentralized structure. As noted by Charles Rousseau almost a century ago, the law governing the activities of nation-states is one of cooperation and not of subordination.[1] While the sources of municipal law may be straightforward, discovering where a particular rule of international law is to be found or whether a particular rule forms part of international law is not that

---

* Zhang Qi, associate profesor of law, Shanghai International Studies University, China. This article is a part of the project "On Research of the Implementation in the World Trade Organization" supported by "General Research Project of Shanghai International Studies University" (KX171342). Yenkong Ngangjoh Hodu, professor of law, Manchester University School of Law, UK.

〔1〕 Charles Rousseau, "De la Compatibilité des normes juridiques contradictoires dans l' ordre international", *Revue General de Droit International Public*, Vol. 39, No. 133 (1932), pp. 150 - 51.

straightforward. As is true of other inter-governmental organization, the WTO is a member-driven organisation and only WTO members, as subjects of international law, may design and agree on the body of rules that will govern their activities and relationships with one another. In other words, consent is a key element in the formation of WTO law. With the exception of rules having the status of *jus cogens*, from which no derogation is permissible, WTO members are completely autonomous when it comes to rules that would apply to them. However, despite "the anarchic nature of world affairs and the clash of competing sovereignties",[1] there is a body of rules which WTO adjudicatory bodies may undoubtedly rely on when hearing a case.

Apart from the fact that the notion of sources has always been less visible when WTO members are engaged in the different rounds of trade talks, no clear specification of the sources of WTO law is to be found in any of the WTO's legal texts. This phenomenon is certainly not uncommon in international law, of which the WTO law is clearly an integral part. Although it is a highly debatable and strongly contested subject in international law, the concept of sources is dynamic and is continuously shaped and reshaped by international legal scholarship.[2] This continuous debate about the notion of sources is not so clearly visible at the domestic level, although naturally municipal courts must be able to determine the applicable law when hearing cases.

However, the term "sources", as used in this article, means the law that can be invoked by a WTO panel or AB in a case brought before it by any of the subjects of that law-that is, by a WTO member. In other words, this article does

〔1〕 Malcolm Shaw (2014), p. 50.

〔2〕 D'Aspremont (2014); Koskenniemi (2005), pp. 303 - 387.

not contain an abstract analysis of the theory of sources of WTO law.[1] The reason for this is not because the theory of sources debate is irrelevant or has been settled once and for all in legal scholarship-far from it. It is rather that a discourse on the applicable law before the WTO adjudicatory body in the context of a debate on the subject of compliance ought to be in some way linked to the actual behaviour of WTO members.[2] Although changes in the fundamental nature of international rule-making have diminished the persuasiveness of mainstream arguments that profess absolute state consent as the basis of sources of international law, WTO members, as the subjects of WTO law, do to a large extent have autonomy over the rules that bind them. Despite the fact that aspects of international law derived from a variety of sources are subject to the conflict rules under Articles 3.2 and 19.2 of the DSU and may in principle be invoked before a WTO panel or AB, a proper analysis of the behaviour of WTO members in relation to the compliance debate ought to be carried out with the concreteness of WTO rules in mind.[3]

1. Applicable Law in Dispute Settlement

From a traditional international law perspective, a discussion on sources of public international law of trade would normally start with Article 38(1) of the Statute of the ICJ, which is largely seen as a statement on the sources of international law. It is of course important to point out that Article 38(1) relates only to sources and not to the subject matter of a dispute that can be brought before the WTO adjudicatory body. The jurisdiction of the WTO Dispute

---

[1] D'Aspremont (2014); Koskenniemi (2005), pp. 303 – 387; and D'Aspremont, *Formalism and the Sources of International Law: A Theory of the Ascertainment of Legal Rules* (Oxford University Press, 2011).

[2] D'Aspremont (Oxford University Press, 2011), p. 2.

[3] Koskenniemi (2005), p. 309.

Settlement Body(DSB) is described in the relevant part of Article 1.1 of the DSU.

Furthermore, the WTO DSB does not adjudicate on non-WTO issues. In view of this prescribed jurisdiction, WTO members normally bring claims when they consider a particular measure to amount to nullification and impairment of benefits accruing to them by another WTO member. The WTO also offers a unique opportunity for members to bring cases on the basis of "non-violation" or "situation" complaints. Although the dispute settlement system under both GATT and the WTO has handled very few disputes relating to non-violation or situation complaints, these two forms of complaint give WTO members broad scope to initiate proceedings regardless of whether a particular measure conflicts with the WTO Agreement or not.

However, with regard to specific sources, Article 38(1) of the Statute of the ICJ identifies the following sources of international law:

a. International conventions establishing rules expressly recognized by the contesting states;

b. international custom, as evidence of a general practice accepted as law;

c. the general principles of law...

d. judicial decisions and the teachings of the most highly qualified publicists of the various nations, as subsidiary means for the determination of rules of law.

Similarly, in the area of the law of the sea, under the United Nations Convention on the Law of the Sea(UNCLOS), the International Tribunal for the Law of the Sea(ITLOS), the ICJ or an arbitral tribunal having jurisdiction over a particular subject matter is directed to apply the rules of UNCLOS "and other rules of international law not incompatible with" UNCLOS. In this regard, the sources of law to be applied by ITLOS, ICJ as well as the other arbitral tribunals is very clear and also broader. The language of Article 1.1 of the DSU is slightly different from that of Article 293(1) of UNCLOS. Article 3.2 of the DSU on applicable law with regard to interpretation of the different covered agreement may be seen as somewhat complementary to Article 1. 1. However, it is obvious from these two WTO provisions that, contrary to the position under UNCLOS, WTO members have not relinquished jurisdiction on the settlement of trade disputes to any tribunals or courts outside the WTO DSS.

2. The Text of The WTO Covered Agreements: Straightforward Sources

As primary rules that effectively emerged as a consequence of the consent of WTO members, the treaty text of GATT/WTO is above all the primary source of WTO law. The international law principle of *pacta sunt servanda* requires WTO members to observe their WTO treaty obligations in good faith. Although the text of Article 1. 1 of the DSU indicates that the jurisdiction of the WTO DSS is restricted to issues arising from violation of GATT/WTO rules, panels and the AB are not entirely restricted in terms of the laws which they may apply to resolve disputes. The terms of reference for panels under Article 7. 1 of the DSU as well as their defined mandate under Article 11 can hardly be interpreted as precluding panels from considering issues of international law relevant to a particular case. The reference in Article 38. 1 (a) of the ICJ Statute above to "international conventions" may be to bilateral, plurilateral or multilateral treaties. Where the agreement in question is between states it may also be regarded as a convention for this purpose.[1] As previously noted, with the exception of rules that have the status of *jus cogens* which no derogation is permitted, there is generally no hierarchy between either of these treaties. Therefore, the GATT/WTO rules are exceptions to this general rule in the sense

[1] Anthony Aust, *Modern Treaty Law and Practice* (Cambridge University Press, 3rd ed., 2013), p. 364.

that by joining the WTO, each country or separate custom territory agrees not to enter into a preferential trade regime that is inconsistent with GATT/WTO rules.[1] In other words, by joining the WTO, members not only agree to treat the citizens of each other as they treat theirs, but also accept the general notion of treating each other equally.

Thus, except in accordance with the basic requirements on free trade agreements (FTAs), customs unions and common markets, panels and the AB are mandated to declare whether measures or other agreements entered into by WTO members are consistent with these primary obligations. It is therefore obvious from the above that the primary sources of WTO law are those agreements specified in Appendix 1 of the DSU. In other words, the texts of the WTO agreements form the primary sources of WTO law which the WTO panels and AB must first and foremost consider when resolving trade disputes. Those covered agreements specified under Appendix 1 contain extensive references to other rules of international law outside the WTO as well as references to the decision-making powers of organs of the WTO which can be seen as potential sources of WTO law. Consequently, by acceding to the WTO, members automatically grant the WTO dispute settlement organs the power to make sense of or interpret their obligations under any of its covered agreements in accordance with the DSU taking into account any other special or additional rules and procedures contained in any of those agreements. Despite the significant codification of different aspects of customary international law that has taken place, treaties remain the only sources of WTO law in which one can identify clear and unequivocal obligations.

---

〔1〕 Joost Pauwelyn, *Conflict of Norms in Public International Law: How WTO Law Relates to other Rules of International Law* (Cambridge University Press, 2003).

3. Customary International Law as a Source of WTO Law

It is generally understood that an international norm is created if states act in conformity with that norm and the community of nations recognises it as creating international obligations. However, such a development is neither a one-off nor does it require aspecific length of time in order for it to be elevated to the level of customary international law. The only essential ingredients are that it should be a product of state practice and *opinio juris sive necessitatis* (or in short, *opinio juris*). Whereas the ICJ has consistently stressed the importance of these two ingredients for the identification of customary international law, the WTO DSB has largely taken the existence of customary international law as a given with respect to treaty interpretation. Acceptance of a particular practice may sometimes only be established by acquiescence or inaction. Because the views of states are essential in the development of norms, customary international law will hardly be established if states persistently object to a particular practice.[1] It is noteworthy that the persistent objector principle may only be valid in the process of formation of customary international law. Customary international law may of course emerge but will be of no consequence to a state that had persistently objected to such practice.

Unlike GATT 1947, the WTO Agreement is *par excellence* an international treaty largely seen as an "interdependence" regime under which members have a legitimate expectation that rights and obligations will be legally protected.[2] The notion of market opening emerging from the multilateral trading system has steadily evolved over the years as customary practice in international economic

[1] James Crawford, *Brownlie's Principles of Public International Law* (Oxford University Press, 8th ed., 2012), p. 28.

[2] Chios Carmody, "WTO Obligations as Collective", *EJIL*, Vol. 17, No. 2 (2006), pp. 433-434.

relations. Although the content of hundreds of existing FTAs are not exactly the same, it is not entirely accurate to see the spaghetti bowl of FTAs and custom unions as creating *lex specialis* rules that have nothing to do with countries outside those regimes. Trade liberalisation and the notion of MFN are elements which are somewhat constant and uniform in state practice in this area. There are, nonetheless, relatively few customs clearly in operation in the area of trade law. There is, however, a custom that the WTO DSB must adhere to rules of treaty interpretation that have evolved over the years through state practice and *opinio juris*. Therefore, customary international law is central to the interpretation of WTO agreements as well as to the jurisprudential progressivism of the WTO DSB. Beyond what is clearly mentioned under the rules of interpretation as codified in the VCLT lies the customary international law principle *ut res magis valeat quam pareat*,[1] to which panels and the AB have repeatedly referred.

However, informed commentators have debated the nexus between the WTO law and international law over the years. This debate has largely hinged on the application of customary international law by WTO panels and AB. As limited as its application may be, customary international law in the area of remedies has also been recognised by the WTO DSB.

Moreover, the panels and the AB have in a number of cases referred to other customary international law rules unrelated to treaty interpretation. These include *locus standi*, the precautionary principle, *jura novit curia*, successive treaties, no retroactive application of treaties and manifest error in the formation of a treaty, etc. Similarly, both WTO members and the AB have also recognised the existence of other customary international law principles in their submissions before the WTO DSB. Thus, except where WTO members expressly opt out of an emerging

---

〔1〕 This Latin expression is loosely translated as things ought to have effect than being destroyed.

principle of customary international law, such customary law would normally be seen as relevant to the WTO's *acquis*. In whichever respect the panels and AB view customary international law as being of practical relevance to a case before them, it is important to note that, aside from rules of interpretation, the application of customary international law in WTO case law remains somewhat undeveloped. Members have, of course, not hesitated to rely on different aspects of customary international law when making submissions before panels and the AB.

4. General Principles of Law

The existence of general principles as a source of law has been accepted by international courts since the *Factory of Chorzow* case. However, general principles of law have always been seen as secondary sources of international law since they can hardly be regarded as a stand-alone source of international law. In other words, general principles will only be applied where the case at hand cannot be settled either by reference to a treaty or to customary international law. They are of use where there is a *lacuna* in the primary rules and there is no established precedent or jurisprudence on the issue. Even when a general principle is applied by the WTO DSB or any other international courts or tribunals, this cannot be done to the detriment of rights and obligations properly established in a treaty instrument. Because of the marked risk of over-reliance on general principles, Scharzenberger, as far back as 1966, sounded a note of warning on when they may be accepted as sources of law in the international arena.

Estoppel is a general principle of international law, resting on the principle of good faith and consistency. However, few general principles, including the principle of estoppel, have been seen as relevant in WTO case law. In spite of the caution exercised by WTO panels and the AB when invoking general principles as a source of law, the principle of estoppel undoubtedly has some relevance in WTO *acquis*. It is fair to conclude from the WTO's jurisprudence that the key to the application of estoppel in respect of WTO dispute settlement lies in Articles 3.7 and 3.10 of the DSU, according to which WTO members must act in good faith when initiating a complaint. Beyond this provision, it is hard to see that estoppel plays any role in WTO case law.

Unlike estoppel, the WTO panels and the AB have responded fairly positively to other general principles. They have not totally rejected the application of principles such as *indubio mitius*, *res judicata* and, more importantly, good faith, in WTO dispute settlement procedures. However, the relevance of general principles as sources of WTO law cannot be overemphasised. General principles are sources of law that contain significant weaknesses, although in many cases they are directly linked to state practice.[1]

Although WTO jurisprudence is inconclusive on the application of general principles as sources of WTO law, the argument often raised in the context of compliance discourse that these principles have no place at all in WTO cases isuntenable. Indeed, the inherent power that panels and AB are endowed with undoubtedly allows them to cautiously apply these principles when necessary. Moreover, the principle of *competence de la compétence* permits panels and the AB to exercise maximum independence in considering a particular matter brought before them. This independence is only subject to the requirements of Articles 3.2 and 19.2 of the DSU regarding the rights and obligations of members, which cannot be altered or modified by the reports of panels and the AB.

In view of the sources discussedabove, it is important to note that while the DSU is generally silent as to the sources of law that the panels and the AB can

〔1〕 Brownlie(2008), p. 19.

rely on when reviewing a case, they have so far exercised great pragmatism in dealing with situations in respect of which no straightforward answer as to the applicable law can be found in the DSU. Consistent with practice of other international courts and tribunals, the panels and the AB have resolved conflicting obligations or dealt with ambiguities in respect of the applicable law by invoking international law and to some extent municipal law concepts which may not readily be found in WTO covered agreements. Therefore, the debate surrounding the exact sources of law to which the panels and the AB should revert when reviewing an allegedly WTO-inconsistent measure in a case is arguably academic in nature. This is the case for the reasons provided above and also because many, if not all, WTO members only expect the panels and the AB to ensure that the WTO dispute settlement mechanism aims at securing a positive solution to the dispute.

征稿启事

《上外法律评论》是上海外国语大学法学院主办的法律类学术文集。投稿实行初审与同行专家匿名审稿制，对来稿不限制体裁和语种，不考虑作者身份和背景，特别看重国际视野、研究深入、方法现代、行文规范且具原创性的学术论文和评论文章。

欢迎海内外专家学者、优秀学子惠赐稿件，来稿原则上在1万字以上，并只接收电子邮箱投稿，收稿邮箱：swflpl@126.com。

编委会自收到稿件起3个月内向作者通报审录结果，每稿必复。

为了扩大本文集及作者知识信息交流渠道，除非作者在来稿时声明保留，否则视为同意《上外法律评论》拥有以非专有方式向第三人授予已刊作品电子出版权、信息网络传播权和数字化汇编、复制权，以及向其他文摘类刊物推荐转载已刊作品的权利。

图书在版编目(CIP)数据

上外法律评论. 2019 年卷：总第 5 卷 / 王静主编
. -- 北京：法律出版社, 2020
ISBN 978 - 7 - 5197 - 2475 - 7

Ⅰ. ①上… Ⅱ. ①王… Ⅲ. ①法律 - 文集 Ⅳ.
①D9 - 53

中国版本图书馆 CIP 数据核字(2020)第 018185 号

上外法律评论(二〇一九年卷 · 总第五卷)
SHANGWAI FALÜ PINGLUN
(二〇一九 NIAN JUAN · ZONG DI WU JUAN)

王 静 主 编
张海斌 执行主编

策划编辑 解 锟
责任编辑 解 锟
装帧设计 李 瞻

出版 法律出版社
总发行 中国法律图书有限公司
经销 新华书店
印刷 北京虎彩文化传播有限公司
责任校对 马 丽
责任印制 张建伟

编辑统筹 独立项目策划部
开本 710 毫米 × 1000 毫米 1/16
印张 16
字数 220 千
版本 2020 年 2 月第 1 版
印次 2020 年 2 月第 1 次印刷

法律出版社/北京市丰台区莲花池西里 7 号(100073)
网址/www. lawpress. com. cn
投稿邮箱/info@ lawpress. com. cn
举报维权邮箱/jbwq@ lawpress. com. cn
销售热线/400 - 660 - 8393
咨询电话/010 - 63939796

中国法律图书有限公司/北京市丰台区莲花池西里 7 号(100073)
全国各地中法图分、子公司销售电话:
统一销售客服/400 - 660 - 8393/6393
第一法律书店/010 - 83938432/8433
西安分公司/029 - 85330678
重庆分公司/023 - 67453036
上海分公司/021 - 62071639/1636
深圳分公司/0755 - 83072995

书号:ISBN 978 - 7 - 5197 - 2475 - 7
定价:69.00 元